教育老年学の展開

堀 薫夫

学文社

はじめに

「教育老年学の構想」から「教育老年学の展開」へ

1．教育老年学における「教育」

　社会の高齢化と生涯学習社会の到来という現代社会を彩る2つの動向が交叉する今日，人びとのエイジング（aging）と生涯学習・成人教育との対話の学問としての教育老年学（educational gerontology）は，ひとつの新しい学問の方向を示唆しているといえよう．1970年代にアメリカで生誕したとされるこの若い学問は，成人期以降の変化のプロセスと学習のプロセスとを重ね合わせることで，福祉や医療などの視点とはひと味ちがった中高年期における新しい可能性を引き出す方向を示した．

　教育老年学は，高齢者教育（学）と重なり合う部分も多いが，両者は別の概念である．教育老年学は，小中学生へのエイジング教育や成人期以降の人間の変化と教育・学習の関連を問うという側面をも有するのである．その意味でもあくまで教育学と老年学の対話の学問であり，より狭義には，成人教育学と社会老年学とが合流した学問領域だと理解できよう．

　ところで私は，1999年に『教育老年学の構想』と題する本を上梓したが，そこでは，① 欧米で示されたエイジングと成人教育の理論・議論を整理し，そこから日本の生涯学習への示唆をさぐる，② そこで出された論点を調査研究の俎上にのせ実証研究を行う，という2点から，わが国における教育老年学の可能性を模索した[1]．そこでは，表1に示したような見取り図を示した．そして，教育老年学の柱を，① エイジング・プロセスの理解，② エイジングと学習能力・学習行動との関連の理解，③ 高齢者の学習の成立条件の理解の

i

3点とし，それぞれの基礎理論と実践論を重ねるという構想を示し，その軸にそった実証研究の結果の一部を示した．

表1　『教育老年学の構想』の構成

Ⅰ．基礎科学
1．エイジング・プロセスの研究　2章～4章 　　生涯発達とエイジング 　　社会的概念としてのエイジング 　　ポジティヴィティとしてのエイジング 2．エイジングと学習能力や学習行動の関連の研究　2章～5章 3．高齢者の学習の成立条件の研究　3章～6章
Ⅱ．実践論
1．高齢者の特性を活かした学習援助論 2．一般市民に対するエイジング教育 3．高齢者にかかわる専門職教育の研究 4．学校教育におけるエイジング教育

しかし，一方で多くの課題も山積した．その主なものは，以下のようなものである．

1）量的調査研究を中心に論を進めたが，高齢者の声をたぐり寄せる質的調査研究が不可欠である．今日では，ナラティヴ・ジェロントロジー（narrative gerontology），質的老年学（qualitative gerontology）といった動向も出ており，これらと連動した実証研究が求められる．

2）教育老年学は，後期高齢期問題や老い衰えることとしてのエイジング論をいかに組み込むのか．老化神話の解体をめざすという意味においては，エイジングのポジティヴな側面の強調や元気な高齢者の社会参加活動の教育的意義を論じることは重要であるが，その論を80代，90代まで，あるいは障害をもつ高齢者にまで敷衍して論じきれるのか．後期高齢期を照射した新しい生涯教育論はありうるのか．

3）エイジング教育の実践論・政策論は，教育老年学の理論とどうつながるのか．具体的な実践活動から観察帰納法によるデータの収集も必要ではないか．またエイジング関連政策に込められたポリティクスを解読する作業も必要

となろう．

　したがって本書では，こうした点をかんがみ，① 後期高齢期までをも射程に入れた論の検証，② 教育老年学の実践論，③ ナラティヴという視点をふまえた教育老年学という視点を組み込む試みを行ってみた．ただこれらすべてを同時に単独で行うことは，私の力量をはるかにこえる作業である．そこで，おのおのの方面で活躍されておられる方がたにご協力をお願いし，編著書というかたちでこのような本を上梓することとなった．ご協力いただいた方がたには，改めて記して感謝の意を表したい．

　ところで，さきに教育老年学は高齢者教育とは若干異なるものであると述べた．この問題を突き詰めていくと，そもそも教育老年学の存在理由（raison d'etre）はどこに求められるのかという問いかけに逢着する．教育老年学でいう「教育」は，従来の学校教育などで語られる教育概念とどこがどうちがうのか．また福祉や医療，保健ではなくあえて「教育」のパースペクティヴからとらえる論拠はどのあたりに求められるのか．今日では，高齢者福祉活動の一環として学習活動や生きがいづくり活動を組み込むことが行われている．これらと一線を画する「教育の論理」といったものは存在するのだろうか．

　教育老年学の存在理由を問うとき，この学問の生誕につながったハワード・マクラスキー（McClusky, H. Y.）の論が想起される．マクラスキーは，1971年のホワイトハウス・エイジング会議報告書などにおいて，高齢者教育の独自性を主張した．この論が，同時期にミシガン大学で「教育老年学」と称した大学院プログラムの創設につながったものと考えられる．私は，マクラスキーの論のなかに，教育老年学の存在証明をうらなう3つのキー・ワードがあると思う[2]．

　① アファーマティヴな試み（affiirmative enterprise）　教育とは本来，人びとの生活をより良くすることを念頭においてなされるいとなみである．この前向きの姿勢をもった活動こそが，中高年層を元気づけるといえる．

　② 楽観主義（optimism）　エイジングに関連する領域でも，医療や看護，福祉などでは，どうしても社会的弱者を保護するという側面を払拭できないで

あろう．病院や施設，投薬，治療のイメージがつきまとうこともある．教育や学習の視点からエイジングをとらえたほうが，人生をより楽観的にとらえられるのではなかろうか．

　③ ポジティヴィティ（positivity）　エイジングや老いに内在するポジティヴな側面への信頼をもつこと．ここに教育老年学の了解的基盤があると思う．

　教育老年学でいう「教育」は，先生が生徒に文化遺産を伝達するというイメージのものとはやや異なるものである．資格や昇進のために知識や技能を獲得するというイメージでもない．教育（education）の本来の意味が「人間の可能性を開く」ことであり，たとえ高齢期を迎えたり障害を受容せざるをえなくなったとしても，その可能性を開くという行為それ自体においては，われわれは平等でなければならない．実感にささえられた「自らの価値への目覚め」とそのプロセスを他者と共有したり援助者が支援したりするなかで，本来性（authenticity）に近づいた教育の姿に接近できるのではなかろうか．

　ここにひとつのパラドックスが胚胎する．学校・教科書・青少年・知識体系といったものから，おそらくかなり遠い位置にある地点においてこそ，本来的な教育の姿を垣間見ることができるのだというパラドックス．そしてそうした活動は，多くの場合，現実には，教育とは呼ばれないのかもしれない．しかし，人間に内在する価値を開くという教育の本源的意味においては，そこに教育は厳存する．

　もうひとつ教育老年学の存立基盤にかかわる点にふれておきたい．医師法に「医師は病人しか治療の対象にしてはならない」というルールがあると聞く[3]．看護・福祉・保健・療法といった医学周辺の領域には，高齢者の「医療モデル」としての側面をどこかに念頭においているのではなかろうか．教育老年学が高齢者に接する場合，たとえ疾病を患った人であっても，その人をケア（care）と治療（cure）の対象として焦点化することはあまりないであろう．生活者としての成長可能性の部分を，「何とかして」見ようとするのではなかろうか．ポジティヴィティの部分を，何とかして見ようとするのではなかろうか．病人

としての側面への配慮を施しつつ，それでも，あえて学習によってその人を生き生きとさせる手だてを考えるのではなかろうか．人間のどの部分に主に目を向けるかで，学問の様相は異なる．教育老年学は，病人イメージとは異なった，人間のポジティヴィティへの信頼に立脚点を有しているのだ．このあたりにも教育老年学の存立根拠の一端が垣間見られるのではなかろうか．

2. 本書の構成

本書は，第Ⅰ部「エイジングの理論」，第Ⅱ部「エイジングと生涯学習をめぐる経験的研究」，第Ⅲ部「教育老年学の実践の展開」の３部構成で，理論―実証―実践の流れのもとに，エイジングと生涯学習に関する研究の成果をひとつのまとまりとして編もうとしたものである．

第Ⅰ部では，「エイジングの理論」というタイトルのもとに，4つの論を収めた．第1章「エイジングの歴史」では，古来から現代までのエイジング観とエイジング研究のかなり粗い歴史をたどっている．エイジングなるものの歴史的背景を大まかに把握できればと思っている．

第2章は，「エイジングへの／からの問い」というタイトルのもとに，「老い衰えゆくこと」と「発達すること」とのつながりを社会学的に問うた部分である．天田城介氏は『〈老い衰えゆくこと〉の社会学』などの著書で，現代社会における後期高齢期問題の理論的・実証的な社会学研究を精力的に手がけてこられた．独特の論調で語られる論から繰り出される問題提起のなかには，社会老年学の新しい視点が内包されているように思う．

第3章の「心理‐社会的エイジングと老いのナラティヴ」では，荒井浩道氏が，身体性と歴史性を合わせた位相から心理‐社会的エイジング論をとらえる視角を提示し，あわせてエイジング研究のナラティヴ・アプローチへの示唆を示している．ライフサイクル論とライフコース論の統合を目論まれている点が興味深い．

第4章では，「ポジティヴ・エイジング」論の流れを，老後問題としての高

齢者像→老化神話の解体→後期高齢期問題の提起→老衰としてのエイジング論の先にあるポジティヴィティの可能性という順でたどろうとしている．またポジティヴ・エイジング論の内実として，バルテスの選択的最適化論と高齢者の創造性論にも目を向けている．

第Ⅱ部では，エイジングと生涯学習の関連に関する実証的な研究の成果を示している．第5章では，高齢者の死への意識（死への恐怖，死をめぐる経験）と死への準備教育の可能性を，大学生への調査結果と対比しつつ述べている．デリケートな話題であるだけに，深入りした設問がない点には留意していただきたい．

第6章では，高齢者の学習ニーズに関する調査結果を報告している．ともすれば高齢期になると低下するといわれている学習ニーズ論に対して，とくに60代から70代にかけて高まる学習ニーズの存在を示そうとしている．

第Ⅲ部では，エイジングと学習に関する実践の動向を紹介している．第7章では，高齢者教育の歴史を研究されている久保田治助氏が，老人大学の理念と動向を，主にその創設期における，わが国の著名な老人大学の理念と実践の視点から紹介している．

第8章では，イギリスにおける第三期の大学の研究をされている生津知子氏によって，欧米における中高年層の学習機関である「第三期の大学」の理念と動向を，ピーター・ラスレットの構想と絡めて，主にイギリスでの実践を軸に報告されている．

第9章では，NPOによる生涯教育の研究をされている福嶋順氏によって，NPOのひとつとしての日本のエルダーホステル活動の実践の展開過程がまとめられている．エルダーホステルは，高齢者の学習と旅を結びつけた独自の実践の場であり，ここでは参加者の具体的な声をも収集されている．

第10章では，これまでの学習の機関からの実践のまとめとは異なり，高齢者に有効な学習方法として注目されている「回想法」の実践をたどっている．回想法の実践を分析するだけでなく，独自の教材の作成にも取り組んでおられ

る志村ゆず氏にお願いした．回想法は，主に福祉の現場で実践が展開されてきたものであるが，ここではその教育としての可能性にも目が向けられている．

　第11章では，教育老年学と近い位置にある高齢者福祉の実践と教育との関連の記述を，とくに長くデイケアセンターで実践を行ってこられた新井茂光氏にお願いした．一方で認知症の人への教育の可能性にもふれられている．

　いうまでもないことではあるが，これらの論の総体が教育老年学の展開の全体像ではない．しかし同時に教育老年学が，当初の構想から明らかに変容していることは，これらの論からもうかがい知ることができるであろう．

3. 「教育老年学の構想」から「教育老年学の展開」へ

　教育老年学は，国際的にみてもけっして研究者の数が多くもなければ，雑誌が充実している領域でもない．歴史も浅く，人びとの認知度も低い．そもそもこうした学問領域を構築することそのものに対しても疑念を抱く人すらいよう．高齢者の教育は福祉や社会参加の問題として議論できるのではないかともいわれそうである．

　しかし一方で，エイジングを教育や学習のパースペクティヴをとおしてこそみえてくる知見というものもあるだろう．生涯学習や生涯教育の理念と実践がかなり普及してきた今日，教育や学習の問題を学校や青少年期に狭く囲い込むことには無理と綻びが生じてきている．とするならば，われわれの人生後半部のみちすじを教育や学習の視点から裏付ける学問も重要だといえまいか．ここに教育老年学の構想が胚胎する揺籃部分がある．

　揺籃期の構想をくぐり抜けた教育老年学は，細々とではあるが，経験的データの蓄積とエイジング関連の専門職養成のプログラムなどを軸に，たしかに今日まで「展開」してきた．しかしこの展開のプロセスのなかで，揺籃期のマクラスキーらの提唱した理念は，本当に内実のともなったものへと深化・変容しえたのであろうか．ここでいま一度，教育老年学の「展開」そのものを点検してみたいと思ったしだいである．

注)

1) 堀薫夫『教育老年学の構想』学文社，1999.
2) McClusky, H. Y. Education and Aging, in Hendrickson,A.(ed.) *A Manual on Planning Educational Programs for Older Adults*. Department of Adult Education, Florida State University, 1973, pp.59-72.
3) 石井政之・石田かおり『「見た目」依存の時代』原書房，2005, p.279.

2006年9月

堀　薫夫

目　次

はじめに　「教育老年学の構想」から「教育老年学の展開」へ　i
 1.　教育老年学における「教育」　i
 2.　本書の構成　v
 3.　「教育老年学の構想」から「教育老年学の展開」へ　vii

第Ⅰ部　エイジングの理論

第1章　エイジングの歴史　2
 第1節　古代の老年観　3
 第2節　中世の老年観　6
 第3節　科学的エイジング論の誕生　8
 第4節　ユングとビューラー：生涯発達論の淵源　11
 第5節　エイジング研究の進展　14
 第6節　教育老年学の展開とエイジング研究　20
  1.　教育老年学の展開　20
  2.　エイジング研究の新しい動向　24
 第7節　日本におけるエイジング研究と教育老年学　25
  1.　日本におけるエイジング研究　25
  2.　高齢者教育と教育老年学の展開　28
  3.　高齢者教育の実践　29
 第8節　小括　31

第2章　エイジングへの／からの問い：〈老い衰えゆくこと〉の社会学の地平から　44

第1節　エイジングをめぐる錯綜した問い　44
1. エイジングをめぐって何を／いかにして問うてきたのか？　44
2. 「老人神話の脱神話化」と「新しい高齢者像」の提示　46
3. 「老いの社会構築性の剔出」と「老いの肯定性言説と老いの多様性言説の接合」　47
4. 社会老年学／老年社会学の現在　48

第2節　老年学において問われてきたこと　49
1. 「発達可能性の時間的拡張／普遍化」への志向性　49
2. 「発達可能性の時間的拡張／普遍化」の本源的挫折　50
3. 《老い衰えゆく他者》の新たな発見／創出：放擲と排除　52
4. 〈発達可能性〉と〈老い衰えゆくこと〉をめぐる政治　53

第3節　〈発達可能性〉と〈老い衰えゆくこと〉の論理的接続　54
1. 〈発達可能性〉と〈老い衰えゆくこと〉をめぐる政治の先で問うべきこと　54
2. 根源的な問いへの応答　55

第3章　心理−社会的エイジングと老いのナラティヴ　60

第1節　老年学的想像力　60

第2節　エイジングと理論　61
1. エイジング概念の定義　61
2. エイジング研究における理論のアポリア　62

第3節　研究視角としての心理−社会的エイジング　64
1. ライフサイクル論　64
2. ライフコース論　66
3. 心理−社会的エイジング　67

第4節　老いのナラティヴ　69

  1.　方法としてのナラティヴ　69
  2.　ナラティヴ・ジェロントロジー　70
  3.　物語の構築性　72
 第5節　今後の課題　73

第4章　ポジティヴ・エイジング　78
 第1節　「役割なき役割」とエイジング　78
 第2節　老化神話の解体　80
  1.　エイジレス・セルフと老いの泉　80
  2.　ポジティヴな集団高齢化：エイジ・ウェーブ　84
  3.　人生の第三期の発見　86
 第3節　新たなネガティヴィティとしてのエイジング　90
  1.　老衰としてのエイジング論　90
  2.　アンチ・エイジング論　92
 第4節　ポジティヴ・エイジング論の諸相　93
  1.　ポール・バルテスの選択的最適化と補償論　93
  2.　高齢期における創造性の問題　96
 第5節　エイジングがポジティヴであるということ　100

第Ⅱ部　エイジングと生涯学習をめぐる経験的研究

第5章　高齢者の死への意識に関する調査研究　108
 第1節　調査の対象と方法　109
 第2節　高齢者の死への意識の特徴　110
  1.　死に対する恐怖に関する意識　110
  2.　思い浮かべる死の形態と死をめぐる経験の関連　112

第 3 節　日常生活における死の意識と死への準備教育への意識の関連　114

第 4 節　今後の課題　117

第 6 章　高齢者の学習ニーズに関する調査研究：60 代と 70 代以上との比較を中心に　122

第 1 節　高齢者の学習ニーズの問題　122

第 2 節　高齢者の学習ニーズ研究の目的と方法　125

 1.　研究の背景　125

 2.　研究の視点　127

 3.　分析の結果　128

 4.　考察と展望　139

第Ⅲ部　教育老年学の実践の展開

第 7 章　老人大学創設期における高齢者教育の動向　146

第 1 節　第二次世界大戦後の日本の高齢者教育　147

第 2 節　教育老年学における老人大学創設期の位置づけ　149

第 3 節　小林文成における楽生学園での実践　151

第 4 節　福智盛におけるいなみ野学園での実践　152

第 5 節　中野区ことぶき大学の実践：社会教育行政からの試み　153

第 6 節　三浦文夫の世田谷区老人大学での実践　155

第 7 節　まとめ　156

第 8 章　第三期の大学の基本理念と活動実態：イギリス U3A の事例から　160

第 1 節　U3A の国際的展開とイギリス U3A の誕生　160

第 2 節　イギリス U3A の基本理念　161

 1.　「人生の絶頂期」としての「サード・エイジ」　162

2.「同じ志をもった人びととの自発的な集まり」としての
　　　「ユニバーシティ」　163
　第3節　イギリスU3Aの組織形態と運営方法　165
　　1.　イギリスU3Aにおける学習グループの位置と機能　165
　　2.　学習グループをめぐる助け合いのネットワーク　168
　　　(1)　学習グループ・レベルでの助け合い　168
　　　(2)　地域レベルでの学習グループ支援　170
　　　(3)　全国レベルでの学習グループ支援　171
　第4節　おわりに　173

第9章　NPOによる高齢者教育：エルダーホステル協会を事例として　177
　第1節　エルダーホステル運動とは　178
　　1.　歴史と活動　178
　　2.　特徴と理念　179
　第2節　日本のエルダーホステル：エルダーホステル協会の取り組み　180
　　1.　日本における展開過程　180
　　2.　エルダーホステル協会の活動　181
　　3.　アメリカ・エルダーホステルとのちがい　183
　第3節　高齢者の学習・社会参加とエルダーホステル　185
　　1.　旅と学習の融合　185
　　2.　行動する高齢者集団　186
　　3.　目的としての学習　187
　第4節　高齢者教育におけるNPOの可能性　189

第10章　回想法とライフ・レヴューの実践の展開　192
　第1節　回想法とは　192
　　1.　高齢者の語りを聴くこと　192

2. バトラーによるライフ・レヴューの提唱から　193
  3. 日常の回想と回想法の実践　194
  4. 回想法やライフ・レヴューの効果　195
第2節　一般的回想法とライフ・レヴューの実践方法　196
  1. 一般的回想法とライフ・レヴューのちがい　196
  2. 一般的回想法　197
  3. ライフ・レヴュー　199
第3節　回想法による教育プログラムの実践例　199
第4節　日本での高齢者の回想法の場の広がりと教育老年学　204
  1. イギリスでの実践の動向　204
  2. 医療・福祉から教育への広がり　205
  3. 実践形態の多様性　206
  4. 職業的な関係性から生活者としての関係性へ　207

第11章　高齢者の福祉と教育の関連　212
第1節　高齢者福祉の領域と複合性　213
  1. 社会福祉の二分法　213
  2. 高齢者福祉の領域　214
  3. 高齢者福祉対象の複合的重層構造　215
第2節　高齢者福祉領域での教育　217
  1. 健康な高齢者のための教育および介護予防対象の高齢者教育　217
  2. 要介護高齢者への教育　218
  3. 専門職教育　218
  4. 介護者教育　220
  5. 地域福祉教育　221
  6. 学校での福祉教育　222

第3節　認知症と教育　223
  1.　認知症の理解　224
  2.　認知症高齢者への教育　225
  3.　認知症の理解のための教育　226
  4.　認知症と教育の課題　227

おわりに　229

参考文献

凡　例

注）における論文の引用については，論文全体を参考にした場合は，25-35 というかたちでページ表記を行い，編著者などの1章全体もしくは論文内の一部のページを取り上げた場合は pp.25-35 というかたちのページ表記を行っている．

第Ⅰ部

エイジングの理論

　第Ⅰ部では，教育老年学のキー概念である「エイジング」の理論的検証を行う．まず老年観とエイジング研究の大まかな歴史的背景をさぐる．次いで，「老い衰えゆくことの社会学」「心理－社会的エイジング」「ポジティヴ・エイジング」の3つの視角からのエイジング理論をみていく．

第1章　エイジングの歴史

　本章ではまず，教育老年学の基礎概念であるエイジング概念が，歴史的にみていかに用いられてきたのかを概観していきたい[1]．しかしこの語が近年用いられたことをかんがみ，ここでは，近代以前に関しては，高齢者・老人や老いが当該社会においていかに扱われてきたのかを，いくつかの参考文献を手がかりに大まかにまとめていくことにする．

　わが国で，古来から老いや高齢者がいかに扱われてきたのかを老年学の体系のなかに組み込んだのは，橘覚勝の『老年学』(1971年)が最初であったと思う[2]．橘は，その後の一連の著作のなかで老いの歴史を論じたのであるが，その後彼の論を発展させる論は，尼子富士郎，長嶋紀一の論など以外，ほとんど出ていないようである[3]．欧米では，1942年から1950年にかけてゼーマン(Zeman, F. D.)が『シナイ山病院雑誌』に描いた老年医学の歴史[4]と，ジョルジュ・ミノワ(Minois, G.)が描いた古代からルネッサンス期までの老いの歴史とがとくに注目される[5]．シモーヌ・ド・ボーヴォワール(Beauvoir, S.)やブロムレイ(Bromley, D. B.)，ジェームス・ビレン(Birren, J. E.)らも古代から今日に至るまでのエイジングの歴史を記述している[6]．

　ところで，老年期や高齢者に関する関心は，はるか古来から存在していたのであるが，これらの関心は，長い間占星術や呪術などのいわば非科学的な部分と結びついていた．今日的視点からみて科学的・客観的だといえるエイジング研究が開始されたのは，19世紀以降のことなのである(この時期以降の歴史としては，ビレンの古典的論文[7]やムニックス(Munnichs, J. M. A.)，ヘンドリックスとアッチェンバウム(Hendricks, J. & Achenbaum, A.)，守屋国光，村田孝次，湯沢雍彦らの研究成果がある[8])．

また，老年学という学問体系のもとに老年期やエイジングに関する研究が進展しはじめるのは20世紀半ばになってからのことであり，これが生涯教育や生涯学習となると1960年代半ば以降となり，教育老年学となると1970年代半ば以降のこととなるのである．つまり，エイジング研究も生涯学習の研究も教育老年学の研究も，今日的な視点からみるならば，きわめて日が浅い研究領域だということになる．しかし老年や高齢者への関心は，はるか以前から受け継がれてきている．そこで本章では，以下の大まかな時期区分のもとに，エイジング研究の歴史的な展開過程を素描していきたい．

① エイジング研究の前科学的段階（古代からギリシャ・ローマ時代まで）
② 中世のエイジング研究の時代（ローマ時代以降19世紀半ばまで）
③ 科学的なエイジング研究の誕生の時代（19世紀半ばから1940年代半ばまで）
④ 科学的なエイジング研究の発展の時期（1940年代半ばから1970年代半ばまで）
⑤ 生涯発達論・教育老年学・エイジング研究の発展の時期（1970年代半ば以降）
⑥ 日本におけるエイジング論・教育老年学の展開

第1節　古代の老年観

　老年期や老いに関する人びとの関心は，古代ギリシャや古代中国の時代にまでさかのぼることができる．ブロムレイによると，古代エジプトでは，老年期は，肉体的老化のともなう望ましくない時期として特徴づけられていたが，その一方で，老年者のもつ経験や地位，あるいは長命そのものは望ましいものだと考えられていた[9]．とくに家庭内では親や祖父母を尊敬することが奨励され，潔白な生活をして知恵を有していた高齢者には，他者からの尊敬と名誉が付与されていた．しかし，その一方で，肉体的な「老化」現象を遅らせたり，若さ

を取り戻す治療法が求められていたようである．そしてこれらの方法の多くは，呪術や宗教，薬物などと結びついていた．

　古代ギリシャ時代になってもこうした老いや高齢者へのアンビヴァレントな態度は，文学作品などのなかに散見できる．高齢者は，老賢者として描かれることもあれば，脆弱な者として描かれることもあったのである．ギリシャ時代を代表する哲学者である，プラトン（Plato）とアリストテレス（Aristotle）もその著書のなかで老いに関する論を示したが，その方向は正反対のものであった[10]．

　プラトンはがいして高齢者に対して肯定的な論を展開した．ボーヴォワールによると，プラトンは，高齢期になって肉体の欲望や活力が衰えたとしても，逆に精神や魂はそのためにいっそうの自由を獲得するとみた．「他のさまざまな快楽—肉体のほうの楽しみ—が少なくなってゆくにつれて，それだけ精神の事物に関するわたしの欲望と喜びが増大するのだ」[11]．そして家族に関する部分でも次のようにいう．「われわれは，老齢によって衰えた父または祖父，母または祖母以上に，尊敬に値するいかなる礼拝の対象も，もつことはできないのである」[12]．

　一方，アリストテレスは，人間を，肉体と魂の合体としてとらえたうえで，50歳くらいまでは知恵と経験が集積されると説いた．しかしこの年齢以降の肉体の凋落は，人格の凋落につながると指摘した．老齢は人生の過誤や能力低下と結びついており，それゆえ，高齢の人びとを権力から遠ざけるべきだと説いた[13]．

　アリストテレスのエイジング理論も注目される．それによると，人間は，最初は一定の潜在的熱量をもって人生を開始するが，しだいにこれらが消費され，ついには消滅してしまうということである[14]．今日の医学の源流を築いたヒポクラテス（Hippocrates）もユニークなエイジング論を示していた．彼は，人間のなかには，血液・黒胆汁・黄胆汁・粘液という4種類の体液があり，それぞれが順に，快活さ，憂うつ，かんしゃくもち，冷淡さの気質に対応してい

ると考えた．そして，これらの不均衡が老化や疾病につながると指摘し，食事の節制と肉体の運動という，今日の眼からみても順当な生活態度が，長寿につながると説いたのである[15]．

こうした医学の視点は，ローマ時代になるとガレン（Galen）という医学者によって集大成される．その養生法に関する本のなかでは，彼は，体内の熱量と冷気のバランスの不均衡により，エイジングはかなり若い時期から起こるとみた．そうして健康を維持するための養生法を説いたのであった[16]．しかし彼は，自然の摂理と神の意に背かないために，エイジングのプロセスを変える介入をしようとはしなかった[17]．

ローマ時代になると，元老院（長老会）擁護の意図も含んだ，キケロ（Cicero）の『老境について』という高齢期を肯定的に取り上げた書物が出される[18]．キケロは，このなかで84歳の大カトーの発言をとおして，老境はさまざまな徳が涵養され果実を結ぶ時期だと説く．カトーは，老境が惨めになるといわれる4つの理由があるとし，これを反駁することをとおして，老いの豊かさを述べている．すなわち，仕事を放棄せねばならないこと，肉体が衰えること，ほぼすべての快楽が断たれること，死が近いと感じることの4つである[19]．このうちたとえば仕事に関しては，次のようにいう．「大事業というものは，肉体にやどる活気とか突進力とか機動性とかによって成しとげられるのではなく，思慮と貫禄と識見とによるのであって，老境はさような物事を奪いとることのないばかりか，むしろそれらを増大せらるるのが常例である．……げに無分別は青春につきもの，分別は老熟につきものである」[20]．

キケロはまた，高齢期にはさまざまな快楽を味わえないとする非難に対して，むしろそれは，衝動や誘惑の害から免れた思索や熟考につながるという意味で名誉なことであると述べる．そのぶん，歓談や勉学や田園生活の楽しみが増すのだという[21]．

ローマ時代の哲学者セネカ（Seneca, L. A.）もまた同様に，老いを肯定的にとらえた．彼は，『ルキリウスへの手紙』になかで次のように述べる．「老いを

歓迎しよう．そして愛しもうではないか．もしそこからひきだす術を知っていれば，それは楽しさにあふれている．果実はその熟れ落ちるときこそこよない味わいがあるのだ．まだ急激さの少しもない速度で年月の坂をすべる時期こそまことに快いかぎりだ」(「手紙12 老年」より）[22]．

　しかしこの時代の文学者などは，必ずしも老いを肯定的にとらえてはいなかった．ボーヴォワールは一方で，「健全な精神は健全な肉体に宿る」という語で有名なローマ時代の風刺詩人，ユヴェナリス（Juvenalis）の第十歌を引用している．「まずはじめには，顔の形が変わり，いとわしく，見分けがつかなくなる．皮膚のかわりに汚ない皮となり，頬は垂れ下がり．……老人にはもう分別なぞありはしない．長い生涯の報いとては，次々と大切なものを失う淋しさ，うちつづく喪，そして果てしない悲しみにとりまかれた黒い衣服の老い」[23]．別の詩人たちも，たとえば高齢女性の老醜をあばいたり，高齢男性が権力にしがみつくことを風刺したりしている．時の権力者たちは老いへの賛辞を反芻するが，市井の人たちは老いと権力の連動を風刺したのである．

第2節　中世の老年観

　ローマ帝国の衰退とともに中世を迎えると，今度はキリスト教が医学を異端視したこともあって，エイジングに関する研究は，13世紀くらいまでの間，長い停滞の時期を迎えることになる．ボーヴォワールは，イエスの生涯の強調がその青年・成年時代の聖化と老いの忘却につながったと指摘している[24]．また説教の内容と実際生活との乖離が，人びとのなかにアンビヴァレントな感情を胚胎させ，運命論（＝死を忘れるな）や現在を享受する快楽主義が横行したともいわれている．ミノワは，親に対峙し親に背いてでも神に従うべきだとした気運があったと指摘している[25]．人びとの眼は神と若者に向けられ，文学も老いにはあまり関心を示さなくなる[26]．

　先のガレンの説を受け継いだイスラムの医者アヴィセンナ（Avicenna）は，

同様に30歳くらいから体内の湿潤体液が枯渇に向かい，ちょうどランプの灯のごとく不可避的な寿命につながっていくとみた．このプロセスは，自然の摂理として決定されたものであり，それゆえ，介入によって変容されるものではないととらえられていた[27]．

　11世紀には，ヴィラノヴァのアーノルド（Arnold of Villanova）も，体内の湿潤体液に対して乾燥体液が増加することが老いの原因だとみて，老年への養生法を説いた．そして今日のヨーロッパ式養生法の原点ともいわれている『サレルノ養生訓』を編纂した[28]．13世紀には，当時の著名な科学者，ロジャー・ベーコン（Bacon, R.）が，『老いの防止と若さの保持』という老年医学の本を出す．錬金術や占星術と連動していたとはいえ，ベーコンは，清廉な生活と健康管理によって老いのプロセスを変容可能なものだととらえたのである[29]．一方で14世紀半ばにはペストなどの伝染病がヨーロッパ全土を覆うようになり，公衆衛生の重要性が認識されるようになっていく．

　15世紀から16世紀のいわゆるルネッサンス期になると，エイジングに関するより「科学的」でヒューマニスティックな記述が現れてくる[30]．たとえばイタリアのゼルビ（Zelbi, G.）は，15世紀後半に『老年者の衛生』という本を出したが，このなかでは，老年病や老化の原因と予防，人間の寿命と占星術の関係，健康と栄養などにふれられている．またイギリスの哲学者フランシス・ベーコン（Bacon, F.）は，17世紀半ばに『生と死の歴史』を出版し，老いの問題を人間の行動，遺伝，食事との関連から分析した．このように15世紀から17世紀にかけての時代は，近代的・科学的な思考法が解放されていく時代であったが，他方でこの時代の医学は，まだ錬金術や魔術などの伝統と結びついていた．戯曲の領域では，16世紀にウィリアム・シェイクスピア（Shakespeare, W.）が，『リア王』や『お気に召すまま』などの，人生と劇舞台の重なり合った作品を著した[31]．

　18世紀には，アメリカの科学者ベンジャミン・フランクリン（Franklin, B.）が，アリストテレスと同様の考え方から，体内電気の喪失が老いと死の原因だとい

う説を出す．そして，彼自身が避雷針を発明したことと関連してか，電気の火花によって生物の生命を若返らせられると考えたのであった[32]．

ところでライナート（Reinert, G.）によると，18世紀から19世紀初頭にかけて出された，ドイツのテーテンス（Tetens, J. N.）とカールス（Carus, F. A.）の論のなかに，今日の生涯発達心理学の萌芽的視点が出ていたということである[33]．テーテンスは，観察法を用いて，人間の誕生から死までの生涯にわたる発達論を示すことを主張した．カールスは，高齢期を単に老衰の時期としてとらえるのではなく，また暦年齢にとらわれることもなく，成熟をも志向する心理的に独自の段階だととらえた．ただこれらの論は主に思弁にもとづくものであり，経験的な調査や実験にもとづいたものではないという点で，以降のエイジング論とは区別されるようである．

第3節　科学的エイジング論の誕生

ビレンによると，今日の科学的エイジング論の礎を築いたのは，ベルギーの人口学者・統計学者アドルフ・ケトレー（Quetelet, A.）である．ケトレーは，その主著『人間とその能力の発達について』（1835年）において，平均的な人間のさまざまな特性（身長，体重，死亡率，知能，情緒など）の年齢的変化の記述を行った[34]．彼は，この本を次のような書き出しで始めている．「人間は生まれ，成長し，そして死んでいく．しかし，これを司る法則については，全体的であれその部分同士の関連性の形態であれ，これまできちんと研究されたことはなかった」[35]．こうして彼は，人間の発達とエイジングに関する規則性の問題に取り組んでいったのである．彼の業績で注目すべき点は，さまざまな年齢層の人びとのさまざまな特性の平均値をとり，平均人による発達の一般的法則を求めようとしたところにある．なおビレンは，ケトレーの論が，生物科学と社会科学の中間に位置するという点でも注目している[36]．

次いでイギリスの統計学者フランシス・ゴールトン（Galton, F.）も，ケトレー

と同様に，9,337人のサンプル（5〜80歳）をもとに，人間の17種類の生理的能力（反応時間，視覚など）の測定を行い，人間のさまざまな特性が年齢によって変化することを示した（『人間の能力とその発達への探求』1883年）[37]．ケトレーもゴールトンも，老年期までの人間の諸能力の変化の問題を発達的・統計的にとらえたという点では共通している．

　20世紀に入ると，エイジングの生物的側面や長寿法に関する研究が現れてくる．たとえば，ロシアの生物学者メチニコフ（Mechnikoff, E.）は，腸内の毒素によって老化が起こると考え，またヨーグルトを多飲する民族が長生きしているという判断から，ヨーグルトを多く飲むことによって老化が抑えられると主張した[38]．これはきわめて安易な結論ではあったが，以降，長寿法に関する研究の復活がみられるようになる．彼の弟子でオックスフォード大学の客員研究員であったコレンチェフスキー（Korenchevsky, V.）は，エイジング研究のための国際クラブの設立を図っていく[39]．

　一方，アメリカの疫学者パール（Pearl, R.）は，長生きした両親や祖父母の子どもが平均的により長生きすることに注目し，長寿の遺伝的要因をさぐろうとした[40]．条件反射研究で有名なロシアのパブロフ（Pavlov, I. P.）も，その人生後半部の研究においては，生理学と心理学を橋渡しする，あるいは神経生理学と人間行動論を橋渡しする，エイジング研究の発展に貢献した[41]．アメリカのマイノット（Minot, C. S.）も，老衰を遅らせる研究の必要性と老年期の特性への洞察の必要性を説いた[42]．

　以上の2つの研究の流れは，それぞれ人間の能力の年齢的変化と長寿法をさぐった研究だといえる．これに対して老年期や老年心理そのものを正面から体系的に取り上げた研究の淵源としては，スタンレー・ホールの『老年期』（*Senescence*）をあげることができる[43]．児童心理学者・青年心理学者として著名なホールは，この著書のなかで，78歳になった自分自身の老年感と老年者への質問紙調査を交えて，独自の老年観や死生観，宗教観を論じた．そして，マイノットの論に影響されつつ，老年期が単に退化の時期ではなく，人生の独

自の発達上の段階であることを主張したのである．またホールは，人間の生涯を childhood – adolescence – middle or prime of life – senescence – senectitude の5段階に分けたが，彼自身の研究対象の時期が，自己の加齢とともにだんだんと人生の後半部へ移行している点は興味深い．

20世紀初頭には，このほかにもマイルズ（Miles, W. R.）やホリングワース（Hollingworth, H. L.），ストロング（Strong, E. K.）らの老年研究の成果も出ている[44]．しかし，こうした老年研究のすぐれた成果はあったものの，20世紀初頭の発達心理学の関心のほとんどは，まだ児童と青年であった．その背後には，人間のパーソナリティが幼児期に決定されるとみるフロイト（Freud, S.）心理学やキリスト教の原罪説などの影響があったものと考えられる．

1930年代に入ると，それ以降の老年学の発展の基礎となるいくつかの研究が登場してくる．とりわけ医学の領域で，人生後半部の加齢と身体的器官の変化や病気との関係を扱った研究が注目されてくる．アメリカのカウドリー（Cowdry, E. V.）の編著『老化の諸問題』（*Problems of Ageing*）（1939年）は，人間の生理的機能の老化の問題を扱った代表作である[45]．そしてこの本が，ターマン（Terman, L. M.）やマイルズ，ストロングらのスタンフォード大学の老年心理研究に影響をあたえ，エイジングの生物学的側面と心理学的側面の橋渡しになっていったと考えられる．もっともこの時代の老年学は，まだ医学と生物学が主であったのではあるが．

マイルズは1928年に，カーネギー財団の支援のもとに，スタンフォード大学心理学部にて，初のエイジングの体系的な研究のための実験室を設立した．マイルズは，エイジングと高齢期のポジティヴな側面とネガティヴな側面を明らかにすることが心理学者の課題だととらえた．そして老いの不可避性と高齢者の多様性を認めつつ，「行動の所産が経験と判断を含めば含むほど，高齢期の心理的老化への抵抗物となる」と指摘した[46]．ここには，のちの，年をとると低下しやすい知能とそうでない知能の知能二分論の発端がうかがわれる．

成人の知能論・学習論との関連では，エドワード・ソーンダイク（Thorndike, E.

L.)の業績も付記しておく必要があろう．彼は，1928年の『成人の学習』（*Adult Learning*）などの著書にて，「成人は学習できる」という結論を，体系的で経験的な調査研究をもとに，科学的に示したのである[47]．この研究成果が，のちの成人や高齢者の学習能力研究の草分けとなったのである．

第4節　ユングとビューラー：生涯発達論の淵源

眼をヨーロッパに転じるならば，1930年代には，今日の生涯発達論の礎となる重要な研究成果が出されている．すなわち，カール・ユング（Jung, C. G.）の成人発達論とシャーロッテ・ビューラー（Bühler, C.）のライフサイクル論である．以下，この2人の論に少しこだわってみる．

先にふれたように，20世紀初頭の時期は，ホールの児童心理学や青年心理学，およびフロイトの精神分析学の台頭の時期であった．一方で，今日の実験心理学の礎を築いたヴント（Wundt, W.）の学派は，ワトソン（Watson, J. B.）やトールマン（Tolman, E. C.）らの行動主義・新行動主義心理学へと発展し，外界からの働きかけを重視する心理学の隆盛につながっていった．

行動主義心理学や実験心理学の隆盛に対して，アメリカの心理学者ゴードン・オールポート（Allport, G. W.）は，次のように述べている．心理学者は，臨床心理学者であれ実験心理学者であれ，人間の未来ではなくて過去に着目する．たとえば，心理学の領域で重要な用語を列挙してみよう．reaction（反動），reinforcement（強化），reflex（反射），repression（抑圧），response（反応）など，人間の受動性や過去性を意味する「re」という接頭辞がついたことばが多く目立ち，逆に，未来性や能動性を意味する「pro」なる接頭辞のついた語があまりみられない（proaction（能動性），progress（前進），project（企画）など）[48]．「われわれは，人間は未来に向かって生きることに忙しいのに，多くの心理学の理論は，これらの生活を過去に向かって追跡するのに忙しい，と結論する．われわれはすべて，自発的で活動的であるようにみえるのに，多くの心理学者は，

ただ反応的であることを教えている」[49]．

　精神分析的心理学と行動主義心理学の両者に共通している点は，過去に囚われた人間像があるという点であろう．過去の幼児体験や環境要因が成人の行動へのつよい影響力をもつというこれらの論は，成人の行動と意識の背後にある過去や環境の要因を鋭く暴く原理にこそなれ，成人が自分自身の未来を切り拓く存在であることへの根拠づけにはならなかった．

　過去に囚われた成人という人間観とは異なり，人間は生涯にわたって発達しつづける存在であると説いたのは，一時フロイトの弟子で，のちにフロイトと袂を分かったユングであった．今日の生涯発達研究者の多くは，このユングを生涯発達論や成人発達論の出発点に位置づけている．

　ユングは，1933年に発表した「人生の段階」（The Stages of Life）なる論文のなかで，人間の一生を太陽の変化にたとえ，40歳前後の時期を「人生の正午」，つまり太陽が頭上を通過する時とみた．人間の頭上を太陽が通過するのは一瞬のことであるが，そこには決定的な変化がある．つまり人間の影がそれまでとは逆の方向に映し出されるという変化である．「われわれは，人生の朝のプログラムにしたがって人生の午後を生きることはできない」のである[50]．人生後半部においては，それまでとは異なった価値にしたがって自分自身の姿を造り上げていかねばならない．

　ユングはこれを「個性化」（individuation）あるいは自己実現（self-realization）のプロセスだととらえた．つまり人生後半部の「内面化（increased interiority）」のプロセスを，衰退としてではなく，発達や成長としてとらえたのである．ユングは次のようにいう．「人生の午後にいる人間は，自分の人生が上昇し拡大するのではなく，仮借ない内的過程によって生の縮小を強いられるのだということを悟らなければならないであろう．青年期の人間にとって，自分自身に打ち込みすぎることは，もうほとんど罪である．そうでないにしても少なくとも危険である．老いつつある人間にとっては，自分の自己にたいして真剣な考察をささげることは，義務であり必然性である．太陽は，その光をひとつの世界

に惜しみなく降り注いだあとは，自分自身を照らすためにその光線を回収するのである」[51].

そして彼は，人生前半の発達（第一の発達）が労働と愛による社会的位置の定位に向けられるとすれば，人生後半の発達（第二の発達）は，自分の内面の声を聞きながら自分自身の姿になっていくことに向けられるとみた．そこには，人生後半部で表面化してくることの多い，老いや死の問題をも包み込んだ，より高次の全体性のもとに自我を統合していくというみちすじがある[52].

一方，ウィーンのシャーロッテ・ビューラーも，1930年代に独自の生涯発達論，ライフサイクル論を展開させた．彼女らは，ウィーンで集められた400名の者の伝記や自伝をもとに，人生を5つの段階（成長（～15歳），探索（15～25歳），確立（25歳～40代後半），仕上（40代後半～60代前半），引退（60代前半～））に分ける試みを示した（これが，人生を発達段階に分けた最初の試みだともいわれている）[53]．調査資料は，外面的出来事・内面的体験・業績の3つに分けられ，この生涯にわたるパターンと生物的発達段階の関係性が検討された．守屋国光は，この作業から次の3つの傾向性が示されたと指摘している[54]．すなわち，① 一生を通して描かれる生物学的曲線は，心理学的曲線と並行して描かれるが，心理学的曲線は，生物学的曲線より遅れて描かれる，② 人生目標は，暫定的・予備的・一般的であったものが，確定的・特定的で明確なものに移行していく，③ 人生前半部では欲求という主観的体験に規定されるが，やがて使命という主観的体験へと移行していく．

ビューラーの説のユニークな点は，生物的発達段階説に人生目標への指向性の記述を重ね合わせたところにあろう．彼女はこの指向性を自己決定（self-determination）と呼び，この視点から人間のライフサイクルの特徴を明らかにした．自己決定の観点からすれば，また人生をさきの5段階に則してとらえるならば，① 自己決定以前の時期，② 暫定的・予備的な自己決定の時期，③ 確定的・特定的な自己決定の時期，④ 自己を査定し，過去を反省する時期，⑤ 自分の人生を成就・諦念・失敗のどれかとして経験する時期の5段階と

なる[55]．こうした自己決定や選択は，最終的には，一生を貫く自己成就（self-fulfillment）・成就価値という観点から評価されるようになるのである．

ビューラーの説は，その後後継者によって発展させられていく．フレンケル・ブルンズィック（Frenkel-Brunswik, E.）は，ビューラーらとの研究成果から，同様に生物的ライフサイクルのカーブが心理－社会的ライフサイクルのカーブに先行すると指摘した[56]．換言すれば，「人間の活動や達成物の拡張（expansion）―全盛（culmination）―萎縮（contraction）の生物的カーブと心理的カーブの間に数年の時間差をともなう」という指摘は，高齢期においても精神的・社会的な面での生産性をあげることができるということにつながろう．

レイモンド・キューレン（Kuhlen, R. G.）らは，この議論を発展させ，人間の動機づけの発達的変化をデータをもとに示した[57]．そして，人間の動機づけは，成長－拡張（growth-expansion）動機から不安－脅威（anxiety-threat）が引き金となり萎縮へとつながると説いたのである[58]．この点は，老年学の離脱理論（disengagement theory）へもつながっていくものであった．

第5節　エイジング研究の進展

さて，エイジング研究は，1940年代に入ると，戦争によって一時活動の停滞を余儀なくさせられるが，終戦とともに老年学研究がまとまった研究体制のもとに活発に進められていく．1944年にはアメリカ老年学会が設立され，翌1945年には，アメリカ心理学会のなかに「成熟期と老年期（Maturity and Old Age）」の分科会が，プレシー（Pressy, S. L.）を会長として誕生している（のちに「成人の発達とエイジング」の分科会に改称）[59]．プレシーは，1948年の学会誌において次のように述べている．「この分科会にいるわれわれは，青少年期の3倍もの長さの期間にかかわりをもつ．……この時期は，発達的にはほとんど研究がなされていない時期である．われわれの領域が，ここ20年間に，最も実り多くかつ最も特色ある心理学研究の領域になるかもしれないと希望して

も，けっして言いすぎではなかろう」[60].

　1946年1月には，アメリカ老年学会の機関誌ジャーナル・オブ・ジェロントロジー（*Journal of Gerontology*）が発刊される．この創刊号の表紙には，「To add life to years, not just years to life」，すなわち「年齢に生命・生活を加えるのであって，単に人生に年齢を加えるのではない」と書かれてある．これは，老年学の研究の方向が，単なる寿命延長（生物学的・医学的関心）だけでなく，高齢者の生活の質（心理学的・社会学的関心）をも射程に入れたものだということを示した至言だといえる[61]．

　橘覚勝によると，このアメリカ老年学会設立時に初めてgerontology（老年学）なる語が用いられたということである[62]．そして今日，「老年学はエイジングを研究する学問である」[63]としばしば指摘されるが，アメリカ老年学会の研究方向は，まさにエイジング研究の方向でもあったのである．

　さきのホールの著書名からも明らかなように，この時期に人生の後半部を形容する語としては，senescence, senility, senectitudeといった老衰を意味する語が用いられていた．だが，これらの語のなかにはややネガティヴな含意が内包されているともいえる．こうした状況のなかで，より中性的な用語であるag(e)ingなる語を用いたことの背景には，人生後半のプロセスと経験を，偏見を捨ててしぜんであるがままのものとしてみていこうとする気運があったということである．また老年期の課題に関しても，これを老年期や高齢者のみの問題としてとらえるのではなく，中年期から高齢期にかけてのプロセス（aging）の問題としてもとらえようとする姿勢があった．このようにみてくるならば，橘が指摘したように，「agingという概念とともにgerontologyが発足したといっても，あえて過言でなければまた誤解でも」ないであろう[64]．

　さて，1950年代に入ると，ベルギーのリエージュにて第1回国際老年学会が開催され，以降，2〜3年おきに会が開かれるようになる．ただ当初はこの学会での発表は，生物学や医学関係のものがほとんどで，社会科学系の発表が増えたのはしばらく経ってからのことであった．

エイジング研究の領域の拡がりと深まりに呼応するかのように，1950年代以降，多面的な角度からのエイジング研究の成果が現れてくる．たとえば，1959年には，ビレン編の『エイジング・ハンドブック』(Handbook of Aging and the Individual)が発刊されるが，これは，エイジング問題を学際的(interdisciplinary)に体系化した最初のハンドブックとして注目されるものである[65]．このハンドブックの出版は，1976年から1977年にかけて出された生物学・心理学・社会科学のエイジング・ハンドブック3分冊の刊行へと発展的につながっていき，以降，この3分冊のハンドブックは，1985年，1990年，1996年，2001年，2006年の改訂版の出版へとつながっていく[66]．

　1950年代にはまた，それまでほとんど手がつけられてこなかった領域でも，エイジング関連の研究の成果が出はじめてくる．たとえば，ミシガン大学のウィルマ・ドナヒュー(Donahue, W.)は，今日の高齢者教育論の出発点ともいえる『高齢期のための教育』(Education for Later Maturity)を1955年に刊行している[67]．スタンフォード大学のネイサン・ショック(Shock, N.)は，老年学や老年医学の領域のビブリオグラフィを出しはじめた[68]．

　また1950年代には，成人の職業や業績とエイジングの関連を扱った研究も出てきた．たとえば，ウェルフォード(Welford, A. T.)は，1958年に『エイジングと人間の技能』という文献を刊行し，職業適応とエイジングの関係を分析した[69]．ダグラス・スーパー(Super, D.)は，職業上の個人の変化をキャリア発達の観点からとらえた[70]．レーマン(Lehman, H. C.)は，『年齢と業績』において，さまざまな領域における人間の業績を加齢との関連から綿密に研究した[71]．ウェクスラー(Wechsler, D.)は，1930年代から一貫して行ってきたエイジングと成人知能の関連を，独自の尺度(＝ウェクスラー成人知能検査)を用いて分析した[72]．

　心理学の領域でいわゆる発達課題論の古典が出されたのもこのころである．ロバート・ハヴィガースト(Havighurst, R. J.)は，1948年の『人間の発達課題と教育』(Developmental Tasks and Education)において，生涯にわたる発達課

題群のリストを示した[73]．発達課題とは，われわれの人生の節目にて遭遇し達成することが期待される課題群のことで，身体的成熟・社会の文化的圧力・個人の願望や価値をその淵源におく．この発達課題論が具体的項目群の羅列であったのに対し，エリク・エリクソン（Erikson, E. H.）の心理－社会的発達課題論は，より包括的でシンボリックなものであった．彼は，1950年の『幼児期と社会』（*Childhood and Society*）において，正負の緊張関係を内包する8つの発達課題から成る漸成図（epigenetic diagram）を示した[74]．これらの論は，今日の心理学や教育学の領域ではば広く用いられている．

　さて老年学やエイジング研究の拡がりと深まりは，1960年代に入ってさらに加速する．なかでも，サクセスフル・エイジングの研究の動向が注目される．この発端となったのは，カミングとヘンリー（Cumming, E. & Henry, W. E.）が離脱理論を提唱したことであった．この理論は，それまで理論らしき理論がないとされてきた社会老年学の領域に議論の種を蒔いた．彼女らは，1961年の『年をとること』（*Growing Old*）のなかで，個人と社会との相互離脱こそが，満足いく老年期の迎え方に通じると説いたのである[75]．この議論の基礎となったのは，シカゴ大学人間発達研究所が1950年代後半にカンザス市で実施した調査の結果であったが，皮肉にも，この離脱理論への反論もこの調査結果を使ったものであった．ハヴィガースト，ニューガルテンとトビン（Havighurst, R. J., Neugarten, B. L. & Tobin, S. S.）らは，従来からアメリカ社会で根づいていた活動理論（activity theory）を擁護するかたちで離脱理論への批判を行った[76]．そしてサクセスフル・エイジングを左右する要因として「パーソナリティ」要因の重要性を指摘した．この主張は，1970年代以降，ロバート・アチュリー（Atchley, R. C.）の継続性理論（continuity theory）に受け継がれていく．すなわち，高齢者は，適応が迫られる状況に遭遇すると，しばしばそれまで慣れ親しんだ領域で慣れ親しんだ手法を援用したがるという主張である[77]．

　こうして1960年代以降，サクセスフル・エイジングと成人のパーソナリティの関連を扱った研究が開拓されていく．たとえばライチャードら（Reichard, F.

et al.）は，退職に適応したパーソナリティ・タイプとして，成熟型（mature）（自分の過去と現在を受容し未来志向的である）・安楽椅子型（rocking-chair men）（受動的・消極的だが，責任の軽減などを歓迎している）・自己防衛型（armored）（活動的であることが，強い不安に対する防衛機制になっている）のタイプをあげ，また不適応タイプとして外罰型（angry men）（他者を非難・攻撃しがち）・内罰型（self-haters）（失意の感情でもって自分の過去をみる）をあげた[78]．バーニス・ニューガルテン（Neugarten, B. L.）は，一貫して変化しにくいパーソナリティ特性を「適応的・目標志向的・目的的」あるいは「社会適応的」な側面と呼び，そこから統合型・防衛型・受動型・非統合型の4つのパーソナリティ・タイプを抽出した[79]．「ふつうの高齢者の行動は，若者のそれよりもより一貫性があり予測可能である．……年をとるにつれて人はよりいっそう自分らしくなる．他方でパーソナリティ構造は，高齢者のほうが若者よりもいっそう鮮明に現れてくる」[80]．つまり彼女は，パーソナリティの内容的側面は，成人期を貫いて変化しにくいが，そのプロセス的側面は変化するとみたのである．逆にパーソナリティのプロセスは，ユングが指摘した「内面化の増大」というかたちで変化するということである．

　ニューガルテンは，1960年代以降，年齢を指標にしたエイジングの実証研究を精力的に進めていく．その集大成として1968年に『中年期とエイジング』（*Middle Age and Aging*）を編集する[81]．マチルダ・ライリー（Riley, M. W.）らも1968年から1972年にかけて『エイジングと社会』（*Aging and Society*）の3分冊を刊行する[82]．こうして「年齢の社会科学」という領域が新しく開拓されていく．

　心理学の領域では，ビレンによる成人発達とエイジングの関連を問う一連の著作が出される[83]．レッドフォード・ビショッフ（Bischof, L. J.）は，成人心理学（adult psychology）なる領域のテキストを刊行した[84]．成人期以降の人間を発達の視点からとらえるこれらの流れは，1969年にウェスト・バージニア大学で開催されたウェスト・バージニア会議を経て，1970年代の生涯発達心

理学シリーズの刊行へとつながっていく[85]．また1971年のホワイトハウス・エイジング会議の提言は，教育老年学の生誕につながっていく[86]．

一方で，エイジングの負の側面にも目が向けられたのもこの時期である．人種差別，女性差別に続く第三の差別として年齢差別＝高齢者差別の問題が表面化したのもこの時期であった．ロバート・バトラー（Butler, R. N.）は，1969年の「エイジズム：偏見の新しい形態」という論文において，アメリカ社会に蔓延する，高齢者やエイジングへのステレオタイプを「エイジズム（agism）」の名称のもとに問題視し警鐘を発した[87]．そして1970年には，高齢者による年齢差別撤廃団体グレイ・パンサーがマギー・キューン（Kuhn, M.）によって設立されていく[88]．

これらのほかにも1960年代には，エイジング研究の新しい分野が開拓されていった．たとえば，シャナスら（Shanas, E. et al.）による高齢者の国際比較研究や，クラークとアンダーソン（Clark, M. & Anderson, B. G.）の文化人類学からの高齢者問題への接近，ブレナンら（Brennan, M. J. et al.）の年齢の経済学などである[89]．バトラーが，今日の回想法のルーツであるライフ・レヴューが，高齢者にとってのしぜんな発達課題だと説いたのもこの時期である[90]．

雑誌の領域では，Journal of Gerontology とともに老年学の二大雑誌と呼ばれる The Gerontologist が1961年にアメリカ老年学会から発刊される[91]．また，Developmental Psychology（1969～），Aging and Human Development（1970～，1973年より International Journal of Aging and Human Development と改称），Journal of Gerontological Nursing（1975～）といった雑誌も刊行されだす[92]．

この時期には，教育学の領域でも教育老年学の芽生えにつながる動向が出ていた．1965年12月には，パリのユネスコ世界成人教育会議にて，ポール・ラングラン（Lengland, P.）によって生涯教育理念が提起された[93]．学校教育における教科の構造の教育を重視した「教育の現代化」の流れは，他方で，学生運動やドロップアウトなどの，硬化した学校教育に対する異議申し立てにつながっていった．そしてその反動として芽生えた1970年代の「教育の人間化」運動と

の関連で，1970年には，ラテン・アメリカからイヴァン・イリッチ（Illich, I.）の「脱学校論」やパウロ・フレイレ（Freire, P.）の「被抑圧者の教育学」が提起される[94]．コミュニティ・カレッジの普及，構外単位制度，大学開放，学習社会論，リカレント教育など，学校教育制度面での柔軟化が芽生えてくる[95]．この時期には，かくして教育学が学校という枠組みをこえた教育理念を模索しはじめたのであった．

老年学が社会と生涯発達に目を向け，教育学が学校外の成人・高齢者への教育理念を模索しはじめた時期，それが1970年前後の時期であった．こうして，両者の対話の学問である「教育老年学（educational gerontology）」なる学問が醸成される気運が温められていったのである．

第6節　教育老年学の展開とエイジング研究

さて，1970年代以降，エイジング研究は質量とも飛躍的に増大する．この動向の全体像を追うことはもはや不可能に近いので，以下，「教育老年学の展開」と「エイジング研究の新しい動向」の2点に限定してみていきたい．

1．教育老年学の展開

1970年にミシガン大学教育学部大学院で，ハワード・マクラスキー（McClusky, H. Y.）らにより，教育老年学なるプログラムが組まれたが，これが，教育機関でこの語が使われた出発点だといわれている[96]．やがて教育老年学なる語はアメリカ各地で使われるようになり，1976年には，雑誌 *Educational Gerontology : An International Journal*（Lumsden, D. B. 編集）が発刊される．以降，この雑誌にはエイジングと教育のかかわりを扱った論考が寄せられるようになる．この雑誌の創刊号では，デビッド・ピーターソン（Peterson, D. A.）が，教育老年学を次のように定義した．「教育老年学は，高齢者および年をとりつつある人びとのための，あるいは，彼らについての，教育的作用の研究・実

践を意味する」[97]．そこには，「高齢者のための教育」「高齢者やエイジングに関する研究・教育」「高齢者にかかわる専門職者への教育的準備」の3つの柱がある．なお，橘覚勝の紹介によると，1961年ホワイトハウス・エイジング会議では，エイジング教育の方向として，education *about* aging, education *for* older people, educative service *by* older people の3点が指摘されたとのことである[98]．ピーターソンの論では，「高齢者による（by）」という点がどうなっているのかが，今後の検討課題であろう．

雑誌 *Educational Gerontology* においては，当初は，ムーディ（Moody, H. R.）らの教育老年学の理念や理論を論じた論考がいくつかみられたが，最近では，主として量的な調査データの分析結果の紹介が増えてきている[99]．伊藤真木子が行ったこの雑誌のテーマの分析によると，当初は高齢者教育論が多かったのに対し，1980年代半ば以降専門職教育論が増え，さらに最近では一般市民へのエイジング教育の議論が多い年が出てきているということである[100]．この原因としては，教育学よりは，保健・医療・福祉らの出自の著者が増えていることが指摘されている．またこうした層の人たちに対する老年学教育やカリキュラム開発，サービス・ラーニング[101]などの議論も増えている．高齢者のコンピュータ活用やケアの問題を扱ったものも増えてきた．ちなみに1980年代までのこの雑誌の特集号のテーマは，高齢期と文学，訓練をめぐる問題，読書，農村部とエイジング，国際的動向，社会・臨床的側面，認知的発達の社会的・パーソナリティ的側面などである．1994年には関口礼子を編集代表とした，日本の教育とエイジングの特集号が組まれる[102]．その後の特集では，高齢者にかかわる専門職員への教育という色彩が濃くなっていくようである．

教育老年学はかくして，当初の新しい学際的学問を提起した段階から，経験的データの蓄積が中心となる段階へと移行したようである（この点は，同様の趣旨をもつ *International Journal of Aging and Human Development* においても同様である）．このことは，逆にいうならば，教育老年学の存在証明（raison d'etre）の再確認が，今日において求められているということでもあろう．す

なわち，学校教育や保健・福祉・医学の論理には解消しきれない教育学の論理が問われているということである．

　著書のほうでは，1978 年に，教育老年学の最初の体系的書物である『教育老年学への招待』(Introduction to Educational Gerontology) がシェロンとラムズデン (Sherron, R. H. & Lumsden, D. B.) によって刊行される[103]．1983 年にはこの方面の単著がピーターソンによって刊行され[104]，1985 年には，ラムズデンによる，教育老年学の視点からみた高齢学習者論の書物が刊行される[105]．また 1993 年には，高齢学習者論に関するビブリオグラフィが出される[106]．これ以降，アメリカでは，ピーターソンら，ローウィとオコーナー (Lowy, L. & O'Connor, D.)，ラムディン (Lamdin, L.) らの教育老年学・高齢者教育に関する文献が刊行されていく[107]．しかしこの時期に最も注目されたのは，後述するディヒトバルト (Dychtwald, K.) の『エイジ・ウェーブ』(Age Wave) に代表される，老人神話を脱神話化する方向の論であったろう[108]．

　イギリスでは，1983 年にフランク・グレンデニング (Glendenning, F.) によって最初の教育老年学関連の論文が出され[109]，1985 年には彼によって，教育老年学の最初の編著が出される[110]．1986 年からは（イギリス）教育老年学協会より，雑誌 Journal of Educational Gerontology が刊行される（のちに Education and Ageing と改称）．1994 年よりグレンデニングとバターズビィ (Glendenning, F. & Battersby, D.) による教育老年学のシリーズが刊行される[111]．

　カナダとの関連では，1992 年にはブリティッシュ・コロンビア大学大学院で教育老年学を担当したジェームス・ソーントン (Thornton, J. E.) の業績が注目される．彼は，カナダにおける第三期の大学論や高齢者教育論の研究を進め，1992 年には Educational Gerontology 誌にてカナダの教育老年学の編集を行った[112]．ソーントンとハロルド (Thornton, J. E. & Harold, S. A.) は，同年に日本とカナダの高齢者教育の比較をも試みている[113]．また，教育老年学の視点から示された，サイモン・フレイザー大学のサンドラ・キューサック (Cusack, S. A.) らによる高齢者のエンパワメントのためのリーダーシップ論も注目される[114]．

この時期には教育老年学の関連領域での研究も進められていく．それらは，①高齢者教育論，②生涯発達論・生涯発達心理学，③インターヴェンション（介入）論，④セラピー論，⑤ポジティヴ・エイジング論などである．第一の高齢者教育論は，高齢者が独自の特性をもった学習者であること，および彼らに有効な教育方法があることを示そうとする研究領域である．ジェロゴジー（gerogogy）やエルダゴジー（eldergogy），ジェラゴギクス（geragogics），ジェラゴジー（geragogy）といった名称が用いられたが，いずれも今日では完全に定着しているとはいえない[115]．教育老年学という包括的概念のもとに包摂されてきたようである．

　第二の生涯発達論は，心理学の領域を中心に研究の拡がりをみせてきている．1970年代の『生涯発達心理学』シリーズや『生涯発達と行動』シリーズの展開は，発達心理学と老年学の連続性につながっていった．またとくに1970年代後半から80年代にかけて注目された成人発達論は，今日ではエイジング論と不即不離の関係になっている[116]．

　第三のインターヴェンション論は，ここでの関連では，高齢期の者に対する教育的インターヴェンションあるいは教育的介入作用論の問題が注目される[117]．これは，生涯発達心理学の潮流のなかで，教育などの働きかけによって，高齢期における望ましい状態をつくり上げることを意味する．筆者はかつて次のような教育的インターヴェンションのタイプ分けを行ったが，これは，高齢者教育においても有効な示唆をもちうるものであろう[118]．

　①緩和（alleviation）と補償（compensation）　個人史のなかの教育的剥奪部分を補充・軽減させることをねらいとする．たとえば，学校教育の機会を十分に受けられなかった高齢者に対して，日常生活に必要な読み書き能力を保障することなどがこの例としてあげられる．

　②予防（prevention）　高齢期に予想される困難さに対して，事前から対処能力を身につけておくこと．たとえば，退職後の生活への準備教育などがこの例であろう．

③ 充実化(enrichment) 上記の2つの目標がエイジングにともなうネガティヴな側面への対処法であったのに対し，これは，高齢期に活性化される力を引き出そうとするものである．ここで重要な点は，学習プロセスそのものからポジティヴなものを得ようとするという方向性である．

この教育的インターヴェンションは，第四の高齢者に対するセラピーと軌を一にするとみることもできる．回想法（第Ⅲ部参照）に園芸療法，音楽療法，絵画療法，化粧療法，アニマル・セラピーなどを教育的介入作用とみることもできよう．これらの実践は，今日急速に普及してきているようである．またより医療行為に近いものとしては作業療法や理学療法などもあるが，これらの教育的側面をさぐっていくことも今後の課題となろう．

なお，第五のポジティヴ・エイジング論については第4章で改めて述べる．

2. エイジング研究の新しい動向

教育老年学以外の領域においては，1990年代から21世紀にかけてエイジング研究の磁場はどのように変わったであろうか．ここでこの全体像をまとめ上げることは不可能に近いが，ひとつの手がかりとして，さきに示したビレン編の『エイジング・ハンドブック』の目次を，1976/77年版と2001年版（心理学と社会科学のみ）とで比較してみるという方法が考えられる．

両者を見比べてまず目につくのが研究方法論の変化である．以前は実験的研究や社会調査研究そして理論的研究という色分けがあったように思うが，最近ではケニヨン（Kenyon, G. W.）らのナラティヴ・ジェロントロジー（narrative gerontology）に代表される，エイジングの自己物語論などが出てきている[119]．高齢者の多様な声を紡ぎ取り，それを意味づけしていく作業においては，質的研究の方法論が援用される必要があろう．また，質的老年学（qualitative gerontology）という動向も出てきている[120]．

第二に，高齢期におけるエイジングと連動した困難さが焦点化されだしてきたという点である．たとえば，高齢者への介護（caregiving）の問題，認知

症の問題，高齢者虐待（elder abuse）の問題などである[121]．雑誌 *Educational Gerontology* では，すでに 1994 年の段階で高齢者ケアの特集号を組んでいたし，最近でも「高齢者虐待への国際的視点」の特集を組んでいる[122]．こうした層の高齢者に接する専門職教育やそのための介入法などの研究も多くなってきている．

　第三に，高齢者とインターネットやコンピュータとの関連の研究の増加である．雑誌 *Educational Gerontology* も同様に，2000 年 6 月の特集号にて情報技術革新と老年学の関係を扱い，老年技術学（gerontechnology）や認知症患者に対するエキスパート・システムの開発などの新しい研究領域を紹介している[123]．また高齢者のコンピュータ運用技能獲得や遂行能力の研究なども出てきている[124]．

　ジェンダーとエイジングの関連も，心理学・社会科学双方で，最近普及してきた研究領域である．性別役割分業の見直しが，高齢期における生活の見直しにつながったともいえる．その一方で，「年齢による性差」として片づけられていた部分への見直しも出てきている[125]．フィリス・モーエン（Moen, P.）は，ジェンダー化されたライフコース論という視点から高齢期のリアリティを再構築する視点を示した[126]．

　このほかにも神経生理学の視点からみたエイジング論などの動向もあるが，エイジング研究は，国際的にみても，認知症や虐待やインターネットなどの，今日的・具体的な社会問題との関連のなかで議論されねばならない時代に入ってきている．

第 7 節　日本におけるエイジング研究と教育老年学

1．日本におけるエイジング研究

　本章の最後に，日本におけるこの方面の動向を簡単にみておこう．日本においては，エイジングの科学的な研究は，第二次世界大戦前まではほとんどな

かったとされている[127]．そうしたなかで，1891（明治24）年に出された穂積陳重の『隠居論』や，日本最初の老年医学書である入沢達吉らの『老人病学』（1912年）あたりが，日本における老年研究の最初ではないかと思われる[128]．老年心理学との関連では，松本亦太郎の『精神的動作』（1914年）と『知能心理学』（1925年）が最初の老年心理学の書物であるとされている[129]．

この松本の薫陶を受けて老年学を体系化したのが橘覚勝である．橘は，東京都杉並区にある浴風園という養老院において，福原誠三郎園長・尼子富士郎医長らとともに1928年より高齢者研究を開始した．浴風園では1930年より研究紀要が発行され，橘はその心理学部門の研究の中心を担うようになる[130]．戦時中には紀要刊行は停止されるが，戦後復刊する．橘がここで行った老年研究の成果は，のちに『老年学』（1971年）という単著になって結実する．

ところで1956年には，第1回日本ゼロントロジー学会総会が東京で開催される[131]．1958年には日本老年学会が設立され，1959年には日本老年医学会と日本老年社会科学会とに分化していく．老年医学会は，1964年より雑誌『日本老年医学会雑誌』を発刊し，また日本老年社会科学会は1979年より『老年社会科学』という雑誌を刊行する．1978年には，第11回国際老年学会議が東京にて開催され，日本からも多くの者が参加した．

研究機関の整備に関しては，1972年に老人問題を学際的に研究する機関として東京都老人総合研究所が開設され，1975年より『社会老年学』という雑誌が刊行されたのが注目される（1994年の第39巻まで）．1977年には国立精神衛生研究所にも老人精神衛生部が開設され，1979年には大阪府吹田市に大阪府立老人総合センターが開設される．

研究成果の面では，橘の著書の刊行以降いくつかの注目すべき文献が著される．1970年代では，加藤正男・長谷川和夫編『老年精神医学』，尼子富士郎『老化』，長谷川和夫・那須宗一編『HANDBOOK 老年学』，長谷川和夫・霜山徳爾編『老年心理学』などが刊行されている[132]．1972年には，わが国で最初の老年学講座ともいえる『講座 日本の老人』（全3巻）が刊行される[133]．さらに

1979年から1982年にかけて『講座 日本の中高年』(全9巻)が，1981年には副田義也編の『講座 老年社会学』(全3巻)がそれぞれ刊行される[134]．しかしこれらの講座のなかには，残念ながら「教育」がひとつの柱を形成することはなかった．が，1981年より刊行された『高齢化社会シリーズ』(全8巻)においては，そのうちの1巻が『高齢化社会と教育』(室俊司・大橋謙策編)としてまとめられている[135]．その後，『21世紀高齢社会への対応シリーズ』(全3巻)(1985年)，『老いの発見シリーズ』(全5巻)(1986年)，『長寿社会総合講座』(全10巻)(1993年)，『シリーズ 高齢社会とエイジング』(全8巻)(1997～1999年)などの老年関係の講座が刊行されている[136]．そのほかにも多くの好書が刊行されているが，それらの多くは，保健・福祉・医療の領域のものか，高齢社会論や政策論か，あるいは老後の生き方論や老い方論かであって，この傾向は，今日でもそれほど変わっていない．

1990年代以降になると，新しいタイプのエイジング研究が注目されだしてくる．そのひとつは，介護やケアの問題をエイジングの理論と連動させて論じるという動向である．春日キスヨや木下康仁らの論がその代表であるが[137]，そこから発展して，後期高齢期における老衰としてのエイジング理論が提起されだした．天田城介，荒井浩道，小倉康嗣らの論はこの流れに入るであろう[138]．また一方で高齢期における家族やジェンダーの問題の再確認の論も出てきた[139]．

エイジズムに関する研究も出てきている．当初は，エイジズムに関する文献の紹介や高齢期の成長可能性の紹介が中心であったが，最近では辻正二などにより，日本からの視点も出てきている[140]．

エイジングと死の問題，あるいは死への準備教育を論じた研究も普及してきている．アルフォンス・デーケン(Deeken, A.)や柏木哲夫らの著作がその代表であろう[141]．

このほかにも数多くの領域において，エイジング研究が開拓されていった．たとえば，高齢者の権利擁護，高齢者虐待，セクシュアリティ，高齢者住宅，

サービス評価など．しかし，いま一度本書の問題意識に還ってみるならば，どのように今日のエイジング研究をとらえることになるのか．すなわち「教育」の視点からのエイジング研究はどこに位置づくのか，という問題である．

2. 高齢者教育と教育老年学の展開

　そこで次に，日本における高齢者教育や教育老年学の動向に目を転じてみよう．わが国で高齢者教育のみをテーマとした本は，1975年に刊行された『老人と学習』（日高幸男・岡本包治・松本伸夫監修）が最初であるとされている[142]．このなかでは，高齢者の生活の記述のあとで，高齢者の学習プログラムの事例，高齢者教室の運営，老人クラブでの学習について述べられている．どちらかというと実践のためのハウツウ的要素がつよいものだといえる．

　その後，1985年の室俊司・大橋謙策編『高齢化社会と教育』の刊行を皮切りに，高齢者の教育や学習に関する著書や編著書がいくつか刊行されるが，それらの切り込み口の多くは，高齢化社会への対応や老後の生きがいづくりという視点であった[143]．高齢者教育が独自の教育学であるという視点やエイジングの社会学・心理学との関連のなかで高齢者の学習を論じたものはあまりなかった．

　日本老年社会科学会は，1987年に雑誌『老年社会科学』第9巻で，「21世紀の生涯教育と高齢者の学習」という特集を組んだ[144]．また1985年には雑誌『老人福祉研究』の第9巻で「高齢者教育の可能性」という特集が組まれたが，このなかの所沢保孝「教育老年学」において，おそらく初めて教育老年学なる語が用いられるようになる[145]．ピーターソンらの論の紹介が中心であったが，新しい教育学の枠組みが模索されだす．しかしそうした論と日本での教育実践とが結びつくことはなかなか生じなかった．議論は，外国の論の検討・紹介，高齢化社会への対応論，高齢化にともなう問題（精神障害，介護など）論，高齢期の生き方論，実践報告といったものに分けられていたようである．高齢者の教育の独自性に真正面から取り組んだものはなかったといえる．

　1995年には新井茂光「教育老年学成立過程に関する一考察」（『日本社会教育

学会紀要』第31号)が出されるが,この論文が日本で最初に教育老年学をタイトルとした学術論文であったと思う[146].新井はこのなかでアメリカの高等教育機関と連邦政府が教育老年学を導入しだした背景を論じている.1999年には堀薫夫『教育老年学の構想』が上梓される[147].日本で最初の教育老年学の単著であったが,理論的研究と量的調査のコラボレーションの研究であったため,教育実践や高齢者のナラティヴとの関連が課題として残された.またこの時期に日本社会教育学会が国際高齢者年に連動して,高齢者教育の年報を編んだ点も興味深い[148].しかし教育老年学や高齢者教育を理論的に深める作業は,その後今日までそれほど深められているとはいえない.

3. 高齢者教育の実践

ここで,高齢者教育の実践の研究・報告に目を転じてみよう.日本の高齢者教育の実践との関連では,1951年に中央社会福祉協議会の働きかけによって老人クラブが結成されたことが注目される[149].この老人クラブ活動の普及過程のなかで,1954年に,わが国で最初の老人学級・老人大学とされている楽生学園が,小林文成らによって長野県伊那市にて開設される[150].楽生学園は,老人大学であるとともに社会活動をする老人クラブでもあった.この理念については,久保田治助らによって検討されている[151].

文部省が高齢者教育に直接かかわり出すのは,市町村に対して高齢者学級開設補助事業の委嘱を行った時点(1965年)からである.この高齢者学級委嘱は1970年まで続き,1973年からは,市町村に対して高齢者教室の開設の補助事業を行うようになる.

1969年6月には兵庫県加古川市に,いなみ野学園なるわが国最大規模の老人大学が開設される.初代学園長であった福智盛は,そのカリキュラム編成に携わるなかで,高齢者の余暇活動の域をこえた学習の構造化を構想した[152].1977年には,老人福祉の分野から生涯教育の考え方を取り入れた東京都世田谷区老人大学が登場する[153].こうして老人大学などの高齢者の学習機会は,教

育行政系のものと福祉行政系のものとが並行して拓かれていくこととなる[154]．

文部省（当時）は，1989年より都道府県を対象に長寿学園開設への補助を開始する．生涯学習振興法の制定（1990年）と相まって，このころには文部省は，都道府県レベルの高齢者向け学校型学習機会の開拓に力点を入れていく．福祉行政系列のほうでも，「高齢者保健福祉十カ年計画」（通称ゴールドプラン）が1989年から10ヵ年計画で始まり，これを受けて長寿社会開発センターが国に，明るい長寿社会推進機構が全都道府県にそれぞれ設置される．そしてこの推進機構が都道府県レベルの老人大学の開設・運営を行うようになっていく．こうして広域的・地域的な日本独自の高齢者教育機関である老人大学が普及していく．なお，欧米では老人大学という呼称は普及しておらず，むしろ「第三期の大学」論が注目されている．この実践の動向も中川恵理子や生津知子らによって紹介されだしている[155]．

老人大学以外にも多くの高齢者独自の学習機会が誕生してきた．豊後レイコらによって導入・実践されてきたエルダーホステル活動は，高齢者と旅と学習を一体化する独自の生涯学習の機会であった[156]．高齢者は情報機器の操作に弱いという偏見に抗うかのように登場した，高齢者のネット上の共同体であるシニア・ネットは1990年代に急速に普及した[157]．NPOなどによる高齢者虐待などの問題に対する学習の運動も芽生えてきている[158]．回想法の実践法が野村豊子，黒川由紀子，志村ゆずらによって紹介され，また独自の実践を編みだしてきている[159]．同様に自分史を書くという学習も注目された．園芸療法や音楽療法も紹介・実践・発展の過程をふんできている．要介護高齢者をかかえる家族の会も独自の学習活動を展開している．認知症と診断された高齢者自身の運動も広がってきている[160]．これらの動向は，橘覚勝の時代では想像すらできなかった動向ではなかろうか．

第8節　小括

　これまでのところで，エイジング研究と教育老年学の展開過程を大急ぎで追ってみた．これらの作業をふまえて，教育老年学研究の展望と個人的見解を，この時点で述べておきたい．

　研究の歴史の浅いエイジング研究のなかでも，教育老年学の研究はとくに日の浅い領域である．たしかに，ムーディやマクラスキーの構想の時代と比較すると，研究の量や経験的データの蓄積はあるていど進められたといえる．しかし，一方で彼らの論が有していたみずみずしい感性と大胆な問題提起という点に則してみれば，教育老年学が，人びとが共有すべき知見へと深化しているとは必ずしもいえない．高齢者は何ゆえに学習を行うのか？　その特徴は，人生のそれまでの時期の者の学習とどう異なるのか？　いったい，高齢者の学習はどこに向かうものなのか？　福祉や医療ではなく教育という視点からみたときにこそみえてくる知見とはどのようなものなのか？　こうしたその学の存立基盤にかかわる問いかけが，いま問われねばならないように思う．そうでないならば，この学は，高齢者にかかわる職業人への訓練プログラムへと小さくまとまってしまうかもしれないのである．ここにひとつの危機が胚胎していると体感する．

　さらに問われねばならない課題があると思う．それは，教育老年学でいう「教育」は，けっして従来の学校－青少年を足場とする教育の延長線上にはないという点である．もし「学校で先生が生徒に教科を教える」という教育形態のイメージのもとに教育老年学を構想したのであれば，この構想は，ある種の袋小路へと逢着してしまうようにも思える．学校教育学とは一線を画した教育学が構想されねばならないのである．そしてその糸口が，具体的な実践との連関のなかで，「エイジング」なるものの深奥へと分け入っていくことなのではなかろうか．

注)
1) 本章は，以下の論文を下地にしつつ，その内容を大はばに変更して論じているという点をお断りしておく．堀薫夫「老年心理学の基礎」藤田綾子・村井潤一・小山正編『老人・障害者の心理』(改訂 新・セミナー介護福祉 7) ミネルヴァ書房，2005，pp.2-17．堀薫夫「アメリカ成人発達論の背景と展開」社会教育基礎理論研究会編『成人性の発達』(叢書生涯学習Ⅶ) 雄松堂，1989，pp.61-138.
2) 橘覚勝『老年学』誠信書房，1971．
3) 橘覚勝『老いの探求』誠信書房，1975．同「老年学の歴史」長谷川和夫・那須宗一編『HANDBOOK 老年学』岩崎学術出版社，1975，pp.3-14．同「老年心理学の歴史」長谷川和夫・霜山徳爾編『老年心理学』岩崎学術出版社，1977，pp.21-29．これら以外に古代からのエイジング研究の歴史を扱ったものは，堀の前掲論文以外では，尼子富士郎『老化』医学書院，1974，長嶋紀一「老年心理学研究の歴史と展望」井上勝也・長嶋紀一編『老年心理学』朝倉書店，1980，pp.15-32 あたりである．
4) Zeman, F.D. Old Age in Ancient Egypt, *Journal of Mt. Sinai Hospital, 8*, 1942, 1161-1165. Zeman, F. D. Life's Later Years. *Journal of Mt. Sinai Hospital* (Part 1 to Part 12), 1944-1950.
5) ジョルジュ・ミノワ『老いの歴史：古代からルネサンスまで』(大野朗子・菅原恵美子訳) 筑摩書房，1996．
6) シモーヌ・ド・ボーヴォワール『老い(上)』(朝吹三吉訳) 人文書院，1972. Bromley, D. B. *The Psychology of Human Ageing* (2nd ed.). Penguin Books, 1974 (D. B. ブロムレー『高齢化の科学』(勝沼晴雄監訳) 産業能率大学出版部，1976). Birren, J. E. History of Gerontology, in Birren, J. E. (ed.) *Encyclopedia of Gerontology* (Vol.1). Academic Press, 1996, pp.655-665. Birren, J. E. & Clayton, V. History of Aging, in Woodruff, D. S. & Birren, J. E. (eds.) *Aging: Scientific Perspectives and Social Issues*. Van Nostrand, 1975. Birren, J. E. & Schroots, J. F. History of Geropsychology, in Birren, J. E. & Schaie, K. W. (eds.) *Handbook of the Psychology of Aging* (5th ed.). Academic Press, 2001, pp.3-28.
7) Birren, J. E. A Brief History of the Psychology of Aging : Part I, *The Gerontologist, 1*(2), 1961, 69-77. Birren, J. E. A Brief History of the Psychology of Aging : Part Ⅱ, *The Gerontologist, 1*(3), 1961, 127-134.
8) Munnichs, J. M. A. A Short History of Psychogerontology, *Human Development, 9*, 1966, 230-245. Hendricks, J. & Achenbaum, A. Historical Development of Theories of Aging, in Bengtson, V. L. & Schaie, K. W. (eds.) *Handbook of Theories of Aging*. Springer, 1999, pp.21-39. 守屋国光『老年期の自我発達心理学的研究』風間書房，1994．村田孝次『生涯発達心理学の課題』培風館，1989．同『発達心理学史』培風館，1992．湯沢雍彦「老年学の成立と発展」湯沢雍彦編『老

年学入門』有斐閣,1978,pp.1-10.
9) Bromley, D. B., *op.cit.*, p.37.
10) ジョルジュ・ミノワ,前掲書,p.78.
11) シモーヌ・ド・ボーヴォワール,前掲書,p.126.
12) 同前,p.127.
13) 同前,pp.128-129.
14) Bromley, D. B., *op.cit.*, p.41.
15) *Ibid.*, p.39.
16) *Ibid.*, pp.41-42.
17) Birren, J. E., *op.cit.* (1996), pp.657-658.
18) キケロ『老境について』(吉田正通訳)岩波書店,1994.なおミノワは,前掲書にて,キケロ自身が,「この作品の目的は,老境が近づいたことを負担に思っている自分を慰めることにある」と別のところで書いていることを取り上げ,若干の疑念をいだいている(p.148).
19) ジョルジュ・ミノワ,前掲書,p.143.
20) キケロ,前掲書,pp.21-22.なお表記は現代文に変えている.
21) 同前,pp.39-50.
22) 中野孝次『セネカ 現代人への手紙』岩波書店,2004,pp.62-65.引用は,ボーヴォワール,前掲書,p.140.
23) ボーヴォワール,前掲書,pp.141-142.
24) 同前,p.165.
25) ジョルジュ・ミノワ,前掲書,p.171.
26) こうしたことの例示として,ミノワは,自由人を殺したさいの贖罪金の金額を,西ゴート族の法律に則して紹介している.(男性の場合)15歳〜20歳:150スー(金貨),20歳〜50歳:300スー,50歳〜65歳:200スー,65歳以上:100スー.(女性の場合)15歳〜40歳:250スー,40歳〜60歳:200スー,60歳以上:ただ同然.高齢者,とくに高齢女性を軽視する風潮がうかがわれる.またキリスト教は弱者救済を教義に掲げているが,教会が高齢者のみを特別に問題にすることはなかったとのことである(ミノワ,前掲書,pp.152-153).
27) Birren, J. E. & Schroots, J. F., *op.cit.*, p.10. アヴィセンナの医学に関しては,次の文献を参照.アヴィセンナ『医学の歌』(志田信男訳)草風館,1998.
28) 佐々木巌『サレルノ養生訓』柴田書店,2001.
29) Bromley, D. B., *op.cit.*, p.45.
30) *Ibid.*, pp.46-48.
31) ウィリアム・シェイクスピア『リア王』(野島秀勝訳)岩波書店,2000.同『お気に召すまま』(福田恒存訳)新潮社,1981.
32) Birren, J. E., *op.cit.* (1996), p.661.

33) Reinert, G. Prolegomena to a History of Life-Span Developmental Psychology, in Baltes, P. B. & Brim, O. G. Jr., (eds.) *Life-Span Development and Behavior* (Vol.2). Academic Press, 1979, pp.205-253. なおテーテンスとカールスの研究の紹介については，村田孝次，前掲書（1992），pp.436-438 にも記載されている．
34) アドルフ・ケトレー『人間に就いて（上・下）』（平貞蔵・山村喬訳）岩波書店，1948.
35) Quetelet, A. *A Treatise on Man and the Development of His Faculties.* William & Robert Chambers, 1835=1842, p.1.
36) Birren, J. E., *op.cit.* (1961, *1*(2)), p.70.
37) Galton, F. *Inquiries into Human Faculty and Its Development.* Macmillan, 1883.
38) Mechnikoff, E. *The Prolongation of Life.* Heinemann, 1907. メチニコフの老化防止論については，D. P. バラッシュ『エイジング：老いの発見』（中元藤茂訳）人文書院，1986, p.59 なども参照．
39) Birren, J. E., *op.cit.* (1996), p.663.
40) Pearl.R. *The Biology of Death.* J. P. Lippincott Co., 1922. Birren, J. E. & Woodruff, D. S. Aging : Past and Future, in Woodruff, D. S. & Birren, J. E. (eds.) *Aging: Scientific Perspectives and Social Issues* (2nd ed.). Wadsworth, 1983, p.5.
41) Birren, J. E., *op.cit.* (1961, *1*(2)), p.72.
42) Minot, C. S. *The Problems of Age, Growth and Death.* Putnam & Sons, 1908.
43) Hall, G. S. *Senescence : The Second Half of Life.* Appleton & Co., 1922.
44) Miles, W. R. Age and Human Ability, *Psychological Review, 40*, 1933, 99-123. Hollingworth, H. L. *Mental Growth and Decline.* Appleton & Co., 1927. Strong, E. K. *Change and Interest with Age.* Stanford University Press, 1931.
45) Cowdry, E. V. (ed.) *Problems of Ageing.* Williams and Wilkins, 1939.
46) Miles, W. R. Psychological Aspects of Aging, in Cowdry, E. V. (ed.) *Problems of Ageing.* Williams and Wilkins, 1939, p.569.
47) Thorndike, E. L. *Adult Learning.* Macmillan, 1928. Thorndike, E. L. *Adult Interests.* Macmillan, 1935. この研究内容の解説は次の文献など．Kidd, J. R. *How Aduls Learn.* Cambridge, 1959, pp.21-22.
48) このあたりの議論は，堀薫夫「生涯にわたる人格形成と学習」梶田叡一編『教育心理学への招待』ミネルヴァ書房，1995，pp.181-201 でふれている．
49) ゴードン・オールポート『人格心理学（上）』（今田恵監訳）誠信書房, 1968, p.259.
50) Jung, C. G. The Stages of Life, in Read, H. et al. (eds.), Hull, R. F. C. (trans.), *The Structure and Dynamics of the Psyche* (2nd ed.). Princeton University Press, 1972, p.399.
51) カール・ユング「人生の転換期」（鎌田輝雄訳）『現代思想』第 7 巻第 5 号, 1979, p.52.
52) 堀薫夫「生涯発達とエイジング」麻生誠・堀薫夫『生涯学習と自己実現』放送

大学教育振興会, 2002, pp.46-48 参照. ユングの論の紹介については, 河合隼雄『ユング心理学入門』培風館, 1967 にくわしい.
53) Bühler, C. *Der Menschliche Lebenslauf als Psychologisches Problem*. Hirzel, 1933 (『心理学の課題としての人間の生涯』という意味である). Bühler, C. The Curve of Life as Studied in Biographies, *Journal of Applied Psychology, 19*, 1933, 405-409.
54) 守屋国光, 前掲書, pp.216-218.
55) 森 昭『人間形成原論 遺稿』(森 昭著作集6) 黎明書房, 1972, pp.211-212. ビューラーのライフサイクル論は, 次の文献で集大成される. Bühler, C. & Massarik, F. (eds.) *The Course of Human Life*. Springer, 1968. また堀薫夫・三輪建二『生涯学習と自己実現 (改訂版)』放送大学教育振興会, 2006, pp.112-115 も参照.
56) Frenkel-Brunswik, E. Adjustments and Reorientation in the Course of the Life Span, in Kuhlen, R. G. & Thompson, G. G. (eds.) *Psychological Studies of Human Development* (rev.). Appleton-Century-Crofts, 1963, pp.161-171.
57) Kuhlen, R. G. & Johnson, G. H. Changes in Goals with Increasing Adult Age, *Journal of Couseling Psychology, 16*(1), 1952, 1-4.
58) Kuhlen, R. G. Developmental Changes in Motivation During the Adult Years, in Birren, J. E. (ed.) *Relations of Development and Aging*. Charles C. Thomas, 1964, pp.209-246.
59) Birren, J. E., *op.cit.*（1961, *1*(3)）, p.127.
60) *Ibid.*. Pressy, S. L. The New Division on Maturity and Old Age, *American Psychologist, 3*, 1948, 107-109.
61) 橘覚勝, 前掲書 (1977), p.23 参照.
62) 橘覚勝, 前掲書 (1971), pp.26-27.
63) Ward, R. A. *The Aging Experience*. J. B. Lippincott Comp., 1979, p.5.
64) 橘覚勝, 前掲書 (1971), pp.26-27. またこのあたりの記述に関しては, 橘覚勝, 前掲書 (1975) や長嶋紀一, 前掲論文も参照.
65) Birren, J. E. (ed.) *Handbook of Aging and the Individual*. University of Chicago Press, 1959.
66) エイジング・ハンドブック3分冊の各年度の編者名などは次のとおりである. なお全体の統括編集者は全巻ともジェームス・ビレンである.

出版年	生物学 (Handbook of the Biology of Aging) 編者	心理学 (Handbook of the Psychology of Aging) 編者	社会科学 (Handbook of Aging and the Social Sciences) 編者	出版社
1st ed. 1976/1977	Finch, C. E. & Hayflick, L.	Birren, J. E. & Schaie, K. W.	Binstock, R. H. & Shanas, E.	Van Nostrand Reinhold
2nd ed. 1985	Finch, C. E. & Schneider, E. L.	Birren, J. E. & Schaie, K. W.	Binstock, R. H. & Shanas, E.	Van Nostrand Reinhold
3rd ed. 1990	Schneider, E. L. & Rowe, J. W.	Birren, J. E. & Schaie, K. W.	Binstock, R. H. & George, L. K.	Academic Press
4th ed. 1996	Schneider, E. L. & Rowe, J. W.	Birren, J. E. & Schaie, K. W.	Binstock, R. H. & George, L. K.	Academic Press
5th ed. 2001	Masoro, E. J. & Steven, N. A.	Birren, J. E. & Schaie, K. W.	Binstock, R. H. & George, L. K.	Academic Press
6th ed. 2006	Mosoro, E. J. & Austed, S.	Birren, J. E. & Schaie, K. W.	Binstock, R. H. & George, L. K.	Academic Press

67) Donahue,W. (ed.) *Education for Later Maturity*. Whiteside, 1955.
68) Shock, N. A. *Classified Bibliography of Gerontology and Geriatrics*. Stanford University Press, 1951, 1957, 1963.
69) Welford, A. T. *Ageing and Human Skill*. Oxford University Press, 1958.
70) Super, D. E. *The Psychology of Career*. Harper & Row, 1957. Super, D. E. et al. *Vocational Development*. Teachers College Press, 1957.
71) Lehman, H. C. *Age and Achievement*. Princeton University Press, 1953.
72) Wechsler, D. *The Measurement of Adult Intelligence* (3rd ed.). Williams & Wilkins, 1944. Wechsler, D. *The Measurement and Appraisal of Adult Intelligence* (4th ed.). Williams & Wilkins, 1958.
73) Havighurst, R. J. *Developmental Tasks and Education*. David McKay, 1948.
74) Erikson, E. H. *Childhood and Society*. W. W. Norton, 1950.
75) Cumming, E. & Henry, W. E. *Growing Old: The Process of Disengagement*. Basic Books, 1961.
76) Havighurst, R. J., Neugarten, B. L. & Tobin, S. S. Disengagement and Patterns of Aging, 1963. Neugarten, B. L., Havighurst, R. J. & Tobin, S. S. Personality and Patterns of Aging, 1965. いずれも Neugarten, B. L. (ed.) *Middle Age and Aging*. University of Chicago Press, 1968 所収 (pp.161-172 および pp.173-177).
77) Atchley, R. C. Retirement and Leisure Participation : Continuity or Crisis? *The Gerontologist, 11*, 1971, 13-17. Atchley, R. C. *Social Forces in Later Life*. Wadsworth, 1972.
78) Reichard, F., Livson, F. & Peterson, P. G. *Aging and Personality*. Wiley, 1962.
79) Neugarten. B. L. & Assiciates *Personality in Middle and Late Life*. Atherton

Press, 1964.
80) *Ibid.*, p.198. なお，エイジングの影響力が，パーソナリティの内容的側面とプロセス的側面で異なるという指摘に関しては，次の文献も参照．Kimmel, D. C. *Adulthood and Aging.* John Wiley & Sons, 1974, pp.299-314. 堀薫夫「中年期・老年期」山本利和編『発達心理学』(現代心理学シリーズ7) 培風館，pp.163-178.
81) Neugarten, B. L. (ed.) *Middle Age and Aging.* University of Chicago Press, 1968.
82) Riley, M. W. & Foner, A. (eds.) *Aging and Society (Vol.1): An Inventory of Research Findings.* 1968. Riley, M. W., Riley, J. W. Jr. & Johnson, M. E. (eds.) *Aging and Society (Vol.2): Aging and the Profession.* 1968. Riley, M. W., Johnson, M. E. & Foner, A. (eds.) *Aging and Society (Vol.3): A Sociology of Age Stratification.* 1972. いずれも Russel Sage Foundation より刊行．
83) Birren, J. E. & Butler, R. N. et al. *Human Aging.* U. S. Government Printing Office, 1963. Birren, J. E. (ed.) *The Psychology of Aging.* Prentice-Hall, 1964. Birren, J. E. (ed.) *Relations of Development and Aging.* C. C. Thomas, 1964.
84) Bischof, L. J. *Adult Psychology.* Harper & Row, 1969.
85) Hooper, F. H. & The West Virginia University Conference on Life-Span Developmental Psychology, *Human Development, 13*, 1970, 53-60. Goulet, L. R. & Baltes, P. B. (eds.) *Life-Span Developmental Psychology: Research and Theory.* Academic Press, 1970.
86) McClusky, H. Y. *Education* (Report for 1971 White House Conference on Aging). U. S. Government Printing Office, 1971.
87) Butler, R. N. Age-Ism : Another Form of Bigotory, *The Gerontologist, 9*, 1969, 243-246.
88) グレイ・パンサーなどの運動に関しては次の文献などを参照．皆川靭一『老人パワー』ミネルヴァ書房，1981. 越川礼子『グレイパンサー』潮出版社，1986.
89) Shanas, E. et al. *Old People in Three Industrial Societies.* Atherton Press, 1968. Clark, M. & Anderson, B. G. *Culture and Aging.* Charles C. Thomas, 1967. Brennan, M. J. et al. *The Economics of Age.* Arno Press, 1980 (orig., 1967).
90) Butler, R. N. The Life Review, *Psychiatry, 26*, 1963, 65-76.
91) *Journal of Gerontology* が心理学や社会科学などの学問分野による区分をもっているのに対し，*The Gerontologist* には，エイジング問題の学際的な研究成果が発表されており，家族問題やプログラム紹介など，より領域中心の区分がなされている．
92) このほかにも1980年以降，次のような老年学関係の雑誌が刊行されている．*Ageing and Society* (イギリス) (1981～), *Journal of Applied Gerontology* (1982～), *Journal of Cross-Cultural Gerontology* (1986～), *Journal of Aging Studies* (1987

~), *Psychology and Aging* (1986~).
93) ポール・ラングラン『生涯教育入門』（波多野完治訳）全日本社会教育連合会, 1976. 同『生涯教育入門（第二部）』（波多野完治訳）全日本社会教育連合会, 1979.
94) Illich, I. *Deschooing Society.* Harper & Row, 1970（東洋・小澤周三訳『脱学校の社会』東京創元社, 1977）. Freire, P. *Pedagogia do Oprimido.* Paz e Terra, 1970（小沢・楠原・柿沼・伊藤訳『被抑圧者の教育学』亜紀書房, 1979）.
95) この時期の学校教育制度の柔軟化の動向については次の文献を参照. 市川昭午・潮木守一編『学習社会への道』（教育学講座21）学習研究社, 1979.
96) 堀薫夫「教育におけるエイジングの問題」『福井県立短期大学研究紀要』第10号, 1985, 99-111. またこのあたりの動向については, 堀薫夫『教育老年学の構想』学文社, 1999, 第1章を参照.
97) Peterson, D. A. Educational Gerontology : The State of the Art, *Educational Gerontology, 1*(1), 1976, p.62.
98) 橘覚勝, 前掲書（1975）, pp.155-156.
99) たとえば純粋の理論研究としては, 次のものなど. Moody, H. R. Philosophical Foundations of Education for Old Age, *Educational Gerontology, 1*(1), 1976, 1-16. Hiemstra, R. The Contributions of Howard Yale McClusky to an Evolving Discipline of Educational Gerontology, *Educational Geroology, 6,* 1981, 209-226. Jarvis, P. Trends in Education and Gerontology, *Educational Gerontology, 16,* 1990, 401-409.
100) 伊藤真木子「高齢者の学習支援論に向けて：Educational Gerontologyの視点」『日本生涯教育学会年報』第25集, 2004, 151-167.
101) Weinreich, D. M. Service Learning at the Edge of Chaos, *Educational Gerontology, 29*(3), 2003, 181-195.
102) Special Issue on Education and Aging in Japan, *Educational Gerontology, 20* (5), 1994. この内容は, のちに関口礼子編『高齢社会への意識改革』勁草書房, 1996 としてまとめられる.
103) Sherron, R. H. & Lumsden, D. B.（eds.）*Introduction to Educational Gerontology.* Hemisphere, 1978.
104) Peterson, D. A. *Facilitating Education for Older Learners.* Jossey-Bass, 1983.
105) Lumsden, D. B. *The Older Adult as Learner : Aspects of Educational Gerontology.* Hemisphere, 1985.
106) Greenberg, R. M. *Education for Older Adult Learning : A Selected, Annotated Bibliography.* Greenwood Press, 1993.
107) Peterson, D. A., Thornton, J. E. & Birren, J. E.（eds.）*Education and Aging.* Prentice Hall, 1986. Lowy, L. & O'Connor, D. *Why Education in the Later*

Years? Lexington Books, 1986（香川・西出・鈴木訳『高齢社会を生きる　高齢社会に学ぶ』ミネルヴァ書房，1995）．Lamdin, L. & Fugate, M. *Elderlearning*. Oryx Press, 1997.
108) Dychtwald, K. & Flower, J. *Age Wave*. Jeremy P. Tarcher, 1989（田名部昭・田辺ナナ子訳『エイジ・ウェーブ』創知社，1992）．
109) Glendenning, F. Educational Gerontology : A Review of American and British Development, *International Journal of Lifelong Education*, 2(1), 1983, 63-82.
110) Glendenning, F. (ed.) *Educational Gerontology*. Croom Helm, 1985.
111) Withnall, A. & Percy, K. *Good Practice in the Education and Training of Older Adults*, 1994. Glendenning, F. & Stuart-Hamilton, I. (eds.) *Learning and Cognition in Later Life*. 1995. Walker, J. (ed.) *Changing Concepts of Retirement*. 1996. Glendenning, F. (ed.) *Teaching and Learning in Later Life*. 2000. いずれも Arena, Ashgate Pub. Comp. より教育老年学研究シリーズとして刊行．
112) Peterson, D. A., Thornton, J. E. & Birren, J. E., *op.cit*.. また，*Educational Gerontology*, 18(5), 1992 では，ソーントンを客員編集者にしたカナダの教育老年学特集が組まれている．
113) Thornton, J. E. & Harold, S. A. (eds.) *Education in the Third Age: Canadian and Japanese Perspectives*. Pacific Educational Press, 1992.
114) Cusack, S. A. Participation with Confidence : The Development and Evaluation of a Leadership-Training Program for Older Adults, *Educational Gerontology*, 17(5), 1991, 435-449. Cusack, S. A. & Thompson, W. J. A. *Leadership for Older Adults: Aging with Purpose and Passion*. Taylor & Francis, 1999.
115) Lebel, J. Beyond Andragogy to Gerogogy, *Lifelong Learning*, 1(9), 1978, 16-18. Yeo, G. Eldergogy, *Lifelong Learning*, 5(5), 1982, 4-7. Glendenning, F. & Battersby, D. From Andragogy to Gerogogy, *Journal of Educational Gerontology*, 2(1), 1987, 4-10. Berdes, C., Zych, A. A. & Dawson, G. D. *Geragogics: European Research in Gerontological Education and Educational Gerontology*. The Haworth Press, 1992. John, M. T. *Geragogy: A Theory for Teaching the Elderly*. The Haworth Press, 1988.
116) 1970年代から1980年代の成人発達論の概観については，堀薫夫，前掲論文(1989)を参照．
117) 教育的インターヴェンション論の発端は下記の論文かと思われるが，そこでは教育による発達段階の構築という示唆がある．Birren, J. E. & Woodruff, D. S. Human Development over the Life Span through Education, in Baltes, P. B. & Schaie, K. W. (eds.) *Life-Span Developmental Psychology: Personality and Socialization*. Academic Press, 1973, pp.306-339.

118) 堀薫夫, 前掲論文（2005）, pp.11-12 および同, 前掲論文（1989）, pp.124-127 参照.
119) Kenyon, G. M., Clark, P. & de Vries, B. (eds.) *Narrative Gerontology : Theory, Research and Practice*. Springer, 2001. Kenyon, G. M. & Randall, W. L. *Restorying of Our Lives*. Praeger, 1997. Birren, J. E., Kenyon, G. M. et al. *Aging and Biography*. Springer, 1996.
120) Rowles, G. D. & Schoenberg, N. E. (eds.) *Qualitative Gerontology* (2nd ed.). Springer, 2001. また, シャラン・メリアム『質的調査法入門』（堀薫夫・久保真人・成島美弥訳）ミネルヴァ書房, 2004 でも, 高齢者の声を紡ぐ方法論が述べられている.
121) Kane, R. L. & Kane, R. A. Emerging Issues in Chronic Care, in Binstock, R. H. & George, L. K. (eds.) *Handbook of Aging and the Social Sciences* (5th ed.), Academic Press, 2001, pp.406-425. Wilber, K. H. & Dennis, P. M, Elder Abuse and Victimization, in Birren, J. E. & Schaie, K. W. (eds.) *Handbook of the Psychology of Aging* (5th ed.). Academic Press, 2001, pp.569-591. McLeod, B. W. *Caregiving : The Spiritual Journey of Love, Loss, and Renewal*. John Wiley & Sons, 1999.
122) Special Issue on Caregiving : A Classroom Resource, *Educational Gerontology*, *20*(7), 1994. Special Issue on International Perspectives on Elder Maltreatment, *Educational Gerontology*, *32*(1), 2006.
123) Special Issue on Technological Challenges for Gerontologists in the 21st Century, *Educational Gerontology*, *26*(4), 2000. Fozard, J. L. & Rietsema, J. et al. Gerontechnology : Creating Enabling Environments for the Challenges and Opportunities of Aging, *Educational Gerontology*, *26*(4), 2000, 331-344. Coulson, J. S. Shhhh : An Expert System for the Management of Clients with Vocally Disruptive Behaviors in Dementia, *Educational Gerontology*, *26*(4), 2000, 401-408.
124) Czaja, S. J. Technological Change and the Older Worker, in Birren, J. E. & Schaie, K. W. (eds.) *Handbook of the Psychology of Aging* (5th ed.). Academic Press, 2001, pp.547-568.
125) Sinnott, J. D. & Shifren, K. Gender and Aging : Gender Differences and Gender Roles, in Birren, J. E. & Schaie, K. W. (eds.) *Handbook of the Psychology of Aging* (5th ed.). Academic Press, 2001, pp.454-476.
126) Moen, P. The Gendered Life Course, in Binstock, R. H. & George, L. K. (eds.) *Handbook of Aging and the Social Sciences* (5th ed.). Academic Press, 2001, pp.179-196.
127) 日本の老年研究の動向に関しては, 橘覚勝, 前掲書（1971）, pp.61-87 および湯沢雍彦編, 前掲書, pp.5-9, 守屋国光, 前掲書などを参照.

128) 穂積陳重『隠居論』(復刻版) クレス出版, 1999 (=哲学書院, 1891). 入沢達吉他『老人病学』南江堂, 1912.
129) 松本亦太郎『精神的動作』六合館, 1914, 同『知能心理学』改造社, 1925.
130) このあたりの記述は, 橘覚勝, 前掲書 (1971), p.62 あたりを参照.
131) 同上, pp.67-68.
132) 注3) でふれたもの以外では, 加藤正男・長谷川和夫編『老年精神医学』医学書院, 1973.
133) 『講座 日本の老人』(垣内出版, 1972) の第1巻から第3巻の編者・タイトルは次のとおり. 金子仁郎・新福尚武編『老人の精神医学と心理学』, 岡村重夫・三浦文夫編『老人の福祉と社会保障』, 那須宗一・増田光吉編『老人と家族の社会学』.
134) 『講座 日本の中高年 1〜9』(垣内出版) までの編者とサブタイトルなどは次のとおり. 1. 簔野脩一編『中高年健康管理学(上)(下)』1979, 2. 袖井孝子・直井道子編『中高年女性学』1979, 3. 袖井孝子編『収穫の世代：中高年の生活構造』1979, 4. 戸川行雄・保崎秀夫・守屋国光編『老化のプロセスと精神障害：老年心理学をめざして』1979, 5. 本村汎・望月嵩編『中高年にみる生活危機』1981, 6. 前田信男『病める老人を地域でみる：デイケア・訪問看護・ナーシングホーム』1982, 7. 森幹郎『政策老年学』1981, 8. 下山房雄編『高齢化社会の労働生涯』1980, 9. 片多順『老人と文化：老年人類学入門』1981. 副田義也編『講座 老年社会学』垣内出版, 1972のサブタイトルは次のとおり. Ⅰ 老年世代論, Ⅱ 老後問題論, Ⅲ 老齢保障論.
135) 高齢化社会シリーズ (中央法規出版) 全10巻の編者・タイトルは次のとおり. 1. 三浦文夫・小林節夫編『高齢化社会と社会保障』1982, 2. 村上清・山崎泰彦編『高齢化社会と年金』1981, 3. 三浦文夫・岡崎陽一編『高齢化社会への道』1983, 4. 島田とみ子・樋口恵子編『高齢化社会と女性』1983, 5. 北川隆吉編『高齢化社会と労働』1983, 6. 馬場啓之助・小林節夫編『高齢化社会と経営』1983, 7. 室俊司・大橋謙策編『高齢化社会と教育』1985, 8. 三浦文夫・木下茂徳編『高齢化社会と生活空間』1985.
136) それぞれのシリーズのタイトルは次のとおり. 21世紀高齢社会への対応シリーズ (東京大学出版会)「高齢社会の構造と課題」「高齢社会への社会的対応」「高齢社会の保険と医療」. 老いの発見シリーズ (岩波書店)「老いを生きる場」「老いと社会システム」「老いの思想」「老いの人類史」「老いのパラダイム」. 長寿社会総合講座 (第一法規)「21世紀の高齢者文化」「高齢化対策の国際比較」「高齢者の住環境」「高齢者の労働とライフデザイン」「市民参加と高齢者ケア」「長寿社会の社会保障」「長寿社会のトータルケア」「長寿社会のトータルビジョン」「保健福祉計画とまちづくり」「老年医学とリハビリテーション」. シリーズ高齢社会とエイジング (早稲田大学出版部)「エイジング・ソサエティ」「エイジングとは何か」「エイジングの化粧学」「エイジングの心理学」「エイジングの政治

学」「高齢社会の法律」「高齢者のライフスタイル」「高齢者の保健と医療」．

137) 春日キスヨ『介護問題の社会学』岩波書店，2001．木下康仁『ケアと老いの祝福』勁草書房，1997 など．

138) 天田城介『〈老い衰えゆくこと〉の社会学』多賀出版，2003．荒井浩道「老いの人称に関する一試論」早稲田大学人間総合センター編『家族研究年報』No. 26，2001，42-55．小倉康嗣「後期近代としての高齢化と〈ラディカル・エイジング〉」『社会学評論』第 52 巻第 1 号，2001，50-68．

139) 安達正嗣『高齢期家族の社会学』世界思想社，1999．日本家政学会編『変動する家族：子ども・ジェンダー・高齢者』建帛社，1999．白波瀬佐和子『少子高齢社会のみえない格差：ジェンダー・世代・階層のゆくえ』東京大学出版会，2005 など．

140) 辻正次『高齢者ラベリングの社会学：老人差別の調査研究』恒星社厚生閣，2000．玄幡真美『仕事における年齢差別』御茶の水書房，2005 など．

141) アルフォンス・デーケン『死とどう向き合うか』日本放送出版協会，1996．柏木哲夫『死を学ぶ』有斐閣，1995 など．

142) 日高幸男・岡本包治・松本伸夫監修『老人と学習』日常出版，1975．

143) たとえば次の文献など．室俊司・大橋謙策編『高齢化社会と教育』（高齢化社会シリーズ 7）中央法規出版，1985．瀬沼克彰『高齢社会の生涯教育』学文社，1986．塚本哲人編『高齢者教育の構想と展開』全日本社会教育連合会，1990．松井政明・山野井敦徳・山本都久編『高齢者教育論』東信堂，1997．

144)「特集 21 世紀の生涯教育と高齢者の学習」日本老年社会科学会編『老年社会科学』第 9 巻，1987．また，石田恵子「高齢者教育に関する研究」『老年社会科学』第 1 巻，1979，212-223 など，部分的には高齢者教育に関する論考も登場している．

145) 所沢保孝「教育老年学」（特集 高齢者教育の可能性）日本老人福祉財団編『老人福祉研究』第 9 巻，1985，28-43．

146) 新井茂光「教育老年学成立過程に関する一考察」『日本社会教育学会紀要』第 31 号，1995，35-43．

147) 堀薫夫『教育老年学の構想：エイジングと生涯学習』学文社，1999．なお堀が 1999 年より神戸大学大学院総合人間科学研究科博士課程にて担当した「教育老年学」が，わが国で最初の教育老年学の大学院授業であったかと思う．

148) 日本社会教育学会編『高齢社会における社会教育の課題』（日本社会教育学会年報第 43 集）東洋館出版，1999．

149) ここでの記述は，堀薫夫「老人大学の課題と展望」大阪教育大学生涯教育計画論研究室編『都市型老人大学の実態と意識に関する調査研究：大阪府老人大学を事例として』1999 を参照．

150) 小林文成『老人は変わる』国土社，1974．小林文成『老後を変える』ミネルヴァ書房，1978．

151) 久保田治助「小林文成の『生きた教養』概念に関する考察」『関東教育学会紀要』第31号，2004，41-51．
152) いなみ野学園の実践に関しては次の文献などを参照．福智盛『熟年は燃える』ミネルヴァ書房，1981．同『いなみ野学園』ミネルヴァ書房，1990．野元弘幸「『いなみ野学園』における高齢者の学習」日本社会教育学会編，前掲書，pp.122-133．
153) 三浦文夫『老いて学ぶ 老いて拓く』ミネルヴァ書房，1996．
154) 高齢者教育の教育行政および福祉行政からの取り組みについては，野々村恵子「高齢者の学習機会の多様な広がり：自治体での試み」関口礼子編，前掲書，pp.180-209 参照．
155) 中川恵理子「イギリスの第三期の大学」『日本社会教育学会紀要』No. 35，1999，77-86．生津知子「イギリスのU3Aの理念と実態に関する一考察」『京都大学 生涯教育学・図書館情報学研究』第4号，2005，91-105．
156) ユージン・ミルズ『エルダーホステル物語』（豊後レイコ・柏岡富英・藪野祐三訳）エトレ出版，1995．
157) メロウソサエティ・フォーラム『シニアとパソコンが元気にするおもしろい話』ぎょうせい，2002．松尾魚菜子「シニアネット・ジャパンの活動から見えてきた課題（上）（下）」全日本社会教育連合会編『社会教育』2002年2月号（pp.66-67)・3月号（pp.64-65）．
158) 川越智子『誰が老人を救うのか』ぜんにち出版，2003．小林篤子『高齢者虐待』中央公論社，2004．
159) 野村豊子・黒川由紀子『回想法への招待』筒井書房，1992．志村ゆず・鈴木正典編『写真でみせる回想法』弘文堂，2004．黒川由紀子『回想法』誠信書房，2005．
160) クリスティーン・ブライデン『私は私になっていく：痴呆とダンスを』（馬篭久美子・檜垣陽子訳）クリエイツかもがわ，2004．

第2章 エイジングへの／からの問い：〈老い衰えゆくこと〉の社会学の地平から

第1節 エイジングをめぐる錯綜した問い

1. エイジングをめぐって何を／いかにして問うてきたのか？

　本章では，いずれも老年学において主要なテーマでありながらこれまで論理的に順接されてこなかった〈発達可能性〉と〈老い衰えゆくこと〉の両者を接続することを目的とする[1]．換言すれば，「〈発達可能性〉と〈老い衰えゆくこと〉の2つの概念は本質的に対立せざるをえないのか？」，この問いを根底から問い直すことこそを，本章の最大のねらいとしたい．

　本章ではまず，そもそも〈老い衰えゆくこと〉がどのように老年学において位置づけられてきたのか，そして，その位置価において〈発達可能性〉と〈老い衰えゆくこと〉がどのような対立の構図として描出されるものであるのかを確認する．次いで，しかしながら，〈発達可能性〉と〈老い衰えゆくこと〉は論理内在的には逆接するものではなく，むしろ〈発達可能性〉も〈老い衰えゆくこと〉も，老いを生きる当事者たちの〈よりよく生きること〉を構成する要件になるのであれば，両者は接続可能であることを明示する．

　日本社会においていわゆる「新しい高齢者像」が提起されるようになった典型例として，平成9年版『厚生白書』[2]，平成12年版『厚生白書』[3]などをあげることができる．この2つの『白書』はおおむね以下の2点を提示していたといえよう[4]．第一に，「老人神話」をめぐる諸言説の「脱神話化」と「新しい高齢者像」の提示である．実際，平成9年版『厚生白書』において，「高齢者のほとんどは健康を害している」「高齢者は非生産的である」「高齢者の頭脳は若者のように明敏ではない」といった「老人神話」をめぐる諸言説が問い直

されたことは記憶に新しい[5]．また，平成12年版『厚生白書：新しい高齢者像を求めて』では，「年齢のみをもって一律に高齢者と考えていない，いわば『自覚のない高齢者』が今後増えていくと予想」[6]している．いうなれば，現実的にも理想においても"age-less"であることが定着してきていることを指摘しているのである．

　第二に，「高齢者像は歴史的な諸要因によってつくられた」という構築主義的なテーゼを指摘することができる[7]．ただ，それだけではない．渋谷望が指摘するように[8]，こうした〈老い〉に対する「ポジティヴな（活力ある，自立した）」イメージ変更と「多様な」イメージ変更は，「社会的・経済的弱者としての固定的で画一的」な高齢者像への対抗言説ではあるものの——前者は「高齢者＝弱者」イメージへの，後者は「画一的」イメージへの対抗言説——，そこでは高齢者が「多様」であることと「ポジティヴ（活力ある，自立した）」であることが短絡的に接合されているのである（文字通り「多様」であるならば「活力のない高齢者」「自立していない高齢者」も含まれなければならない！）．われわれは，未曾有の高齢化を遂げつつある現在において，こうした〈老い〉をめぐる政治の只中にあることを解読するべきである．

　このような①《「老人神話の脱神話化」と「新しい高齢者像」の提示》，②《「老いの社会的構築性の剔出」と「老いの肯定性言説と老いの多様性言説の結合」》という視点の転換は，現代社会において人口に膾炙しつつある．そして，まさにこうしたかつての高齢者像の呪縛からの解放を謳う言説を下支えしている《視点》こそ，1960年代以降の老年学自体が獲得してきた重要な理論的な視座でもあったのだ！　その意味では，「超高齢化社会」の出来を目前にした現代社会における「〈老い〉をめぐる政治」を象徴的に映し出しているともいえる．

　老年学，いや正確にいえば，社会老年学／老年社会学は，《「老人神話の脱神話化」と「新しい高齢者像」の提示》という《視線》を自らのうちに内備させつつ発展してきた学際的領域であるのだが[9]，その社会老年学／老年社会学においても（おいてこそ？），《「老いの社会構築性の剔出」と「老いの肯定性言

説と老いの多様性言説の接合」》という事態・帰結をしばしば召還させてしまっているのである[10]．

したがって，われわれは以下のように問うべきである．

【Q1-1】 いかにして，あるいはなぜゆえに，社会老年学／老年社会学が《「老人神話の脱神話化」と「新しい高齢者像」の提示》という《視線》を提供することになったのか？

【Q1-2】 いかにして，あるいはなぜゆえに，社会老年学／老年社会学は《「老いの社会構築性の剔出」と「老いの肯定性言説と老いの多様性言説の接合」》という事態を召還してしまったのか？ それはいかなる歴史的・政治的文脈のもとに立ち現れてきたのか？

2.「老人神話の脱神話化」と「新しい高齢者像」の提示

詳述するまでもなく，老年学，とりわけ社会老年学／老年社会学は，われわれの時代的・歴史的文脈において，あるいは高齢化によってもたらされた紛れもない現実に照応するようにして形成／展開してきたといえよう[11]．とくに，高齢社会の歴史性と照応・共振しつつ，社会老年学／老年社会学が展開されてきたことを確認するためにも，以下では〈再帰的エイジング〉〈発達可能性の時間的拡張／普遍化〉という基軸概念を参照することにしよう[12]．

第一に，現代社会における高齢者は，新たなる情報を参照しつつ，かつての自明視された規範や制度をつねに吟味・改編の対象としたうえで，自らが何者であるのか，われわれのこの社会がいかにあるべきかを，たえず問い直し，再構築していくことになる[13]．その意味では，高齢社会における個人にとっての老いの意味と，近代社会における老いの意味が同時に問われる結節点において，老いは「再帰的エイジング（reflexive aging）」とでも呼ぶべき過程にならざるをえないといえる[14]．アンソニー・ギデンズ（Giddens, A.）が定義するように，「再帰性」が，「社会の営みが，それに関して新たに得られた情報によって吟味改善され，結果としてその営み自体の特性が本質的に変化してゆく」事

態を指し示す「後期近代」の作動原理であるとすれば[15]，まさに現代社会における《エイジング（高齢化＋加齢）》とは——未曾有の「高齢化」を遂げつつある現代社会における個人の（加齢にともなう）老いの生き方を根底からとらえ直すことを通じて，それ自体の特性が本質的に変化していくという意味で——〈再帰的エイジング〉と呼ぶことができるような事態にあるのだ．

　その意味で，1960年代以降において，老年学，とりわけ社会老年学／老年社会学が「老人神話の脱神話化」と「新しい高齢者像」の提示を積極的に遂行してきた背景には，まさに「近代の徹底化（再帰的近代化）」[16]の只中において《エイジング》それ自体を根底からとらえ直し，新たな《エイジング》の像と現実をつくり出していこうとする時代との《同時代性》があるのだ．

3.　「老いの社会構築性の剔出」と「老いの肯定性言説と老いの多様性言説の接合」

　第二に，上記とも関連するが，それはとりわけ，1960年代以降の「異議申し立て」の時代と連動するかたちで，社会老年学／老年社会学における高齢者への新たなアプローチが形成されてきたのである．言い換えれば，かつての「社会問題」の文脈における高齢者像＝「社会的弱者」として高齢者をとらえることなく，「老い衰えてゆく無能力者」といった「老人神話」を「脱神話化」せんと試みようとする「挑戦」が，社会老年学／老年社会学の重要な課題として位置づけられてきたのは，まさに高齢者団体による当事者運動において，エイジズムへの痛烈な批判と告発が同時代において展開されてきたことを背景にしているのだ[17]．とくに，1960年代のアメリカにおける全米退職者協会（American Association of Retired Persons，現在ではかつての略称 AARP が正式名称）やグレイ・パンサーなどの運動によって「老人神話の脱神話化」と「新しい高齢者像の提示」が遂行されていくなかで，まさに〈老い〉が歴史的・政治的につくり出されたものであるという言説が提示され，そして「ポジティヴ（活力ある，自立した）な高齢者像」を称揚することで「老いの肯定性言説」が紡ぎ出され

ると同時に、一方で「多様な高齢者像」を強調／主張することで、「老いの多様性言説」が形成されるようになっていったのである。それゆえに、社会老年学／老年社会学が暗黙のうちに採用してしまった戦略は——当時あまりにも強固であった「捏造された老人像」の打破に力点をおいたがゆえに——《「老人神話の脱神話化」と「新しい高齢者像」の提示》であったために、ことさらに「ポジティヴ（活力ある、自立した）な高齢者像」を強調／提唱するという事態へと帰結したのである。むろん、「長寿化」などにより老年期がきわめて広範な年齢幅のステージとなったために、老年期といえども多彩な様相を呈するようになってきたこと、近代医療を背景に心身機能のレベルにおいてもじつに多様な高齢者が存在するようになったこと、老年期における選択可能なライフスタイルのヴァリエーションが豊富となってきたこと、「老年期家族」のあり方の変容などからシングル化やカップル化が進展したことなどにともなって、事実として「多様な高齢者」の存在が指摘されることになったが、むしろその「多様性」の力点・強調点は、「ポジティヴな高齢者」に照準化されてきた歴史性のもとにあるのだ[18]。逆をいえば、そこでは一方で、「ポジティヴな高齢者」を強調／提唱しつつ——それは「活力のない、自立していない高齢者」の後景化と表裏の関係をなしつつ——、他方では「老い衰えてゆく高齢者」は、「福祉」「医療」の対象として囲い込まれて言説化されることになったのである。

4. 社会老年学／老年社会学の現在

ここでわれわれは冒頭の【Q1-1】【Q1-2】に以下のように回答しうる。

【A1-1】まさにアメリカにおける1960年代以降の《同時代性》の只中にあったからこそ、社会老年学／老年社会学は、《「老人神話の脱神話化」と「新しい高齢者像」の提示》という《視線》を自らのうちに内備させつつ、またそうした《視線》を社会的に供給もしてきたのである。そして、それはまさに、「近代の徹底化（再帰的近代化）」においてこそ立ち現れる〈再帰的エイジング〉とでも呼ぶべき事態のひとつなのである。

【A1-2】1960年代以降の「異議申し立て」の時代と共鳴するように，社会老年学／老年社会学においても——「老人神話の脱神話化」と「新しい高齢者像」の提示を遂行しつつ——「高齢者＝社会的弱者」というイメージへの対抗言説として「老いの肯定性言説」を，そしてそうした画一的な老いのイメージへの対抗言説として「老いの多様性言説」を提唱するようになったのだが，時代状況的に「脱神話化」と「新しい高齢者像」の提示を戦略的に展開するためにこそ，「老いの肯定性言説」を強調／称揚するという事態へと帰結することになってしまったのだ．こうした帰結として,「老いの社会構築性」が剔出されつつも,「老いの肯定性言説」と「老いの多様性言説」が渾然一体のまま結合化されるという，ある種の皮肉な事態が召還されることになったのだ．

第2節　老年学において問われてきたこと

1. 「発達可能性の時間的拡張／普遍化」への志向性

　第1節における「問い」とその「応答」の要諦は，社会老年学／老年社会学が遂行してきた《「老人神話の脱神話化」と「新しい高齢者像」の提示》と《「老いの社会構築性の剔出」と「老いの肯定性言説と老いの多様性言説の接合」》のいずれの社会的現実そのものが，ひとつには「近代の徹底化」——ギデンズ流にいえば「後期近代」における「再帰的近代化」においてこそ立ち現れる再帰的状況——ゆえに出来した出来事であり，それは同時に1960年代以降の「異議申し立て」の時代との《同時代性》を刻印した事態であったとまとめることができよう．その意味で，社会老年学／老年社会学における言説実践こそが，まさに現代社会における〈再帰的エイジング〉という事実を端的に／象徴的に表しているともいえる．

　そして，説明するまでもないが，こうした「脱神話化」や「異議申し立て」の時代と共鳴・共振するようにして，老いや高齢者に対する新たなア

プローチが形成されてきたのである[19]．そして当時，他を寄せつけないほどの圧倒的な影響力をもって展開・発展してきたのが「人間の発達（human development）」研究である．この「人間の発達」研究とは——高齢者を実体化することなく——老いをライフサイクルの一部としてとらえようとする試みであり，エイジングを基軸概念としつつ，20世紀の100年近くをかけながら，乳幼児期から始まり，思春期，青年期と，段階的に拡張され，1970年代以降には，成人期，そして最後の段階である老年期と，新たな人生段階を"発見"しつつ展開されてきた学問領域である[20]．その意味で，この「人間の発達」研究の要諦とは，「エイジング（加齢）」の「プロセス」の最後の段階として「老年期」を射程におくことを通じて，「老い」をそれまでの人生の連続的な過程として理解する試みであり，その意味では，〈発達可能性の時間的拡張／普遍化〉を志向する理論的アプローチなのである[21]．

ところが，こうした"最後のフロンティア"たる老年期の発見は，発達過程を生涯全般へと拡張／普遍化してきた理論枠組では解読不可能な問題性（プロブレマティーク）をもたらす結果となったのである．そのことを最も先鋭的に指し示す現実こそ〈老い衰えゆくこと（aging and frailty）〉と〈死にゆくこと（dying and frailty）〉である．

2. 「発達可能性の時間的拡張／普遍化」の本源的挫折

こうした「発達可能性の時間的拡張／普遍化」を志向した人間の発達理論の困難としては，第一に，いわゆる「コース（course）対サイクル（cycle）の問題」があげられる[22]．これは，生涯発達論を基軸としたライフサイクル研究の唱えるような，結婚し子どもを産み，生涯夫婦はともに生きるものとした「段階設定」では，離婚，再婚，空の巣（empty nest）や退職後の多様な生き方を射程におくことや，激動する社会変動の歴史的影響を理論に組み込むことが困難となるとの指摘を受けて，ライフコース論などが提起されるようになったことと関連がある．

第二の困難としては，主として高齢者の家族集団内におけるライフサイクル（family life cycle）の変化を記述してきたライフサイクル論では，老年期における個人としての高齢者の多様な関係性を，緻密かつ正確に記述することが困難であるという問題がある．

　第三として，前述のとおり，「人間の発達」研究は，その本質において個人に内在する〈発達可能性の拡張／普遍化〉を志向しているのだが——その意味で人生前期の「発達」概念をその意味内容を改編したうえで，「生涯」全般にわたって適用／拡張せんとした試みであったのだが——，"最後のフロンティア"としての老年期には，〈老い衰えゆくこと〉や〈死にゆくこと〉という，それまでの人生段階とは異質な問題性（プロブレマティーク）を包含しているために，「発達可能性」という《視点》からでは解読困難な現実があるという困難性がある．

　要するに，「人間の発達」研究，あるいは生涯発達論を中軸としたライフサイクル論によりもたらされた「老年期の発見」それ自体によって，〈発達可能性の時間的拡張／普遍化〉という志向性を本源的に挫折させるような問題性（プロブレマティーク）を浮上させることになったのである[23]．

　一方，社会老年学／老年社会学における役割論／社会化論の視点を中心とする「社会的・文化的エイジング」の解明は[24]，エイジングにともなう社会的地位・役割の変化に力点がおかれ，その多くは，退職，空の巣，配偶者との離死別などの人生後期に遭遇する出来事にともなう地位と役割の変化を題材としつつ，その役割変化（役割移行や役割喪失，役割獲得など含む）に焦点を当てたものであった[25]．そして，1970年代半ば以降においては，「役割変容」や「社会化」も，〈発達可能性の時間的拡張／普遍化〉を志向する「人間の発達」研究の影響を受けることを通じて，老年期における役割変容を経験しながらもアクティヴに活動する高齢者や，老年期を自立して過ごす高齢者などが指摘されるようになり，また「再社会化」という視点から，つねに自らの役割を調整／構築していくエージェントとしての高齢者像が描出されるようになったのである．その意味では，〈発達可能性の時間的拡張／普遍化〉という《視点》は，こうし

た役割論／社会化論にも大きな影響を刻印したものである．したがって，老年期の役割論／社会化論の領域でも，〈発達可能性の時間的拡張／普遍化〉の視点から解読不可能な問題性(プロブレマティーク)に直面しているのである．

3. 《老い衰えゆく他者》の新たな発見／創出：放擲と排除

要するに，高齢者の社会運動における，あるいは社会老年学／老年社会学の領野における《高齢者像のネガからポジへの価値転換》は，かつての高齢者像の呪縛からの解放を謳いながら，その実，いよいよ他者によるケアなくしては生きられない状態となった高齢者——その象徴的な他者として「認知症高齢者」をあげることができよう——に対する新たなる「否定性」を惹起してしまう陥穽へと，すなわち《老い衰えてゆく他者》を新たに発見／創出してしまうような社会的帰結へと陥ってしまうことになるのだ．くり返すが，その意味ではこれは，"最後のフロンティア"たる「老年期」までも《発達可能性》といった視線によって照射せんとすることの限界性を端的に指し示しているともいえるし，さらには「活力ある，自立した高齢者像」という意味での「老いの肯定性言説」を称揚することの社会的帰結として，「否定性」を付与された〈老い衰えゆく他者〉が新たに発見／創出されてしまうという事態へと接合してしまうのである．

たとえば，「活力ある，自立した高齢者であることが望ましい」という規範が徹底化された事態にあると，われわれはこうした「活力ある，自立した高齢者であることが望ましい」という規範によって，逆に「私」の内部に「活力のない」「自立していない」部分を"あってはならないもの"として「発見」してしまうことがある．そのため，たえまない不断の努力によってこの"あってはならないもの"を隠蔽し，可能なかぎり「活力ある，自立した高齢者」でありつづけようとしてしまうのだ．あるいは，現実に他者によるケアなしに生きていくことができなくなってしまうと，それが絶望的な事態として当事者には感受されるようになってしまうのである．さらには，こうした自己内部の"あっ

てはならないもの"の「発見」とパラレルなかたちで,他者の内部にある"あってはならないもの"にも不快を強烈に感受してしまい,その他者を消去／排除しようと躍起になってしまう.そのうえ,「私」は現前の"あってはならないもの"をもつ他者を批判／非難するだけではなく,それまでそう名づけられもしなかった人びとの内部にことさら"あってはならないもの"を「発見」し,新たなる〈他者〉を創出しようとするのである[26].

この意味からすれば,「認知症高齢者」——かりに「痴呆性老人」と呼ばずしても——などは,新たに発見／創出された〈老い衰えゆく他者〉なのである.このように,われわれの社会において〈老い衰えゆくこと〉をめぐる現実は,つねにすでに政治的につくり出されつづけているのである.

くわえて,「人間の発達」理論を中軸に展開されてきた社会老年学／老年社会学によって提示される「老いの肯定性言説」が——その意図せざる結果として——,未曾有の高齢化を遂げつつある現代社会での「危機論」(主として財政論や雇用問題などと結合した「危機論」)と安直に接続され,「単に個人レベルで『意欲』と『活力』があるばかりではなく,積極的に財政面でも支えるひとつの層ないし集団として位置づけられつつある」のである[27].このように幾重にも折り重なる意味で,「〈老い衰えゆくこと〉をめぐる政治」が行為遂行的につくり出されているのだ.

4. 〈発達可能性〉と〈老い衰えゆくこと〉をめぐる政治

社会老年学／老年社会学にしろ,老年医学や自然科学からのアプローチにしろ,1970年代以降における老年学のある種の「共通前提」は,「プロセスとしてのエイジング」を射程に研究することであった.それは,「介護を必要とする老い衰えた高齢者像」と「活力のある,自立した高齢者像」との「分極的な高齢者像」の克服である[28].つまり,老いの連続性から照射する視点が求められていたのだが,先述したように「老人神話の脱神話化」が優先的な戦略として採用されたこともあって,後者の「活力ある,自立した高齢者像」を照準

することへと傾斜したのである．要するに，病気や障害や老い衰えゆくことを生きる高齢者ではなく，"普通に"年齢を重ねてゆく過程における変化とその影響の解明が主たるテーマとなったのだ[29]．

だからこそ，老年医学や自然科学からのアプローチによる研究では，「ノーマル・エイジング（normal aging）」の視点がことさらに強調され，エイジングがメディカルな視点／まなざしから解釈されるようになったのである[30]．そして，逆にこうしたノーマル・エイジングの視点からの医療化（medicalization）の社会的帰結として，「認知症」はノーマル・エイジングとは概念上区別された「病理」として扱われるように至り，いわば"アブノーマル・エイジング"としての「老年性認知症（senile dementia）」が「発見」されるようになったのである[31]．

ゆえに，われわれは以下のように言及することができるであろう．

【A2-1】1970年代以降という時代に照応するようにして，社会老年学／老年社会学は，その認識論的台座として《発達可能性の時間的拡張／普遍化》を志向してきたが，そのことによって《老い衰えゆく他者》が発見／創出されることへと帰結したのである．

【A2-2】くわえて，「老人神話の脱神話化」と「新しい高齢者像」の提示が暗黙の優先的戦略として採用されたがゆえに，「発達可能性」を謳う「老いの肯定性言説」がことさらに強調されることになり，またその社会的帰結として《老い衰えゆく他者》が医療や福祉に囲い込まれるようなかたちで言説化されてしまったのである．

第3節　〈発達可能性〉と〈老い衰えゆくこと〉の論理的接続

1.　〈発達可能性〉と〈老い衰えゆくこと〉をめぐる政治の先で問うべきこと

では，老年期における〈発達可能性〉と〈老い衰えゆくこと〉の2つの概念は，論理内在的に逆接するしかないのであろうか．より正確に表現すれば，順

接しえないのであろうか.

　社会的事実としては，たしかにこのような不幸な対立的構図に両者は配置されてしまったといえるだろう．しかしながら，両者は論理内在的に対立するしかないのか．このことを丹念に問うてみよう．

　第一に，〈発達可能性〉にせよ，〈老い衰えゆくこと〉にせよ，それがよりよく生きることに接続するのであれば，いずれも良いことである．ひらたくいえば，「発達することを通じてよく生きることができる」のであれば，あるいは「老い衰えゆくことを通じてよく生きることができる」のであれば，いずれも良いことだ．つまり，両者は価値的に等価であることになる．

　したがって，われわれは以下のように回答することができるだろう．

【A3-1】論理内在的には〈発達可能性〉と〈老い衰えゆくこと〉は逆接する関係にはなく，むしろそこで問われるべきは〈よりよく生きること〉へと接続する論理である．

【A3-2】むしろ，〈発達可能性〉と〈老い衰えゆくこと〉との不幸な関係をつくり出してきた「老いをめぐる政治」こそが問われるべきである．それは，〈老い衰えゆくこと〉を消去／抹消せんとする価値であり，そこに作動する社会的な力学である．こうした「老いをめぐる言説」の前提とする思想やその言説の政治的位置について社会（科）学的に診断することが重要なのだ．

【A3-3】くわえて，〈発達可能性〉や〈老い衰えゆくこと〉をめぐる言説がどのような政治的な位置におかれてきたのか，あるいはその諸言説の前提とする思想とは何かという社会（科）学的な診断こそが求められる．ゆえに，両者は論理内在的に対立するものではないのだ．

2．根源的な問いへの応答

　そのうえで，より根源的な問いを考えることも可能である．たとえば，「高齢者にとって教育とは何なのか？」という，教育老年学における最も切実な問

いに対してどのように応答することができるのか．あるいは，「なぜ高齢者をケアしなければならないのか？」という根源的で倫理的な問いへの応答に対しては，いかに回答することができるだろうか．紙幅の関係上，詳細に論述することが困難であるが，〈よりよく生きること〉を基底的・根源的条件とすることによって，この問いに以下のように応答することができる．

- 【A3-4】われわれは「老いをめぐる政治」の力学を問いつつも，同時に〈よく生きること〉へと順接する〈発達可能性〉と〈老い衰えゆくことの可能性〉を考えることができる．老年期を生きる当事者にとって〈発達すること〉が〈よりよく生きること〉へと接続することもあるし，また〈老い衰えゆくこと〉が〈よりよく生きること〉もあるのだ．その意味では両者は，〈よりよく生きること〉を媒介にして接続することが可能となる概念なのである．そして，それは「老いの可能性」へと接合する論理でもある．

- 【A3-5】こうした事実性を根拠として回答するのであれば，〈発達すること〉と〈老い衰えゆくこと〉は論理的に逆接する概念ではないし，それらによって構成される〈よりよく生きること〉のための実践こそが，〈教育〉と〈ケア〉なのである．そして，〈教育〉も〈ケア〉も「他者の介入」ではありながら，同時にこうした〈よりよく生きること〉の根源的条件でもあるとすれば，その根底において，〈よりよく生きること〉の倫理を考えていくことが求められているのである．われわれはこのように考えることが可能だ．

注）
1) 本章は，以下の著書を基調音としつつも，いずれの著書においても積極的に論考することが困難であった〈発達すること〉と〈老い衰えゆくこと〉はいかに論理的に順接することが可能かを問う論となっている．天田城介『〈老い衰えゆくこと〉の社会学』多賀出版，2003．天田城介『老い衰えゆく自己の／と自由：高齢者ケアの社会学的実践論・当事者論』ハーベスト社，2004．
2) 厚生省編『厚生白書 平成9年版』ぎょうせい，1997，pp.106-109．

3) 厚生省編『厚生白書 平成12年版』ぎょうせい，2000，pp.158-159.
4) 高齢社会における老年学の現在と高齢社会の歴史性の詳細については，天田城介，前掲書（2003），pp.83-105を参照．当該箇所の初出論文としては，天田城介「〈老衰〉の社会学：『再帰的エイジング』を超えて」関東社会学会編『年報社会学論集』第12号，1999，1-13をも参照．
5) 厚生省，前掲書（1997），pp.106-109.
6) 厚生省，前掲書（2000），pp.158-159.
7) 構築主義については以下の著書・論文を参照．上野千鶴子編『構築主義とは何か』勁草書房，2001．中河伸俊・北澤毅・土井隆義編『社会構築主義のスペクトラム』ナカニシヤ出版，2001．論文としては『社会学評論』第55巻第3号，2004における「特集・差異／差別／起源／装置」への寄稿論文である以下などを参照．天田城介「抗うことはいかにして可能か？ 構築主義の困難の只中で」223-243，樫村愛子「現代社会における構築主義の困難」189-208，小泉義之「社会構築主義における批判と臨床」209-222，立岩真也「社会的：言葉の誤用について」331-347.
8) 渋谷望「高齢者アイデンティティをめぐるポリティクス」渋谷望・空閑厚樹編『エイジングと公共性』コロナ社，2002，p.198.
9) Fennel, G. & Phillipson, C. *Sociology of Old Age*. Open University Prees, 1988.
10) Green, B. S. *Gerontology and the Construction of Old Age : A Study in Discourse Analysis*. JAI Press, 1993. Blaikie, A. *Ageing and Popular Culture*. Cambridge University Press, 1999.
11) Phillipson, C. *Capitalism and the Construction of Old Age*. Prometheus, 1982. Phillipson C. *Reconstructing Old Age : New Agendas in Social Theory and Social Practice*. Sage, 1988.
12) 木下康仁『老人ケアの人間学』医学書院，1993，p.151．また，以上の議論を受けつつ，「再帰的エイジング」という基軸概念からより広範かつ緻密に論考したものとして，天田城介，前掲書（2003），第2章を参照．
13) その意味では，老年学において《エイジング》なる概念が「高齢化（aging）」と「加齢（aging）」の二重の意味を含意にしてきたことは，より強調されるべき点である．現代の二重のエイジングにおいては，「高齢化」によってもたらされた空の巣や退職後の生き方などが問い直されることを通じて，個人は，自らの「加齢」にともなう老後の生き方を再構成すると同時に，こうした生き方が言説化されることで老いの像を改編していくことにより，「高齢化」の様相を変容させていく契機となるのだ（同前，pp.86-87）．
14) 天田城介，前掲書（2003），p.86.
15) アンソニー・ギデンズ『近代とはいかなる時代か？ モダニティの帰結』（松尾精文・小幡正敏訳）而立書房，1993，p.38（Giddens, A. *The Consequences of Modernity*. Polity Press, 1990）．

16) U. ベック・A. ギデンズ・S. ラッシュ『再帰的近代化：近現代における政治，伝統，美的原理』（松尾精文・小幡正敏・叶堂隆三訳）而立書房，1997（Beck, U., Giddens, A. & Lash, S. *Reflexive Modernization: Politics, Tradition and Aesthetics in the Modern Social Order*. Polity Press, 1994）.
17) Fennel, G. & Phillipson, C., *op.cit.*.
18) 天田城介，前掲書（2003），pp.87-88.
19) Estes,C.L.,Binney,E.A.& Culbertson,R.A. The Gerontological Imagination : Social Influence on the Development of Gerontology, 1945-Present, *International Journal of Aging and Human Development*. 35(1), 1991, 49-67.
20) 木下康仁『ケアと老いの祝福』勁草書房，1997, pp.21-22.
21) 付言すれば，社会学においては「社会化」の理論を人間の一生（生涯）へと拡張／普遍化せんとする志向性が同時代においてあった．この《同時代性》を考察したものとして，天田城介，前掲書（2003），pp.38-39. あるいはある人生段階に特有の社会変動の影響を受けた結果，いかなる生涯を経過しているかという問題，すなわち「成人期社会化（adult socialization）」，および「高齢期社会化（elderly socialization）」の問題の射程については以下．J. A. クローセン『ライフコースの社会学』（佐藤慶幸・小島茂訳）早稲田大学出版部，2000（Clausen, J. A. *The Life Course: A Sociological Perspective*. Prentice-Hall, 1986）.
22) Hazan, H. *Old Age: Construction and Deconstruction*. Cambridge University Press, 1994, pp.3-13.
23) Green, B. S. *Gerontology and the Construction of Old Age: A Study in Discourse Analysis*. JAI Press, 1993.
24) 離脱理論，活動理論などを含めた社会老年学／老年社会学の理論的概括としては以下のものを参照．Marshall,V.W. The State of Theory in Aging and the Social Sciences, in Binstock, R. H. & George, L. K. (eds.) *Handbook of Aging and the Social Sciences* (4th ed.). Academic Press, 1995, pp.12-30.
25) Hendricks, J. Generations and the Generation of Theory in Social Gerontology, *International Journal of Aging and Human Development*, 35(1), 1992, 31-47. 近年の老年社会学における質的研究の再評価については以下を参照．Gubrium, J. F. & Wallace, B. Who Theorizes Age? *Ageing and Society*. 10(2), 1990, 131-149. Gubrium, J. F. & Sankar, A. *Qualitative Methods in Aging Research*. JAI Press, 1994.
26) 奥村隆『他者といる技法：コミュニケーションの社会学』日本評論社, 1998, p.153.
27) 渋谷望，前掲論文（2002），p.189.
28) 木下康仁，前掲書（1997），p.31.
29) Bookstein, F. L. & Achenbaum, W. A. Aging as Explanation : How Scientific Measurement Can Advance Critical Gerontology, in Cole, T. R., Achenbaum, W.

A., Jacobi, P. L. & Kastenbaum, R. (eds.) *Voices and Visions of Aging.* Springer, 1993, pp.29-39.
30) Estes,C.L.& Binney, E. A. The Biomedicalization of Aging : Dangers and Dilemmas, *The Gerontologist, 29*(5). 1989, 587-596. Estes, C. L., Binney, E. A. & Culbertson, R. A., *op.cit.*.
31) Gubrium, J. F. *Oldtimers and Alzheimer's : The Descriptive Organization of Senility.* JAI Press, 1986. 天田城介, 前掲書 (2003).

第3章 心理-社会的エイジングと老いのナラティヴ

第1節　老年学的想像力

　かつてミルズ（Mills, C. W.）は，われわれの身近な生活世界と社会を結びつけて考える力を「社会学的想像力（sociological imagination）」と呼んだ．フェラロ（Ferraro, K. F.）は，ミルズをヒントに「老年学的想像力（gerontological imagination）」を問い，その基本的な要素としてエイジング研究における「学際的感性」の重要性を指摘している[1]．すなわち，「人間」に関する諸学問領域がエイジング研究にあたえる貢献は多様であり，よってエイジング研究のあり方も多様であるという理解の必要性である．老年学者にとって重要なことは，これらの学問領域からの知識を併せ蓄積していくことであり，さらにそのような学際的感性をもとにした学問的展開が求められる[2]．

　エイジング研究における学際性は，各学問領域の関心をもとにした「老化」や「老年期」「老人」を対象にした研究の「寄せ集め」や「折衷」として消極的にとらえられる傾向がある．だが，複合的主題である「エイジング」を扱ううえで，このような意味における学際性では，十分とはいえない．本章では，フェラロのいう「学際的感性」を意識しつつ，「エイジング」という主題に正面から向き合っていきたい．

　現時点においてこのようなスタンスから議論を展開するには，積極的理由がある．第一には，これまでのエイジング研究の蓄積と，それにもとづいて議論が展開できる点である．第二に，社会構成（構築）主義やナラティヴといったポストモダン的方法論の影響をあげることができる．欧米においては1980年代から，日本においても1990年代における一大潮流となった知的パラダイム

の流入が一段落し，エイジング研究においてもその意義が検討される時期に入ったといえるだろう．最後に，超高齢社会の到来を目前にして,「後期高齢期」という最終段階が「発見」されたという現状である．この点に関しては，本章では十分に論じることはできないが，われわれのライフサイクルにおいて，「後期高齢期」を視野に入れて人生を考える必要が出てきたという点は，研究全体に大きな変化を求めることでもある．

第2節　エイジングと理論[3]

1．エイジング概念の定義

　今日のわが国における老年学的研究において，「エイジング」という概念の使用には，混乱が生じているように思われる．たとえば，「エイジング」は，生理的，身体的な「老化／加齢」を表すさいにも用いられるし，また人口学でいう「高齢化」というよりマクロな意味合いでも用いられている．さらには今日では，「サクセスフル・エイジング」「アンチ・エイジング」「アクティヴ・エイジング」といったことばが，日常的な場面でも用いられるようになってきた．このように多様な文脈で用いられる「エイジング」概念であるが，このことはさきほど確認したように，老年学がもつ学際的性格とも関係する．すなわち，どれも英語の"aging"においても含意されているものなのである．だが本章では,「エイジング」というカタカナ表記を用いるさいは,「個」あるいは「主体」として「老いること」を意味するものとして，限定的に使用していきたい．

　「エイジング」をこのように定義すると，この概念は，歴史的，社会的に「発見」された今日的概念であることがわかる．もちろん，個人のレベルにおける生理的，身体的な「老化／加齢」はとりたてて新しいトピックではない．だが，「個／主体」として「老いること」を意味する「エイジング」は，個人の問題を通り越した現代社会特有のトピックであり，生理的，身体的な「老化／加齢」から相対的に独立した新しい概念だといえよう．

1970年前後に，日本の人口高齢化率は7％を超えたわけだが，このころ「エイジング」は，社会的問題として認知されるようになり「発見」された．だが当時の「エイジング」は，まだ社会の高齢化や寿命の伸長のネガティヴな側面に彩られていた．1970年代におけるエイジングに対する理解は，漠然とした「戸惑い」が強調されていた．このトピックに正面から対峙するパースペクティヴは1980年代を待たなければならない．とくに1980年代後半になると，長期化した高齢期を積極的に自身の問題としてとらえられるようになり，急速に「エイジング」が人びとにとってのイッシューとして，社会的リアリティを獲得するようになったのである．

2. エイジング研究における理論のアポリア

　日本より早い時期に人口の高齢化を経験したアメリカ社会では，「エイジング」に関する研究も早い段階から行われていった．さきほど確認されたような「個／主体」として「どのように老いるか」「いかに高齢期と向き合えばいいのか」という関心は，1950年代ごろから高まり，学術的な研究対象として「エイジング」がとらえられるようになっていた．そこでは，いくつかの「理論」も産出された．

　ここでは，「エイジング」という関心からみたさいの「固有の理論」と考えられる，以下の3つの理論に着目したい．すなわち，アメリカ社会老年学の「二大理論」と呼ばれる「活動理論（activity theory）」と「離脱理論（disengagement theory）」，そして両理論の反省から登場した「継続性理論（continuity theory）」である．これらの理論は，日本に紹介されて久しいが，本章の関心から改めて検討をくわえることで，「エイジング」に関する「理論」に内在する，本質的な難点を確認したい．

　まず活動理論であるが，その基本的主張は，老年期においても中年期的ライフスタイルを維持し，老年期におけるさまざまな役割喪失に対しては新たな役割を獲得することで対応することが望ましいというものであった[4]．この活動

理論は，当初は「理論」として自覚化されておらず，アメリカ社会における老後への適応戦略としての常識的対応の仕方でもあった．すなわち，活動理論の主張は，活動的／生産的ライフスタイルを重視するアメリカの中産階級的価値観を色濃く反映したものだといえる[5]．

この「活動理論」のアンチテーゼとして展開されたのが「離脱理論」である．ここでは，高齢者が活動レベルを低下させ，徐々に内向的な生活を送るようになることは，一般的かつ不可避的であり，個人の満足感にもつながるとされた[6]．さきの活動理論は，この離脱理論の登場によって，事後的に「理論」として自覚化されるようになったということもできる．すなわち，それまで「暗黙の理論」であった「活動理論」が自覚化され，両理論は対立的に研究を展開することになったのである[7]．

このアメリカ社会老年学における「二大理論」の登場は，それまで固有の理論をもたなかった老年学の領域において非常に大きな意味をもつ．老年学は，「理論」を獲得することで，一方では，エイジングに対する専門的かつ学術的な説明を行えるようになったわけだが，他方では，「サクセスフル・エイジング」の文脈において対立的に展開され，通俗的レベルでも老後の「幸福」や「望ましさ」のモデルとして扱われた．またエイジングに関する研究自体も，それぞれの立場の正当性を証明することに終始する傾向があった．結果，両理論はその妥当性をめぐり，長年にわたり不毛な論争をくり広げることになる．

「多様」であるはずの個々人の幸福や，人生のあり方の望ましさを規定する試み自体に，この論争の隘路がある．「エイジングの理論」は，多様である個人の老い方の「規範」をめざそうとしていたのではないか．そしてまたそれは，研究者自身の個人的価値観を多分に反映したものではなかったのではなかろうか．両理論は，「老年」に対してポジティヴな価値を見出しにくい現代アメリカ社会という1枚のコインにおける表と裏だといえよう．

両理論の反省から登場したのは，「第三の理論」と呼ばれる「継続性理論」である．継続性理論にしたがえば，高齢者は，これまでの役割と類似の役割を

代替役割として選ぶという．継続性理論では，「パーソナリティ」や「ライフスタイル」といった高齢者の「その人らしさ」を積極的に評価することのできる概念を導入している[8]．このことで，「多様」な個人の老い方を評価することに成功し，活動理論，離脱理論の欠点を克服している．だがこの理論では，個人の「その人らしさ」を重視するがゆえに，たとえば，個人の避けがたい身体的衰退といった健康状態や社会における老年への価値意識といった社会的側面が軽視されている点は否定できない．

このようにみてくると，「エイジング」を「理論」として説明することは，本質的な難点をかかえていることが理解される．一方では活動／離脱理論の論争が示唆したように，「エイジング」に関する理論は必然的に規範的になる傾向があり，個々人の多様性を説明しつくせない．また他方では，継続性理論で確認されたように，「エイジング」が学際的テーマであるがゆえに，ひとつの側面を説明すると，他の側面が軽視されるという矛盾が生じる．

以下のところでは，このような難点をふまえ，「エイジングの理論」から距離をとり，その代替として「エイジング」概念をパースペクティヴのレベルから再考したい．

第3節　研究視角としての心理-社会的エイジング

1．ライフサイクル論

「エイジング」をパースペクティヴのレベルからとらえるうえで手がかりとなるのは，既存の人生研究アプローチである．背景にある理論的関心からそれを大別すれば，発達心理学などの心理学を中心とする領域で展開された「ライフサイクル論」と，主に社会学の領域で展開された「ライフコース論」の2つの潮流があるといえよう．ここでは，この「ライフサイクル」と「ライフコース」という2つの人生研究アプローチに注目し，これらの学際的検討を行うことで「エイジング」の位置を確認していきたい．

まずライフサイクル論であるが，この立場は，人間の一生である誕生から死までのプロセスを，それぞれの時期において一般的な特徴があることを理論的前提としている．そこでは，人生プロセスを周期のある「季節」とみなしたり，特定の「段階」の連続として説明したりする．ライフサイクル論のもつこのような基本的前提は，洋の東西を問わず，比較的古くから共有されてきた人生の認識の仕方だということができよう．だが，学術的な検討をもとに体系的なライフサイクル論を展開したのは，エリクソン(Erikson, E. H.)が最初であった．彼の理論は，今日の発達心理学においても依然として影響力をもち，通俗的なレベルにおいても最もポピュラーな理論だといえる．そこでは，今日では多くの人の知るところとなった8つの「発達段階」が設定されている．

　本章の関心である「エイジング」との関連でいえば，最終の第八段階としての「老年期(old age)」が注目される．エリクソンは，この老年期において確認することのできる潜在的な「強さ(strength)」として「英知(wisdom)」を設定している．エリクソンにしたがえば，「英知」は，「ただ老年期においてのみ」成熟(mature)する可能性があり[9]，「自分の唯一の人生周期を，そうあらねばならなかったものとして，またどうしても取替えを許されないものとして受入れること」[10]を意味する．

　このようなエリクソン発達論をエイジング研究のパースペクティヴという関心からみるならば，フロイト理論を基礎としているということが重要な意味をもつ．エリクソンも生物における心理現象と生物学的構造との進化論的発達史上の類似性を指摘し，その密接な相互関係を想定している．そして人間の個体発生のうちにも系統発生的な進化発達史の反復を認め，パーソナリティの発達を生物学的な発達原理にしたがうものと考えた[11]．エリクソン理論における「発達段階」を基礎づけているのはフロイト的な性的・身体的発達であり，基本的にはそれは，リビドーの発達過程として描かれていた．つまり，エリクソンの発達段階論／ライフサイクル論は，「身体性」によって特徴づけられることになる．

しかし，このような性的・身体的発達に基礎づけられ，「段階」を設定するライフサイクル論の立場は，今日の社会状況と照らし合わせると限界を隠しきれない．現代社会では人びとのライフコースは多岐にわたり，もはや「発達段階」を自明視することはむずかしくなってきている．他方，大衆長寿と呼ばれる今日の時代的特性も無視できない．エリクソン理論においてこれだけの長寿が考慮されていたとはいえないだけに．

2. ライフコース論

　社会学の分野では，1970年代後半からライフサイクルのもつ段階論的な前提が批判の対象となり，ライフコースと呼ばれる歴史的・社会的文脈を強調した研究が登場する．ライフサイクル論では，「身体性」によって特徴づけられることと個人の内側の変化の観察とが主であったのに対し，ライフコース論では「歴史性」を強調することで，個人の外部で起きた変化を重視した．

　具体的にいえば，エイジングを年齢別の役割と出来事を経験する過程としてとらえたうえで，人生行路をなす学歴や職歴などの経歴（career）を分析することで，「社会変動の影響下にあるものとして，また社会変動の担い手となりうるものとして」，加齢する個人を位置づけるのである．もともとライフサイクルに対する批判として登場したライフコースという視点は，「段階を設定することを最初から放棄」し，多岐多様なエイジング模様を明らかにしてきた．しかし，人生研究において段階を放棄する試みは，一方で「無限の多様性のなかに埋没」する危険性をさけられない．そこでライフコースの視点で採用されたのがコホート（cohort）分析の手法である．ライフコース研究の最大の貢献は，「コホート」の概念を提出したところにあったといえる[12]．

　しかし，本章の関心である老後という関心からみると，ライフコース論も限界を隠しきれない．たしかにライフコース論も出生から死までの過程を記述するが，その問題を個人が経験する「出来事」としてとらえるために，衰えつつ死に向かうという人間発達の非合理的側面に対して積極的に意味付与すること

が困難であったといえるのである[13]．

　この点は，人間発達の内的世界を中心に考察するエリクソン理論の範疇である．彼が提示した発達段階論には，その最終段階としての「老年期」が設定されているが，ここでは個人が自らの「老い」と主体的にかかわり人生を締めくくる心理－社会的な運動が，「インテグリティ（integrity）」の概念を中心にとらえられている．そこでは，個人の人生や社会的な生活に関しても，反省的なまなざしを向けつつ撤退していくことが，老年期的な「強さ」とされる[14]．

　もちろんすでに確認したように，このようなエリクソン理論における「老年期」という段階の設定は，今日においては限界を示す．しかし「老年の意味」を喪失している現代社会の閉塞状態を考慮すれば，エリクソン理論が示すライフサイクル論の立場は，「エイジング」をとらえる「ひとつの視角」として評価できるのではなかろうか[15]．

3. 心理－社会的エイジング

　以上の考察から，「ライフサイクル」と「ライフコース」という対立的な人生研究アプローチが，優劣をつけるべき研究スタイルではないことが理解される．つまり両者は，人生研究の手段という角度からみればどちらも不完全であり，相互補完的な関係にあるといえる[16]．

　ここにおいて，ライフサイクルとライフコースという立場を基礎づけてきた視角を統合することで，新しい人生研究の視角として，「エイジング」概念を再定義できるように思う．このアイデアを図式化すれば図3-1のようになるだろう．

　ここではまず，ライフサイクル論で重視された「段階（stage）」を縦軸，ライフコース論で重視された「時代（period）」を横軸にとり，この「段階」と「時代」との関係性において，「個／主体」にとっての「エイジング＝老いること」を位置づけたうえで，これを「心理－社会的エイジング（psycho-social aging）」と呼びたい．

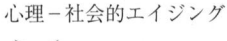

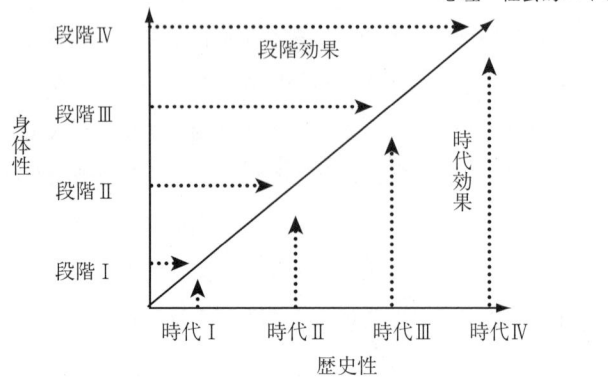

図3-1　心理-社会的エイジング

　この図では,「心理-社会的エイジング」を考えていくうえで無視できない位相として,個人のレベルにおける「身体性」と,集団のレベルにおける「歴史性」が位置づけられている.前者は,生涯にわたる身体的能力の変化とそれに付随する心理的あるいは社会的能力の変化であり,幼少期に象徴される成長と高齢期に象徴される衰退といった逆の傾向をも含む複合的なプロセス全体である.このプロセスは,あるていど不可逆的に,いずれは死に至ることで終わりを迎えるという,自己完結性を示す.また後者は社会的あるいは時代的な変化を意味し,とりわけ人口学との関連でいえば,出生や移動に影響を受けるために反復的であり,個人の死によっては終わらない継続的なプロセスであり,世代継承性を示す.すなわちこの図においては,エイジングが「個人のレベルでの複合性と,社会と時代のレベルにおける反復性と継続性」[17]においてとらえられる必要のある学際的なテーマであることが理解される.
　そして,この身体性と歴史性の双方から影響を受けながらも,相対的に独立した位相として,「個／主体」が「老いること」としての「心理-社会的エイジング」は位置づけられる.この意味における「心理-社会的エイジング」は,身体性にもとづく老化や加齢に還元されるものではなく,かといって時代的特

性に吸収されてしまう没個性的なものでもない.

　そして重要なことであるが,ここでいう「心理-社会的エイジング」は,何らかの「達成」を遂げて「完結」してしまうスタティックな自己の状態ではなく,身体性と歴史性とのバランスをとりつづけるダイナミックな自己,言い換えれば,「自らの人生過程への反省的まなざし」[18]としての「再帰的自己」としてとらえられることが重要だということになる[19].

　本章でいう「心理-社会的エイジング」をこのような再帰的なプロセスとみることは,今日ますます重要になってきている.現代社会における人生終盤のアイデンティティを考えてみれば,「心理-社会的エイジング」の再帰的性格は,いっそう強調される必要があるといえる.時代のフロンティアを生きる今日の高齢者は,大衆化された長寿におけるライフスタイルのモデルを知らないがゆえに,今日の「エイジング」はよりいっそう再帰的にならざるをえないのである.そして,もはや「余生」として片づけることができないほど長期化した老年期に何らかの「意味」が求められるようになりはしたが,今日的な価値的多様性の時代においては,特定の「意味」を自明視することはできず,その意味は,今日を生きるわれわれによって構築/再構築されざるをえないのである.

第4節　老いのナラティヴ

1. 方法としてのナラティヴ

　「個/主体」として「老いること」としての「エイジング」は,「心理-社会的エイジング」として,「身体性」「歴史性」との相互的関係において位置づけられるが,それらとは相対的に独立した概念としてとらえられる.このように「心理-社会的エイジング」を定義したうえでさらに研究を進めるためには,この研究視角にもとづいてデータを収集,分析することで研究を蓄積していく必要がある.ここで要請されるのは,エイジング研究における「方法」である.

　この点に関する考察は,これまでこの分野における理論的な研究蓄積が十分

ではなかったために，具体的にはほとんど検討されてこなかった．本章ではこの点に関する考察を深めるために，近年注目されている「ナラティヴ（アプローチ）」に着目したい．ナラティヴは，本章で主張してきた「心理－社会的エイジング」という研究視角にもとづいた研究展開を考えるうえで有用な方法として注目される．そして，「心理－社会的エイジング」で確認された「再帰的自己」を前提とするだけでなく，そこでの議論をより豊かにしてくれる可能性がある．

そもそも本章で取り上げようとするナラティヴは，近年の人文・社会科学領域において広がりをみせ，精神医療や看護，臨床心理，社会福祉における対人援助技法としても注目されている．このアプローチの最大の特徴は，何らかの問題をかかえた当事者の語りを重視するという点であろう．ナラティヴは，近年の人文・社会科学における知的パラダイム転換となった社会構成（構築）主義とも関係が深く，最近ではとくに，ポストモダンの対人援助技法として，その理論的なユニークさに注目が集中している．

しかし，このナラティヴにはもうひとつの側面があることを忘れてはならない．それは，ナラティヴが「技法」のヴァリエーションのひとつとして収まるものではなく，援助論のパラダイムに一大変革をもたらす可能性があるという点である．ナラティヴを直訳すれば「物語」や「語り」というものになるが，そこには，専門職支配へのアンチテーゼとして，「当事者の側に立つ／当事者の声を聴く」という前提があったということを改めて確認しておく必要があろう．

老年学領域におけるこのナラティヴの援用は，他の領域から多少遅れて1990年代以降になって登場することになる．本章では，そのなかでもナラティヴと老年学の関係を正面からとらえた著作である，ケニヨン（Kenyon, G.）らの『ナラティヴ・ジェロントロジー』[20]にそって議論を進めたい．

2. ナラティヴ・ジェロントロジー

ここでは，エイジング研究としての老年学と，当事者によって語られた物語を関連させてとらえ，老いゆく人びとによって語られた物語対象を研究するこ

とが「ナラティヴ・ジェロントロジー」として定義されている．なぜナラティヴに着目するかといえば，これまでのエイジング研究における「主流」への反省がある．そこでは，計量分析を中心に客観的で，外側からの研究の視座が形成されていた．たとえば，「主観的幸福感」研究においても，老いゆく当事者の「主観」を「客観的に」把握するための近代主義的な方法論を発展させてきた．だがそこでは，個人がどのように年をとり，そのことを当事者として老いゆくことをどのように意味づけているのかという観点が見過ごされてきたともいえよう．

ナラティヴ・ジェロントロジーでは，特定の尺度を用いて老化の程度を測定するのではなく，当事者自身による語り／物語を重視する．そして重要なことだが，このことは臨床実践とも結びついている．すなわち，研究者によってあらかじめ決められた質問項目に答えるというようなアンケート調査とは異なり，自分の人生を語るということは，データを得るという調査的側面だけではなく，彼らの生活の質自体を向上させるという援助に結びつく臨床的側面がある．ナラティヴ・ジェロントロジーにおいては，調査と臨床は不可分の関係にあるといっていいほど密接なものなのである．

ここでは，ケニヨンとランドール（Kenyon, G. & Randall, W. L.）の議論[21]を参考に，ナラティヴ・ジェロントロジーにおける理論的前提を，以下の3点にまとめたい．まず最初は，われわれ自身の物語性である．われわれは自分についての物語を語ることができるし，その語られた物語を聞くこともできる．すなわち，われわれは本質的に物語の話し手でもあり，物語の聞き手でもあるのだ．ナラティヴ・ジェロントロジーでは，われわれは単なる生物学的存在でも，逆に社会的構築物でもなく，物語そのものでありまた物語的存在でもあるという前提に立つ．

次に，物語の構築性としての作為性／可変性である．これは，ナラティヴ・ジェロントロジーの理論にとってとても重要な特徴である．この前提にしたがえば，物語は，客観的な事実をそのまま反映するのではなく，主観的な個人的

経験として語られる．また物語は，われわれが自分自身について言及するさいには，感情や楽観／悲観等のバイアスを含む．この意味において，物語を語るということは作為的な営為であるということができる．この作為性は，可変性という特徴とも関係する．つまり，物語は「再叙述（restorying）」によって語り直すこともできるのである．

最後に，物語は，本質的な矛盾を内包しているという点について確認しておきたい．われわれが物語的存在であるといったとき，一方でそれは，個人的経験を含むが，他方では社会的，あるいはインターパーソナルな文脈において意味を発見するものであるということである．この点に関しては，以下で考察したい．

3. 物語の構築性

このようなナラティヴ・ジェロントロジーの立場からいうと，エイジングに関する知識はすべて「語り／物語」のなかで構成／構築される．すなわち，ナラティヴ・ジェロントロジーでは，客観的データではなく，主観的データを扱うわけだが，これを近代的科学観からいえば，語られた主観的物語は，客観的事実を基礎としてその上に語られたということになる．しかし，ナラティヴ・ジェロントロジーは，そのような客観性を否定するポストモダンの立場に立つわけであり，そこでは客観的事実は「神話」にすぎない．

このようにナラティヴ・ジェロントロジーでは，第一義的には，個人の私事的な経験や主観に焦点を当てるわけだが，この点に関しては追加の考察が必要である．社会構築主義者のグブリアム（Gubrium, J. F.）は，語られた物語が一見，個人的な経験であっても，その物語は，「脱私事化（deprivatization）」されていることを指摘する[22]．

すなわち語り手は，物語を語るさいには，思いつくまま自由に語るのではなく，ある制約を受ける．たとえば，認知症の老親を施設へ入所させず，自宅で介護することになった経験が語られる場合，「なぜ自ら介護しているのか？」

ということについて説得力をもって物語を語る必要がある．そこでの物語は，「他に身寄りがない」という物理的条件のほかに，「できるところまで自分で介護したい」ということを他者が受容できるようなかたちで，説得力をもって語る必要があるのである．このように，物語は聞き手である他者を前提としたシチュエーションに即したかたちで紡がれる必要がある．

だがグブリアムは同時に，物語は，完全に状況依存的に「構成／構築」されるわけではないということも指摘する．すなわち，物語の語り手は，巧妙に語りをアレンジするという「アクティヴな語り手」でもあるのだ．グブリアムは，ナラティヴ・ジェロントロジーに言及するなかで，カウフマン（Kaufman, S. R.）の「エイジレス・セルフ」について別の解釈をあたえる．すなわち，だれかが「老人」であるということは，暦年齢や客観的な事実により規定されるのではなく，物語ることでアクティヴに構築されるということである．

ここで理解されるように，語られる内容についての「意味」とは，特定の経験に最初から備わっているものではないことが理解される．意味は，存在するのではなく，物語のなかで経験と関連づけられて構築される．物語を語ることは，意味を生成する営為そのものなのである．また，「アクティヴな語り手」は，「聞き手」を前提とした物語の「編集」を行っている．たとえば，否定的文脈における「老人」というアイデンティティは，聞き手のリアクションを前提として予防線を張られる可能性を否定できない．

第5節　今後の課題

以上，心理－社会的エイジングというエイジング研究の視角と，方法としてのナラティヴ・ジェロントロジーをみてきた．今後この方向で研究を蓄積していくことで，一定の貢献をみることができるように思う．たとえば，「老年の意味」の喪失／剥奪という今日の社会的状況に照らしていえば，ナラティヴによって，エリクソンのいう「英知」的言説を収集することが可能だし，そのよ

うな「英知の物語」のヴァリエーションに着目することで，新しい知見を得ることができるように思われる．また，臨床的実践としても，老年にポジティヴな意味を見出すことが困難な高齢者に対して，否定的な老年の意味を語り直し脱構築することで，積極的な老年の意味の再構築を促す試みも可能となろう．

　ところで，本章を結ぶにあたって，エイジング研究において最後に残された課題があることにふれておく必要がある．それは，活動的な高齢者の先にいる，身体的，精神的衰退が顕著となる「後期高齢者」の存在である．あるいは，人生の最終に位置づけられる「後期高齢期」というターミナルな段階である．これは「エイジング」を考えていくうえで，究極的な課題として検討していく必要のあるものだと考えられる．ここでいう後期高齢者／後期高齢期に着目する必要性は，理論的仮説にとどまらない．今後到来が予測される「超高齢社会」を目前に控えたわれわれにとって，差し迫った現実的問題なのである．

　このような状況において，エイジング研究の対象を「老年期／高齢期」というひとつの段階から説明するには，もはや限界があるだろう．たとえば，「前期高齢期」は，定年退職にともなう年金や余暇の問題，「後期高齢期」は，身体的衰退にともなう介護問題といったように，中心となる課題も異なる．

　そしてここでいう「後期高齢期」というメタファーが決定的な意味をもってくるのは，「認知症」との関係においてである．認知症は疾病であるという議論もあるが，とくに後期高齢期において発症する可能性が高くなり，今後，その数も少数ではなくなるという予測からいえば，もはや疾病のひとつとしてとらえるだけでは不十分であろう．現在，認知症を前提とした介護対策が求められているが，本章の関心である「エイジング」という関心からいっても，認知症を前提としたモデルを用意する必要があるように思われる．

　この認知症は，さきほどの心理－社会的エイジングにおける再帰的自己の再帰性（reflexivity）自体が削がれていくプロセスであるし，またナラティヴ・ジェロントロジーで前提とする物語を語ることがしだいに困難化していくプロセスでもある．このことを考えると本章で定義してきた「個／主体」として「老い

ること」としての「エイジング」（＝心理－社会的エイジング）という前提自体の再検討が迫られることになる．ナラティヴ・ジェロントロジーの関心からいっても，「語れない」人びとをどのように位置づけるのかという新たな問題を提起する．

このように述べたところで，再びエリクソンの議論が思い起こされる．彼は，晩年，「老年期（old age）」の検討を行うなかで，長寿化した社会において，8つの発達段階に新たな段階として「第九段階」を位置づける必要性を示唆していた[23]．エリクソンが遺したこの宿題は，方法論の検討を含め，今後の課題として取り組んでいく必要があるだろう[24]．

注）
1) Ferraro, K. F. The Gerontological Imagination, in Ferraro, K. F.(ed.) *Gerontology*. Springer, 1990, pp.3-18.
2) フェラロは，このように老年学的研究の多様性を認めたうえで，エイジング研究への社会学の貢献として「ミクロ－マクロ・リンク（micro-macro link）」をあげている．エイジングに関する個人レベルの問題を社会全体のイッシューへと接合させる想像力を，社会学が担う「老年学的想像力」であると考えている．以下を参照．Ferraro, K. F. Sociology of Aging : The Macro-Micro Link, in Ferraro, K. F.(ed.) *Gerontology*. Springer, 1990, pp.110-128.
3) 本章における第2節，第3節に関するより詳細な議論は，次の論文を参照されたい．荒井浩道「心理社会的エイジングの視角」早稲田大学人間総合研究センター編『ヒューマン サイエンス』*13*(2), 2001, 81-94.
4) Havighurst, R. J. Successful Ageing, in Williams, R. H., Tibbitts, C. & Donahue, W. (eds.) *Process of Ageing*, Vol.1, Atherton, 1963, pp.299-320.
5) Hooyman, N. R. & Kiyak, H. A. *Social Gerontology: A Multidisciplinary Perspective* (4th ed.). Allyn & Bacon, 1992, pp.71-72.
6) Cumming, E. & Henry, W. E. *Growing Old: The Process of Disengagement*. Basic Books, 1961.
7) Lynott, R. & Lynott, P. P. Tracing the Course of Theoretical Development in the Sociology of Aging, *The Gerontologist, 36*(6), 1996, 746-760.
8) Atchley, R. C. A Continuity Theory of Normal Aging, *The Gerontologist, 29*, 1989, 183-190.
9) リチャード・エヴァンズ『エリクソンは語る：アイデンティティの心理学』（岡堂

哲雄・中園正身訳）新曜社，1981，p.67.
10) エリク・エリクソン『幼児期と社会』（仁科弥生訳）みすず書房，1977，p.345.
11) Maier, H. W. *Three Theories of Child Development.* Harper & Row, 1965（大西誠一郎監訳『児童心理学 三つの理論』黎明書房，1976).
12) 森岡清美「ライフコースの視点」井上俊・上野千鶴子他編『ライフコースの社会学』（岩波講座 現代社会学9）岩波書店，1996，pp.1-9.
13) 天田城介「〈老衰〉の社会学：『再帰的エイジング』を超えて」関東社会学会編『年報社会学論集』第12号，1999，1-13.
14) E. エリクソン・J. エリクソン・H. キヴニック『老年期：生き生きしたかかわりあい』（長朝正徳・長朝梨枝子訳）みすず書房，1990.
15) 今後の超高齢社会において「老年の意味」を見出せない状況を「危機」とみなせば，エリクソンの概念を用いてこれを「インテグリティ・クライシス」と表現することができるだろう。
16) 三沢謙一「ライフサイクルとライフコース」『評論・社会科学』41, 1991, 43-65.
17) 濱口晴彦『生きがいさがし：大衆長寿時代のジレンマ』ミネルヴァ書房，1994, p.6.
18) 小倉康嗣「大衆長寿化社会における人間形成へのアプローチ：『人生過程としてのエイジング』への一つの視角と方法」関東社会学会編『年報社会学論集』第11号，1998, p.62.
19) 社会の変動のペースが加速した現代社会では，個人のアイデンティティは故郷喪失状態となり，個人は自らの故郷を再構築しつづけなければならない．たとえばギデンズは，こうした後期近代特有の自己の特性を「自己再帰性」の問題として扱う．この点に関するギデンズの議論は以下を参照．Giddens, A. *The Consequences of Modernity.* Stanford University Press, 1990（松尾精文・小幡正敏訳『近代とはいかなる時代か？ モダニティの帰結』而立書房，1993).
20) Kenyon, G., Clark, P. & de Vries, B.(eds.) *Narrative Gerontology : Theory, Research, and Practice.* Springer, 2001.
21) Kenyon, G. & Randall, W. L. Narrative Gerontology : An Overview. in *ibid.*, pp.3-18.
22) Gubrium, J, F. Narrative, Experience, and Aging, in *ibid.*.
23) エリクソンら，前掲書，p.365.
24) もちろん，認知症はプロセスとして進行するわけであり，認知症という診断を受けた高齢者が，そのまま「語れない」わけではない．近年では，認知症高齢者を積極的に「語らせる」ことが注目されている．だが，大井玄がいうような「純粋痴呆」という「状態」を理念的に想定すれば「老いること」は，もはや「個／主体」として構成／構築できない（大井玄『痴呆の哲学：ぼけるのが怖い人のために』弘文堂，2004)．象徴的にいえば，われわれは一人称として「老いること」はできないのである．この「一人称の老い」のアポリアを乗り越える研

究視角としては「二人称の老い」が考えられる．具体的には，老いゆく人の傍らにいる介護家族によって紡がれる語り／物語が注目される．この点に関しては，以下のところで論じている．荒井浩道「老いの人称に関する一試論」家族問題研究会編『家族研究年報』No.26，2001，42-54．同「エイジング研究における方法論的視角の再検討：『二人称の老い』試論」『ヒューマン サイエンス』15(1)，2003，13-24．同「エイジ・フリーのポリティクスとその困難」シニア社会学会編『ユイジレス フォーラム』創刊号，2003，31-42．

第4章　ポジティヴ・エイジング

　これまでのところでいくつかの視角からエイジングの概念が検討されてきたが，ここでは，エイジングをポジティヴな概念としてとらえる試みに目を向けていきたい．筆者はかつて，エイジング（あるいは老い）に内在するポジティヴな側面を摘出し，それを深化させるところに教育老年学の存在理由があると述べた[1]．本章ではこの点をさらに多面的に検討していきたい．

第1節　「役割なき役割」とエイジング

　「要するに退職した老夫婦は出番のない役者のようなものになり，農村社会で持っていた重要な機能ももはや持っていない．……老人は，退職によって，出番が取り上げられてしまう．そして，老人の方でも多かれ少なかれそれを受け入れるか，またはあきらめてきた」[2]．これは，アーネスト・バージェス（Burgess, E. W.）が，1960年に西欧の高齢者像を描いた一文である．そこでは退職後・子育て後の人間は，「出番なき役者」あるいは「役割なき役割」（roleless role）を担う者として描かれている[3]．小田利勝は，この「役割なき役割」論の解釈として，前半の「役割なき」を職業的役割の不遂行ととらえたうえで，後半の「役割」を，「もはや主要な社会的役割を遂行することは期待されていないことを認知して，それにかなった行動をすること」だととらえている[4]．

　同様の視点は，ボーヴォワール（de Beauvoir, S.）の老年論にもうかがわれる．彼女は，その主著『老い』の最終部分において，「社会は，彼が収益をもたらすかぎりにおいてしか個人のことは気にかけ」ず，「労働者が老いると，社会はまるで彼が異種族でもあるかのように，そっぽを向いてしまう」という当時

の社会の老年観を非難した[5]．そこには，「老年期において人間が一個の人間でありつづけるためには，社会はいかなるものであるべきか」という根源的な問いかけがあった[6]．

「高齢者は，主要な社会的活動から離脱するほうがよい」と説いた，カミングとヘンリー（Cumming, E. & Henry, W. E.）の離脱理論が提唱されたのもこのころである．高齢者の社会的地位の低下は，社会の近代化の必然的帰結であると説いた「近代化理論」が提唱されたのもこの時期である．そこには，たとえば，「高齢者はそれまで社会のために一所懸命働いてきたのだから，老後は悠々自適の生活を送ってください」と説く，高齢者を過去の人とみる敬老思想とも通底するものがある[7]．

ともあれ，1950 年代から 1960 年代にかけての社会学における，ひとつの主要な高齢者像は，こうした「老後問題」として語られるものであり，ここでの理論的枠組みは役割理論（role theory）と呼ばれるものである．カートとマナード（Kart, C. S. & Manard, B. B.）によると，この枠組みには次の 2 つの段階が含まれているということであった[8]．① 成人期に典型的な社会的関係や役割をあきらめること，② 依存性など高齢期に典型的な役割の受容．

役割理論においては，(「役割なき役割」をも含めた）老年期規範への社会化が重要視される．この点を体系的に論じたのが，アーヴィング・ロソー（Rosow, I.）であった．彼は，ここでいう社会化の決定的要因を個人と役割の同一化に求めたうえで，人びとの老年期への移行のあり方を分析した．彼がとらえた老年期への移行の特徴は，① 通過儀礼の欠如，② 社会的喪失，③ 役割の不連続性というものであった[9]．そこには，社会的地位・価値の低下がともなうインフォーマルな社会化があるとされ，それゆえ，ロソーは，「大部分の老人たちにとって，老年期の受容は比喩的な意味での社会的自殺となるだけである」[10]とさえ述べたのであった．こうした役割理論においては，高齢期への役割移行・役割喪失への適応が重視される．たとえばフィリップス（Phillips, B. S.）は，こうした移行においては，高齢者の老性自覚が重要だと指摘している[11]．し

かし，こうした状況においては，自己イメージと社会規範との乖離や老いの否認（denial of aging）[12]といった問題が浮上してくることになる．

第2節　老化神話の解体

　このように1960年代から1970年代にかけてのいくつかのエイジング論には，高齢期の役割喪失・役割減少にいかに適応するかという彩りがうかがわれた．しかし，1970年代以降，「年をとると社会的活動から離れるほうがよい」とみるこうした論に対して異議申し立てが顕在化してくる．その一方で，高齢者もまたアクティヴに社会的活動ができるという論と実践が普及していった．

　1970年代においては，たとえば生涯発達心理学や教育老年学の提唱，成人教育や生涯学習の普及といった学問的展開があったのにくわえ，高齢者の年齢差別反対の運動，エルダーホステルやコミュニティ・カレッジへの高齢参加者の増加といった実践的・社会的潮流があった．そこにおいては，「年をとったら隠居生活を」「年をとると活動能力や学習能力が低下する」といったいわゆる「老いの神話」を解体する動向があった．こうしてとくに1980年代以降において，いわゆる「元気な高齢者」像を前面に出した論がいくつか示されるようになったのである．

　この方面の代表作として，1986年に刊行されたシャロン・カウフマン（Kaufman, S. R.）の『エイジレス・セルフ』（*The Ageless Self*）[13]と1993年に刊行されたベティ・フリーダン（Friedan, B.）の『老いの泉』（*The Fountain of Age*）[14]をあげることができる．ここではまず，これらの論の内容からみていこう．

1. エイジレス・セルフと老いの泉

　シャロン・カウフマンは，老いにともなう身体的・社会的変化にもかかわらず維持される高齢者のアイデンティティを，「エイジレス・セルフ」という名

称で説明しようとした．彼女はこの語を用いることで，高齢期をめぐるさまざまな変化を貫く生の連続性とその意味を問うたのである．

エイジレス・セルフは，個々の体験を独自に解釈しつづけるという，象徴的・創造的なプロセスをとおして維持される[15]．そこで重要な点は，人は人生を語るさいに，それをある「テーマ」に収斂させて語るという点である．そしてカウフマンは，人びとのライフ・ストーリーに紡がれたテーマを摘出するために，主題（各人の人生の評価の強調点）・時間感覚（各人が過去をいかに総括して語るか）・スタイル（アイデンティティの表現の仕方）という3側面から，高齢者の声の分析を手がけた[16]．

その結果，高齢者たちが，過去の体験から選び出したいくつかの出来事を用いて，自らのアイデンティティを再構築しつづけていることが示された．現在の自己と有意味な関連があると思われる出来事との関連が維持され，そうでないものが取り除かれていく．こうして高齢者は，そのライフ・ヒストリーを語ることで，そのアイデンティティを新たに形成していくのである[17]．

カウフマンは，高齢者の生のテーマの連続性という視点からエイジングをとらえたとき，次のような主張に逢着するとみている．「老いとは過去の体験や構造的な要因，価値，そして現在自分のおかれた状況を不断に解釈していくことを通じて，たえまなく新たな自己像をつくりつづけることにほかならないのである」[18]．

『エイジレス・セルフ』の訳者・幾島幸子は，「人間は生あるかぎり何かを創造しつづけていくのだというポジティヴな観点に立っていること」[19]が本書の最大の特徴だと指摘している．そこには，ポジティヴ・エイジングの彩りが論の底流に胚胎しているのである．

これに対して，ベティ・フリーダンの『老いの泉』は，より高齢者のエンパワメントを謳った書物として注目されている．女性解放運動の先駆けであったフリーダンは，1960年代から80年代にかけて，社会に蔓延する「女らしさの神話」への異議申し立てを行ったが，1990年代に入って，「老いの神話」への

異議申し立てを展開した.

　フリーダンは, 社会における高齢者像と実際の高齢者のあるがままの姿との決定的な相違に注目した. たとえば, メディアが高齢者を生活主体として注目することはあまりないし, 美容・形成外科医は, 何とかして(とくに女性を)若く見せるように腐心する. そうして人びとは, 老いを否認し問題視しようとする. 場合によっては老いに対する恐怖心すら懐くようになる[20].

　一方で, 現実には生き生きと年をとっている高齢者も多く存在する. そこでフリーダンは, こうした人たちを念頭において,「老年期の成長」というセミナーを組織したのだが, まわりの人間から, それは「若さの泉」だと応答されてしまう. そこには,「若さを基準にして老いを評価」[21]するという姿勢が散見される. そこで彼女の同僚が「それなら, 老いの泉だ」と述べたのであった[22]. ここから「老いの泉」が始まる.

　フリーダンは, 老いに対する次のロバート・バトラー(Butler, R. N.)の定義に注目する.「生物学的あるいは生物医学的観点からは,『老い』とは予測可能な, 進行性の, 身体の全体的な各種生理学的機能や精神的・肉体的・行動的・生物医学的能力の低下・悪化である.

　同時に, さらに曖昧で測定困難なことなのだが,『老い』は戦略眼, 判断能力, 思慮深さ, 英知, 鑑賞力, 人生経験といった分野での総合的な社会心理的成長を意味することもあきらかである」[23]. 老いは衰退であると同時に成長でもあるというこの一見矛盾する定義は, 老いに対する老年学者の見解の相違の反映であろう.

　フリーダンはこの矛盾する老いの二面性から出発し, 老年学の文献のなかに, 老衰としてのエイジング論をこえる, 成長としてのエイジング論の手がかりを摘出する. それらは次の諸点である[24].

　① 加齢にともなうさまざまな能力の衰え. これは異なる年齢集団の平均的な傾向と比較して研究されてきたが, 高齢者全体に共通して起こるものでもなく予測可能でもないことがわかった. 生物学的にプログラムされているとすれ

ば，高齢者全体に共通してみられ，予測可能なはずである．

② 年齢の異なるアメリカ人を対象に行われた初期の横断的研究では，知的能力と身体的能力の進行性の衰えがみられたが，施設ではなく住み慣れた地域で老いを迎える健康な人たちを50代から80代へと調査していく縦断的研究では，この衰えはみられなかった．

③ 老年学者たちは，社会からの段階的な離脱や社会的活動の減少を，「実利的」かつ「正常な」老いへの適応とみなしてきたが，人の正常な老化をめぐる3つの主要な縦断的研究に参加した健康な高齢者には，こうした離脱や減少はみられなかった．

④ 長寿や生き生きとした老年期を過ごすための決定的なポイントは，社会においてあるていどの複雑さをともなう活動を，認知能力を使いつつ，自分で選択しながら実行していくことである．

⑤ 「年寄り」のステレオタイプを甘受したり，老年期に起こる変調を否定したりするのとは逆に，自分の老いを的確に現実的に積極的に認めることは，生き生きとした老いと長寿を手にする重要な鍵となるように思える．

こうしてフリーダンは，仕事や恋愛，冒険，移住，介護などの領域で生き生きと生活する高齢者のナラティヴをたどり，最終的に「老いは新たな冒険の季節」だととらえた．そこには，エルダーホステル，第三期の大学，シニアネット，シャトーカなどで活躍する高齢者の姿が描かれている．そして彼女は，「冒険としての老年期」なる概念をもちだす．

「冒険はエネルギーがあふれるかぎり続く．絶えず変化する社会の問題にかかわり続けていれば，新しいエネルギーが湧いてくる．それなのに，あちらでもこちらでも，年をとると脳の神経細胞が失われるとか，年寄りは新しいアイデア，希望，感情が湧き出る源泉に背を向けているとか，そんな話ばかりだ．人生の真髄は変化だ．新しい冒険をするたびに，人は変わるものだ．変わらなければ，生きとし生けるものは滅びてしまう．だから私は常に新しいものに引きつけられるのだ．人生の新しい可能性に心を開かなければならないし，私

たちの人生にはなんらかの意義がなければならない」[25]．

またフリーダンは，現代社会が必要としている救いが「高齢者のもつまだ名のない力」[26]によって芽生えるととらえている．そしてそのためには，高齢者や老いを「問題視」するという社会の側の偏見を払拭せねばならないのである．

2．ポジティヴな集団高齢化：エイジ・ウェーブ

ケン・ディヒトバルトら（Dychtwald, K. & Flower, J.）の『エイジ・ウェーブ』（*Age Wave*）[27]は，アメリカで1980年代後半のベストセラーになった書物である．ディヒトバルトは，この本のなかで，アメリカ社会に押し寄せる高齢化の波が，人びとに新しいライフスタイルと生活環境をもたらすと説いた．そして彼は，この波の特徴を楽観的にかつポジティヴに描いた．

しかし，一方でアメリカには，さきにふれたようなエイジングや老いへのネガティヴな意識が蔓延している．そこで彼は，よりポジティヴな社会へのヴィジョンを描くために，次の6つの老化神話を乗り越えねばならないと説いた[28]．

① 65歳以上は年寄りである．
② 年寄りのほとんどは健康を害している．
③ 年寄りの頭は若者のように明敏ではない．
④ 年寄りは非生産的である．
⑤ 年寄りは魅力がなく，セックスにも無縁である．
⑥ 年寄りはだれもみな同じようなものである．

これらの神話に対するディヒトバルトの反論は，以下のとおりである[29]．

① 65歳はまだまだ老人にはほど遠い．
② ほとんどの高齢者は健康を害していない（せいぜい5％ていど）．
③ 高齢者のうち1割ほどしか著しい記憶力低下は示さないし，深刻な精神障害を示す者はその半分以下である．
④ いかなる年齢グループも，他より優れた生産性を有すると証明する一貫

したパターンはない．
⑤　現在の調査では，晩年になっても性的魅力は感じつづけるし，性欲も持続していることが示されている．
⑥　人は，年をとってからのほうが多様性を増す．

ディヒトバルトは，こうした神話や恐怖にこだわると，エイジ・ウェーブに内在する可能性が隠されたまま気づかれずに終わってしまうと述べる[30]．つまり集団高齢化の波は，新たな可能性を開くチャンスなのだということである．

ではかくいう集団高齢化の積極的な側面とはどのようなものか？　ディヒトバルトは，高齢者向けメディアやシルバー・マーケットの隆盛，全米退職者協会（AARP）などの高齢者運動団体や高齢者コミュニティの台頭などの例をあげ，これからの人生は直線的な人生から（仕事や教育や余暇が人生全体に散りばめられた）循環的な人生へと変化していくと説いた．そして生涯学習の視点から教育を位置づけ，「将来，教育は人生の実際的な側面とか職業上の発展のための準備という単純な意味だけでなく，人生，特に後半の人生をより豊かなものとするために利用されるだろう」[31]と述べた．

そして『エイジ・ウェーブ』の最終章では，「自己実現の時代」のテーマのもとに，「老年期は偉大な成就の年代」だと締めくくる．そこには，内面生活の成長発展をエイジ・ウェーブがもたらしてくれるという指摘が示されている．「モンシニョール・フェイエイが私に認識させてくれたのは，年齢を重ねることによってのみ開花し得る人間固有の特質や能力，つまり，成熟した知恵や経験豊かな指導力，また生涯掛けて育んで来た学習や資力を社会に還元する能力が存在するということだったのだ．そして，もしもこうした深遠で偉大な特質が年齢に関連づけられるとするなら，そこで初めて私たちは，若者から老人への進化を下降ではなく上昇の推移と考えることが許されよう．反対に，もし私たちが若さを基準として年齢の価値を評価するなら，人生の後半は惨め極まるものとなろう」[32]．ここにも，高齢期をポジティヴにとらえる視点が示されて

いる.

3. 人生の第三期の発見

　ディヒトバルトは，前掲の書物の最後で，人生を3つの時期に分ける視点に注目する[33]．その第一期は，ほぼ25歳くらいまでで，主要にはおとなになるまでの時期，学校教育を受ける時期，成人生活を始めるまでの時期をさす．第二期は，25歳から60歳くらいまでで，主要には，家族の形成と生産的な仕事をする時期だといえる．そして，成人としての主要な仕事が軌道に乗っているかまたはそれを成し遂げてしまった時期を第三期ととらえた．そこでの課題は，内面生活の充実や自己実現に向けられる．同時に，それまで培ってきた人生経験や知恵などを社会に還元する時期でもある．

　ところで，人生の第三期に集約的に学習を提供することの重要性を説いたのが，ピーター・ラスレット（Laslett, P.）やウィリアム・サドラー（Sadler, W. A.）であった．わが国では，小田利勝が，この方面の研究の視座を示している[34]．

　ラスレットは，1987年の論文でサード・エイジ（the third age）概念を提唱し，次いで1989年の『人生のフレッシュ・マップ』（*A Fresh Map of LIfe : The Emergence of the Third Age*）にて，サード・エイジ概念を軸にイギリス社会の高齢化とそこでの人生の歩み方の道標を示した[35]．彼の論で最も注目すべき点は，多くの場合，子育てや仕事が一段落ついた時期（＝サード・エイジ）こそが，人びとの自己実現や自己成就の時期だと説いたという点であろう．

　彼は，われわれの人生を4つの時期に区分する[36]．第一期は，依存と未成熟の時期で，社会化や教育の時期，つまり「おとな」になるまでの時期である．文化が異なれ多くの人は，ほぼ同時期にこの時期を終了する．この時期での変化は暦年齢や身体的成熟にもとづくことが多く，多くの人は，ほぼ25歳くらいでこの時期を終える．

　第二期は，自立と成熟と社会的・家庭的責任の時期である．多くの場合，人びとは，収入のともなう仕事に従事し貯蓄などをする．この時期は，社会的・

家庭的な意味合いにおいて生産的で重要な時期である．一言でいうならば再生産（reproduction）の時期なのである．

ただ，この時期はたしかに生産性の時期ではあるが，そのうちの多くはしばしば社会の側から賦課されたものである．人びとは，その生産性によって充実感を得る一方で，しばしば自分の時間をコントロールできにくいといったかたちのフラストレーションを募らせる．この充実感や生産性を個人的達成という観点からみるとどうなるか？　一部の専門職の者を除けば，多くの人は，人生の第二期には，しばしば個人的な達成を夜間や休日に求めるが，一方で仕事や子育てが一段落ついたらこのことをきちんと考えようとするであろう．

こうした焦燥感は，人生第三期の活動の温床でもある．ラスレットは，第三期を，自己実現や自己成就（personal fulfillment）の時期，人生の絶頂期（culmination）だとみる．それは個人的達成や自己成就という意味で絶頂期なのであり，その意味で第三期という語には個人の主観が加味されている．したがって，第三期の開始年齢や終了年齢は曖昧であり，場合によっては，第二期や第一期とオーバーラップすることもある．たとえば，ある種のスポーツ選手などの場合，第一期が同時に第三期でもある．

この時期を設定するうえでの重要点は，それが個人的に選択された時期であり，そこでは暦年齢や生物的・社会的年齢はあまり意味をなさないという点である．むしろ個人の主観的年齢が重要となる．そこには時間を超えた（timelessness）時期という特徴がある．なお小田利勝は，この時期の年齢的指標はないといいつつも，「実際には50歳から75歳までの期間を指して使われることが多い」[37]と指摘している．

ところで研究者や芸術家などのように人生の第二期で自己実現的・達成的な仕事をしている場合はどうなるのか？　ラスレットは，この場合，第二期と第三期とが重なり合っている（interfuse）と説く[38]．こうした場合，人生の歩み方が異なることもありうる．

第四期は，再度の依存や老衰，死を身近に感じる時期で，また老衰の実感が

ともなったときだとも述べられている．この開始年齢を述べることは不可能に近いが，その予兆を知ることは可能であろう．周りからのほのめかしがある場合もある．しかし，この時期の実態に関してはまだ不確定な要素も多いようである．

この人生の第三期という視点は，フランスに淵源をもつ．1972年にフランスのトゥールーズ（Toulouse）大学で用いられたLes Universites du Troisieme Age（第三期の大学）がこの語を用いた発端だとされており，イギリスでは，1981年にオックスフォード大学にて第三期の大学（the British Universities of the Third Age）が設立されたのが最初だとされている[39]．つまり，大学拡張運動と連動して人生の第三期の開拓が始まったのである．

アメリカでは，このサード・エイジの考え方は，ウィリアム・サドラーに受け継がれる．サドラーは，2000年の『ザ・サード・エイジ：40歳からの成長と再生のための6つの原則』のなかで，人生後半部あるいは第三期以降の第二の成長（second growth）のあり方を説いた．

彼によると，第二の成長は，それがより複雑で，より予測困難で，そして何よりもよりパラドクシカルだという点で，人生前半部における成長と異なっているということである[40]．ここでいうパラドックスとは，この再生のプロセスが，獲得と喪失，省察と冒険，不安と楽観性というアンビヴァレントな傾向に彩られているということをさす．

サドラーによると，これまで年をとることは，5つのDと結びつくものだと考えられていた．すなわち，Decline（衰退），Disease（病気），Dependency（依存），Depression（抑うつ），Decrepitude（もうろく）の5つであり，これらが最後の6番目のD（Death＝死）に収斂するということであった．しかし彼が調査をした中高年の人たちは，これらとはちがった特性を有する人たちであった．むしろ（5つの）Rに彩られているといったほうがよいような人たちである．すなわち，Renewal（再生），Rebirth（甦り），Regeneration（新生），Revitalization（復活），Rejuvenation（若返り）などである．一言でいえば，Degeneration（退化）

からRegeneration（新生）への視点の更新ということである[41]．

　こうしてサドラーは，第二の成長のキーとして次の6つのパラドクシカルな原則を示す[42]．

　第一原則　慎重な省察と冒険を冒すことの間のバランスをとること：第二の成長を図るうえで，われわれには，批判的な自己省察や自己覚醒（self awareness）が必要となる．しかしこれだけでは不十分である．一方で新しいことを試み，危険を冒す勇気をももたねばならない．

　第二原則　現実的な楽観主義の創出：われわれが成長していくためには，楽観的であることが大事である．しかし一方で現実的であることも軽視してはならない．両者のバランスをとることが重要なのである．

　第三原則　ポジティヴな中年期のアイデンティティの構築—老いることと若返りのパラドックス：中年期あるいは人生の第三期になると，われわれは，自己のアイデンティティを再定義することに迫られる．過去の自己定義にしがみついて生きていくには無理が生じてくる．老いを受容しつつ，一方で若返ることを学ぶというパラドックスのなかに，ポジティヴなアイデンティティが芽生える土壌があるのである．

　第四原則　労働の再定義，労働と遊びのバランスをとること：生産性と効率を重視した労働は，結果として多くの人の生活にストレスを招来した．労働と余暇・遊びとの関係を第二の成長の観点から見直し，両者をよりわれわれの内面の声（basic instincts）に応え，意味を創出するものへと組み替えていく必要がある．

　第五原則　個人的自由とより深い人間関係のバランスをとること：第二の成長においては，個人の自由の領域の拡張と親密なつながり（connection）や人間関係の深化のパラドックスのバランスをとることが重要となる．自由と親密さとの間のバランスが欠けると，孤独に陥るか，囲い込まれた生活（enclosures）をするかになってしまう．自由とともに新しいタイプの親密さを創出することが大事となる．

第六原則　自己のみならず他者・自然界へのケア：かつてエリクソンが述べたように，次世代育成を軸とするケア（caring）という徳は，成人中期の重要な発達課題である．サドラーはしかし，エリクソンの論よりもより広いケアの概念を想起する．つまり，成人はまず自己の内面に目を向けるが，その声に応えることは同時に他者や社会などのまわりの声に応えることでもある．そしてこのつながりは，次世代や地球レベルにまで広がる．異なったタイプのケア間のバランスをとることが肝要となるのである．

以上の考え方の背後には，リニアーな西欧的思考の枠をこえた東洋的発想があり[43]，彼は，一見対立する力のバランスをとることで，創造的調和（creative balance）や生成力（generative power）が芽生えるとみたのであった[44]．そしてパラドクシカルな原則を調和させることが，第三期における第二の成長やポジティヴ・エイジングの中核にあると説いたのであった．

第3節　新たなネガティヴィティとしてのエイジング

さて，1990年代後半から2000年代になると，こうした老化神話の解体やエイジングのポジティヴな側面を強調した論とは，やや趣を異にした論もいくつか登場してきた．ここではそのうちの，後期高齢期問題を射程に入れた「老衰としてのエイジング論」と，美容などの領域で流行してきたアンチ・エイジング論を取り上げてみたい．

1.　老衰としてのエイジング論

かつて木下康仁は，『老いとケアの祝福』のなかで，先のカウフマンのエイジレス・セルフ論に対して，次のような疑問を投げかけた．「ただ，この状態が最後まで維持できるのであればそれはそれでよいのだが，老いの自然な展開である衰えが現実化してくるとエイジレス・セルフは身体との関係において空中分解するか，あるいは，そのままの状態で死に至らざるを得ないことになる」[45]．

そこにおいては「老いには衰えつつ死に向かうというその人間にとって本質的に非合理な側面が抜きがたく含まれているのだが，……老いの非合理性は限りなく合理的文脈に変換され得るかのような幻想」[46]が蔓延しているのである．あるいは「老い衰えた老人の姿を捨象したうえでエイジングが扱われていた」[47]ということもできよう．

たしかにライフサイクル第三期におけるポジティヴ・エイジング論では，50代から70代前半くらいまでの中高年層を念頭においた論が主流であったといえる．そこにおいては，たとえば人生の第四期をいかに人間らしく生きるのか，あるいはそこでの成長はいかなるものなのかという問題は不問に付されていた感があったようである．「老いに内在する非合理性」をエイジング論のなかにいかに位置づけるのかが，この方面の研究の重要な課題であろう．

この木下の論を受け継ぎ天田城介は，1999年の「老衰の社会学（sociology of aging and frailty）」にて，「老い衰えるがゆえの可能性とその積極的意味」をさぐろうとした[48]．天田によると，現代社会においては，高齢者および社会双方が「老いの意味」を問う「再帰的エイジング（reflexive aging）」の時代を迎えたが，皮肉なことに，一方で「老いの意味」を問うことが困難化するというアポリアをも招来したということである．つまりたとえば，認知症の高齢者などのように，「再帰的ならざる人びと」の老いの意味をいかに解読するかが問題なのであり，従来のポジティヴ・エイジング論や教育老年学があえて足を踏み入れなかった点を問題視したのである．

天田はここで，個をこえた〈共同性〉の視点からの老いの意味の解読に光明を見出そうとする．すなわち，個人にとっての老い衰えることのネガティヴィティは，その人を取り巻く他者や地域において，あえて積極的な意味付与をもたらすことが可能なのである．ここにおいて，エイジング論は個の主体性論をこえた共同性論へと道を開く．たとえ個々の高齢者自身は老い衰えつつあっても，コミュニティにおける他者との関係性が，老い衰えることへの積極的な意味を見出していれば，そこでのローカルな文化による「老いの意味」は，構築・

形成されうるということである[49]．

2. アンチ・エイジング論

　こうしたネガティヴィティとしてのエイジング論の積極的な意味をさぐろうとした研究とは対照的に，市井では昨今アンチ・エイジング論が注目されだしている．抗加齢医学ともいわれるこの学問・実践領域は，「若さ・美しさを保つ」「老いに負けない」といったキャッチフレーズのもとに，主に女性の美容などの領域を中心に普及してきている[50]．もちろん皺伸ばしや体形維持などの美容外科の領域のみに限定すれば，これは，非常にアピール性のあるテーマであろう．しかし，そのエイジング観という点に注目するならば，若干の留保条件を考えねばならないように思える．

　たとえば米井嘉一は，『アンチエイジングのすすめ』の序論部において，次のように書いている．「この本で一番伝えたいのは，『老化は病気のひとつである．だから治療方法もあるし，予防の手だてがある』ということ」[51]「加齢・老化のプロセスそのものがひとつの病気である」[52]「加齢や老化という経過的現象に対し，徹底的に対抗して人体として最良の状態を保っていこう」[53]．そしてオプティマル・ヘルス（年齢相応の健康）の状態である30歳の心身の状態を目標としようと述べている．多くの人びとは，年をとっても30歳前後の若さや美しさ，活力を維持することに憧れるであろうから，こうした論はあるていどの市民権を得るであろう．しかしエイジング観という点において問題は残らないのであろうか．

　たしかに外観や健康面のみを強調するならば，エイジングの老化・老衰という側面を遅らせ，若さを維持させることは，医学的には重要な領域であろう．しかし「若さの演出」[54]が，成人（とくに男性）に無理を強いるライフスタイルにつながったという指摘[55]や「見た目」依存社会の問題点の指摘が出されていることを勘案すれば，エイジングのポジティヴな側面に目を向け，そこを引き出す作業が一方で必要となるように思う．ちなみに『「見た目」依存の

時代』では，石井政之は，アンチ・エイジングのイデオロギーが加齢恐怖社会につながりうること，石井かおりは，エイジングの本来の意味は「年を経て価値が高まる」ことであり，アンチ・エイジングは誤用（正しくは抗老化）だという指摘を行っている[56]．

第4節　ポジティヴ・エイジング論の諸相

いわゆる後期高齢期におけるポジティヴ・エイジング問題およびアンチ・エイジングとポジティヴ・エイジングとの関連の問題はひとまずおき，以下，中高年期に開花する知的能力や学習の産物について考えていきたい．筆者はすでに，動作性知力と言語性知力，流動性知力と結晶性知力，メカニクスとプラグマティクスといった成人知能の二分法から，後者は成人期以降も上昇が期待しうるということを調査結果などを用いて論じてきた[57]．ここでは，この中高年期に活性化される知力・知能の内実に目を向けてみたい．そしてこの内実の深化こそが，ポジティヴ・エイジングと教育老年学をつなぐものだと考える．

1．ポール・バルテスの選択的最適化と補償論

成人期以降の人間の知能や知恵の発達理論を示した者としてポール・バルテス（Baltes, P. B.）の名をあげることができる．筆者はさきに，バルテスの研究に関して，その研究内容の紹介とその教育老年学における位置づけについて述べた[58]．たとえば，エイジングの知恵（wisdom）に関する理論心理学的研究の深化，成人期以降に低下する知的能力と上昇が可能な能力の区分，新しいエイジング観の提唱などである．そしてポジティヴ・エイジングの理論的手がかりをバルテスの所論から引き出そうとしたのであった．

バルテスの論のなかでここで最も注目したいのが，「選択的最適化とそれによる補償（selective optimization with compensation）」という考え方である[59]．彼は，この論に先立って，エイジングと（生涯）発達の関係の再定義を求めた．

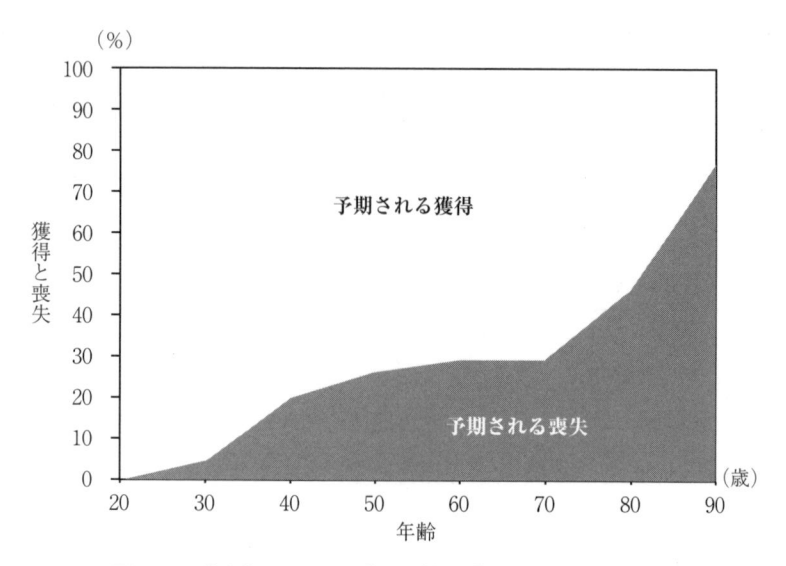

図4-1 成人期における「獲得」と「喪失」の変化のパターン
出典）Baltes, P. & Baltes, M., 1990.

巷間では，エイジング＝老化，発達＝成長という二分法が用いられることが多く，そのためアンチ・エイジング論が普及するという現象が招来している．バルテスは，発達概念を獲得（成長）（gains ; growth）−喪失（衰退）（losses ; decline）の二分法でとらえるのではなく，両者の特徴を結びつけたものとしてとらえる．つまり，生涯発達は，獲得と喪失のダイナミックな関係性としてとらえられるのである．そこには，エイジングにも同様のメカニズムが作用するものという含意があるといえる．つまり図4-1のような関係性である[60]．この図では，好ましいとされる心理的属性を「獲得」，そうでないとされる属性を「喪失」として，データをもとに年齢によるパターンを示している．そしてそのサクセスフル・エイジング論の中核部分に，さきの「選択的最適化とそれによる補償」のメカニズムを想定したのであった．

表4-1は，バルテスのみる「選択的最適化とそれによる補償」の意味するものである[61]．ここには，次の3つの特徴があるとされている．

表4-1　選択的最適化とそれによる補償（P. バルテス）
適応的な生涯発達における認知機能の典型的な過程

・生涯発達の一般的な特徴は，動機づけと認知的資源および認知的技能の特殊化（選択）の傾向が年齢にともなって増加することである．
・加齢にともなう認知機能の変化には2つのおもな特徴がある．
　(a) 流動性の認知機能（知能のメカニクス）の示すパフォーマンスのピークあるいは最大値における潜在的能力が減少する．
　(b) 手続き的および宣言的知識システム（知能のプラグマティクス）のうちのいくつかはピークのレベルで発達し機能しつづける．
・個人が加齢の途上でその能力の限界（閾値）を越えた場合，次のような発達的変化が生じる．
　(a) 有効に機能する領域がより限定的に選択（チャンネル化）され，その数がいっそう減少する．
　(b) 補償ないし代用のメカニズムが発達する．

出典）バルテス，1993，p.187より作成．

　①　特殊化（＝選択）した適応の形態が生涯発達の一般的な特徴として持続的に発展していくこと．つまりさきにビューラーの発達論で示したように，個人がその人生を通過するなかで選び取った適応の形態を発達のみちすじとして歩むことを意味する．

　②　エイジングの生物的・社会的諸条件への適応が迫られる一方で，その可塑性が徐々に狭められること．われわれは，年をとるにつれて，生理的な機能の低下や社会的役割の減少に適応せねばならなくなり，喪失としてのエイジングという側面への適応を軽視しにくくなる．

　③　人生を統御し効果的なエイジングを達成するために，衰退の進行に対して，個々人が選択的で補償的な努力をすること．サクセスフル・エイジングのためには，選択的な最適化を行う一方で，補償的・代用的な作用を発達させる必要があるということである．高齢のタイピストが，タイピング・スピードの低下を補償するために先読みの技能を発達させることなどがこの典型例である．

　ここでいっていることを敷衍するならば，次のようになろう．われわれは，知能のプラグマティクスの領域において，選択的に選び取った内容を，補償作

用をともないつつ，熟達化 (expertise) していくのだということである．たしかにバルテスは，ポジティヴ・エイジングを語った．しかし，そこにあるのは，① 人生のプラグマティスの領域で，② 選択的に選ばれた領域において，③ 補償作用をともないつつ進行するという付帯条件と連動したポジティヴィティだったのである．

2．高齢期における創造性の問題

ポジティヴ・エイジングという場合，中高年期の変化のプロセスに内在するポジティヴな推進力をさぐるだけでなく，その力が反映された業績や創造物のあり方をさぐるという研究も注目されている．この方面の研究では，古くはハーヴェイ・レーマン (Lehman, H. C.) の『年齢と業績』(*Age and Achievement*) (1953 年) という研究がある[62]．レーマンは，文学や科学などのさまざまな分野における最良の業績を残す年齢の分析を行った．そして彼は，人生の 30 代 (しばしば 30 代前半) において最も創造的な仕事がなされる

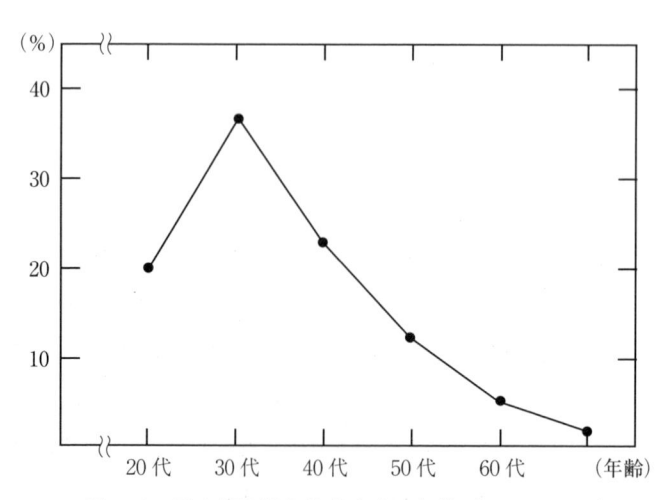

図 4-2　最も創造的な仕事をする年齢（H. レーマン）
出典）堀，1981，p.7.

と結論づけた．図4-2は，レーマンの示したさまざまな領域において，最も創造的な仕事をする年齢の一般的な変化を示したものである[63]．

もう少しくわしくみてみよう．レーマンは，領域ごとのピークの年齢を表4-2のように想定した[64]．この表は，彼の示したピーク年齢をがいして若いものから順に並べたものであるが，男優と女優とでピークに差があることを示した点は興味深い．また文学系作品のなかでも，詩歌・叙情詩（20代）→劇の脚本・児童書・短編小説（30代）→小説・ベストセラー本（40代）と変化を示したのは注目される[65]．学問系では，数学・化学・物理学（20代）→生理学・

表4-2 領域ごとのピークとなる年齢（H. レーマン）

(歳)

運動選手（テニス，野球）	25～29
化学	26～30
数学	30～34
物理学	30～34
実用的な発明	30～34
オーケストラの音楽	35～39
心理学	30～39
チェス・チャンピオン	29～33
哲学	35～39
音楽	35～39
油絵	32～36
ベストセラー	40～44
男優（高収入）	30～34
女優（高収入）	23～27
大学の学長	50～54
アメリカ大統領	55～59
外国大使	60～64
上院議員	60～64
最高裁判所裁判官	70～74
下院議員	70～74
ローマ法皇	82～92

出典）Whitbourne, S.K., 2005, p.458.

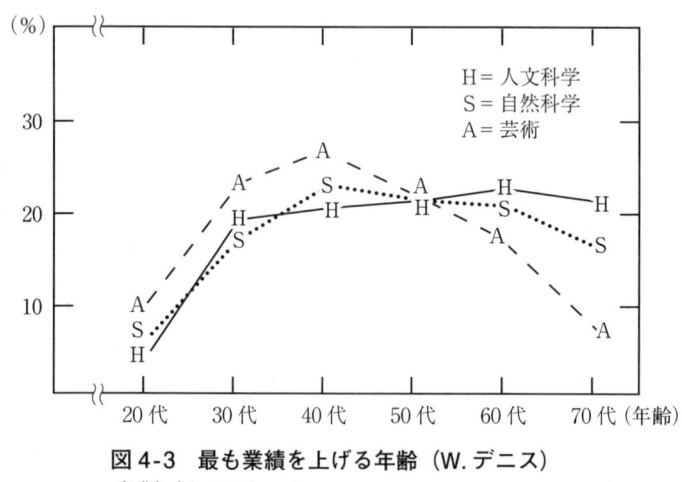

図 4-3　最も業績を上げる年齢（W. デニス）
出典）堀, 1981, p.8.

哲学（30代・40代）→政治・ビジネス（50代後半）とみている．しかし，レーマンの論には，たとえば，動機づけの側面や対象者が何歳まで生きたのか，伝記のなかのバイアスなどへの考慮といった点で限界があったという指摘もある[66]．

これに対してウェイン・デニス（Dennis, W.）は，創造性の指標を業績の量で測定した．その結果，彼は，人文科学・自然科学・芸術の各領域で，それぞれ最も創造性が発揮される年代が異なること，とくに人文科学などでは，高齢期においても創造的な活動が衰えていないことを明らかにした．そしてその結果をふまえたうえで，最も業績を上げる年齢は40代だと結論づけたのであった[67]．図4-3は，彼の示した結果を図にしたものであるが，デニスが調査対象者の寿命を考慮した点は興味深い[68]．

このレーマン－デニス論争ともいう議論，すなわち成人期の創造性を質量どちらで測るのかという議論は，今日では高齢期の創造性（late-life creativity）や高齢期の創造性のスタイル（old age style）の議論へと受け継がれている．たしかに35歳で夭折した作曲家モーツァルト（Mozart, W.）らのデータを混合して創造性の平均値を算出していたのでは，年齢は若年に偏ってしまう．むし

ろ，中高年期から高齢期にかけて開花する創造性の特徴を述べたほうが得策ではないかともいえる．

ディーン・シモントン（Simonton, D. K.）は，成人期における創造性を潜在能力→観念化→精緻化→創造的産物の変化ととらえ，キャリアにおけるこの変化のモデル化を試みた[69]．そしてキャリア年齢を考慮し，創造性の年齢的変化の数学的モデルを示した．これによるとキャリア開始後20年くらいが創造性のピークであった[70]．

シモントンの研究をふまえ，マーチン・リンダウアー（Lindauer, M. S.）は，絵画を中心とする芸術作品における，高齢期の創造性とそのスタイルに関する研究成果を示した[71]．彼は，レーマンやシモントンが創造性の低下モデルを認めた点を乗り越えようと，高齢期に開花されうる芸術作品の可能性を多面的に分析した[72]．彼は，創造性低下モデルの背後には，人間行動測定モデルの影響と創造性の低下への暗黙の期待があるのではないかとみた．というのも，何人かのすぐれた画家は，かなりの高齢期までその創造性を開花していたからである．たとえばピカソ（Picasso）は，その作品の3分の1を60代以降に描いているし，レンブラント（Rembrandt）やミケランジェロ（Michelangelo）などもかなりの高齢になるまで作品を描きつづけていた．

しかし，リンダウアーの関心は，むしろ高齢期の作品群が若年期のそれと質的にどのように異なっているのかということであった．彼は，いくつかの調査結果からエイジングが高齢期の芸術的表現を高めうる（enhance）[73]ととらえ，そこから生まれた芸術的表現を「オールド・エイジ・スタイル」ととらえた[74]．では，このスタイルの特徴とはどのようなものなのか？　彼はたとえば，以下のような点をあげている．

①　芸術の歴史研究においては，若年者のスタイルが鋭い（sharp），目立つ（marked），激しい（drastic）といった用語で形容されることが多いのに対し，高齢者のスタイルには熟達した（developed），成熟した（matured），達成された（evolved）という用語で形容されることが多い[75]．

②　詳細部分（detail）へのこだわりが減少する．事物や事象間の区分けがそれほど鮮明でなくなり，全体論的な（holistic）な特性が表れてくる[76]．

　③　高齢の芸術家は，若年芸術家にくらべて，a.より多くの知識を有し，b.キャリア志向が減少し，c.エネルギーが減少し，d.より批判的でなくなり，e.自己受容的になる[77]．

　④　高齢の画家は，風景や精神的な画材を好むことが多いのに対し，若年画家は，祝祭や市街地やエロチックな画材などを好むことが多い．カンバスのサイズに関しては，高齢の画家は，大きなカンバスを好むことが多い[78]．

　約言すれば，オールド・エイジ・スタイルをもった芸術家は，詳細部分へのこだわりを減少させ，物事のより本質的な部分（gist）を引き出そうとするのであり，より抽象的・象徴的・表現主義的な作品を示す傾向があるということである[79]．そこには形式的操作期に特有の思考形態をこえた思考形態があるものと推測される．

　リンダウアーは，その著書の最後において，エイジングの強さ（the strengths of aging）という表現を用いる．「高齢期は停滞と低下の時期であるかもしれないが，それは同時に，保持と成長の時期でもあるのである」[80]．高齢期における生理的・認知的機能の低下はたしかに存在するであろうが，一方でオールド・エイジ・スタイルの視点からすれば，それは，新たな楽観主義の素地でもありうるのである．

第5節　エイジングがポジティヴであるということ

　これまで筆者は一貫して，①　エイジングという語が人生後半部を形容する語としてふさわしい語であること，②　エイジングには発酵というポジティヴな含意があること，③　そのエイジングのポジティヴな側面を現実的に摘出することが教育老年学の課題であるということを述べてきた．この立場は，けっして老衰や老化としてのエイジング論を否定するものではない．しかし一方

で，老化としてのエイジングを遅らせ，それに抗うという論は，美容などの領域以外に拡大解釈するならば，筆者の構想してきた教育老年学の方向とは少し異なるものにもなりうる．

　老いのネガティヴな側面を包み込めるだけのポジティヴィティ，あるいは衰えるがゆえのポジティヴさという視点を摘出する作業が求められているのである．高齢者教育論や教育老年学の知見の多くは，60代から70代前半のいわゆる「元気な」高齢者の社会参加活動に触発されてきたものが多かった．そこには多くの論者が語った，エイジズムに抗う高齢者像と老化神話の解体作業があった．しかしそうしたオプティミズムに対して木下康仁や天田城介らの疑問が向けられたのであった．すなわち，その先の後期高齢期の層に対してもそのオプティミズムはあてはまるのかという疑問である．そしてそこには，そのアポリアこそが，社会の近代化の必然的所産でもあったというパラドックスが厳存している．ラスレット流にいえば，人生のサード・エイジからフォース・エイジに移行したとき，元気な高齢者が要介護高齢者に転化したとき，なおかつそこにおいて，教育の論理は存在するのか，そして存在するとすればそれはいかなるものなのか，こうした問いかけが教育老年学の領域において設定されるときが来ているのである．

　ここでいう教育や教育学は，たとえば，要介護高齢者に対して投薬やリハビリの作業を徹底させるといった意味の教育をさすのではない．また医療従事者やコ・メディカルな領域の専門職員をいかに研修するのかという議論とも論調を異にするものである．そもそも後期高齢期に固有の教育の論理は存在するのか，またその特徴を活かした学習支援のあり方はいかにして可能なのかという問題設定なのである．

　教育の論理とは，究極的には人間存在のポジティヴな力を引き出す論理であり，その前座的作業として転倒予防のプログラムがあったり，機能回復訓練があったりすると思う．いわゆる補償や緩和という作用は，もちろん高齢者教育においては重要な作用なのであるが，それらは医療や保健，福祉，看護などに

おいても同様にそうなのであり，その意味において，これらはけっして教育学固有の論理だとはいえない．では，後期高齢期の人たちにとって「教育学ならではの視点・作用」とは何なのだろうか？　そしてこの点は，哲学的・宗教的洞察を別にすれば，生涯教育ひいては教育学全体において，これまで不問に付されてきた問いかけでもあったと思う．

　後期高齢期に固有のポジティヴィティの特質を明らかにすること，ここに教育老年学の学としての存立基盤をうらなう論点があるように思う．これまで本章では，役割なき役割を担う高齢者→老化神話の解体とアクティヴな高齢者の登場→新たなネガティヴィティとしての「老い衰えること」・後期高齢期問題の出現と論を進めてきた．問題はその先なのである．後期高齢期やフォース・エイジにおけるネガティヴィティをポジティヴィティに反転させうる契機と教育哲学こそが，今日の教育老年学に求められているのである．

注）
1) 堀薫夫『教育老年学の構想』学文社，1999, p.53.
2) アーネスト・バージェス「西欧文化と老人問題」アーネスト・バージェス編『西欧諸国における老人問題』（森幹郎訳）社会保険出版社，1975, p.45.
3) 「役割なき役割」に関しては，ロバート・アチュリー『退職の社会学』（牧野拓司訳）東洋経済新報社，1979, pp.99-100 参照．
4) 小田利勝「退職に関する新たな視点とサード・エイジの生活課題」『神戸大学発達科学部紀要』第5巻第2号，1998, p.119. 同『サクセスフル・エイジングの研究』学文社，2004, pp.57-62 も参照．
5) シモーヌ・ド・ボーヴォワール『老い（下）』（朝吹三吉訳）人文書院，pp.639-640.
6) 同前，p.639.
7) この点はつきつめていけば，老人福祉法（1963年施行）の基本的理念（第2条），「老人は，多年にわたり社会の進展に寄与してきた者として，かつ，豊富な知識と経験を有する者として敬愛されるとともに，生きがいを持てる健全で安らかな生活を保障されるものとする」という視点にもつながっていくように思う．
8) Kart, C. S. & Manard, B. B. *Aging in America* (2nd ed.). Mayfield Publishing Comp., 1981, p.2.
9) アーヴィング・ロソー『高齢者の社会学』（嵯峨座晴夫監訳）早稲田大学出版部，1983, pp.30-35.

10) 同前, p.141.
11) Phillips, B. S. A Role Theory Approach to Adjustment in Old Age, *American Sociological Review, 22*, 1957, 212-217.
12) Bultena, G. & Powers, E. A. Denial of Aging, *Journal of Gerontology, 33*(5), 1978, 748-754.
13) シャロン・カウフマン『エイジレス・セルフ』(幾島幸子訳) 筑摩書房, 1988
14) ベティ・フリーダン『老いの泉 (上)(下)』(山本博子・寺澤恵美子訳) 西村書店, 1995.
15) カウフマン, 前掲書, p.17.
16) 同前, p.36.
17) 同前, p.186.
18) 同前, p.187.
19) 同前, p.251.
20) フリーダン, 前掲書 (上), pp.26-71 における問題提起.
21) 同前, p.111.
22) 同前, p.19.
23) ロバート・バトラーとハーバート・グリーソン編『プロダクティブ・エイジング』(岡本祐三訳) 日本評論社, 1998, p.35.
24) フリーダン, 前掲書, pp.77-88.
25) 同前 (下), pp.351-352.
26) 同前, p.324.
27) ケン・ディヒトバルト『エイジ・ウェーブ』(田名部昭・田辺ナナ子訳) 創知社, 1992.
28) 同前, p.53. なおこれとほぼ同様の指摘は, 第2章でもふれられた厚生省編『厚生白書 平成9年版』1997, pp.106-109 にもうかがえる.
29) ディヒトバルト, 前掲書, pp.53-75.
30) 同前, p.76.
31) 同前, p.193.
32) 同前, p.435.
33) 同前, pp.439-440.
34) 注4) の文献以外では次のものなど. 小田利勝「いま, なぜサード・エイジか」神戸大学発達科学部人間科学研究センター編『人間科学研究』第8巻第2号, 2001, 5-9. 同「社会学からみた『老い』とアンチエイジング」塩谷信幸・吉田聡編『アンチエイジングの科学』(『現代のエスプリ』No.430) 至文堂, 2003, 36-45.
35) Laslett, P. The Emergence of the Third Age, *Ageing and Society, 6*(2), 1987, 133-160. Laslett, P. *A Fresh Map of Life: The Emergence of the Third Age.*

Harvard University Press, 1989.
36) Laslett, P. *A Fresh Map of Life: The Emergence of the Third Age* (Updated). Harvard University Press, 1991, p.4, pp.144-154.
37) 小田利勝，前掲書（2004），p.154.
38) Laslett, P., *op.cit.*, p.151.
39) Philibert, M. Contemplating the Development of Universities of the Third Age, in Midwinter, E.(ed.) *Mutual Aid Universities*. Croom Helm, 1984, pp.51-60. Laslett, P. *op.cit.*, p.3.
40) Sadler, W. A. *The Third Age: 6 Principles for Growth and Renewal after Forty*. Perseus Publishing, 2000, p. xvi.
41) *Ibid.*, p.4.
42) ここでの記述は次の箇所の内容にもとづいている．*Ibid.*, pp.14-15, pp.23-170.
43) *Ibid.*, p.13. サドラーはここで漢字の「危機」が，危険（danger）と好機（opportunity）というパラドックスを内包しているという例を示し，第二の成長におけるパラドクシカルな原則の重要性を強調する．
44) *Ibid.*, p.16.
45) 木下康仁『老いとケアの祝福』勁草書房，1997，p.34.
46) 同前，p.19.
47) 荒井浩道「心理社会的エイジングの視角」早稲田大学人間総合研究センター編『ヒューマン サイエンス』第13巻第2号，2001，p.86.
48) 天田城介「〈老衰〉の社会学：『再帰的』エイジングを超えて」関東社会学会編『年報社会学論集』第12号，1999，1-13.
49) 同前，p.10.
50) たとえば注51）の文献以外では，以下の文献など．塩谷信幸『アンチエイジングのすすめ』幻冬社，2004．塩谷信幸・吉田聡編『アンチエイジングの科学』（『現代のエスプリ』No.430）至文堂，2003．田中孝・中山芳瑛『よくわかるアンチエイジング入門』主婦の友社，2005．日本加齢医学会専門医指導士認定委員会編『アンチエイジング医学の基礎と臨床』メジカルビュー社，2004.
51) 米井嘉一『アンチエイジングのすすめ』新潮社，2004，p.14.
52) 同前，p.20.
53) 同前．
54) 柏木博は，こうした若さの演出がケネディ大統領によって強調され，レーガンにおいて頂点を極めたという．柏木博「若さ信仰と現代」多田富雄・今村仁司編『老いの様式』誠信書房，1987，pp.191-208.
55) 直井道子・堀薫夫「高齢化社会編」山本慶裕編『生涯学習の現代的課題』全日本社会教育連合会，1996，p.22.
56) 石井政之・石田かおり『「見た目」依存の時代』原書房，2005，pp.126-143, p.149.

57) 堀薫夫，前掲書，とくに第2章第4節と第5章第1節を参照．
58) 同前，pp.52-63．
59) ここでは次の文献をもとに論を進めている．Baltes, P. B. Theoretical Propositions of Life-Span Developmental Psychology: On the Dynamics Between Growth and Decline. *Developmental Psychology, 23*(5), 1987, 611-626. Baltes, P. B. & Baltes, M. M. Psychological Perspectives on Successful Aging : The Model of Selective Optimization with Compensation, in Baltes, P. B. & Baltes, M. M.(eds.) *Successful Aging.* Cambridge University Press, 1990, pp.1-34.
60) Baltes, P. B. & Baltes, M. M. *op.cit.*, p.18. データは，Heckhausen, J., Dixon, R. A. & Baltes, P. B. Gains and Losses in Development Throughout Adulthood as Perceived by Different Adult Age Groups, *Developmental Psychology, 25,* 1989, 109-121 より．なおバルテスは，生涯発達論の視点から論を進めることが多く，エイジング論からの彼の論はあまり多くない．
61) Baltes, P. B. *op.cit.*, p.617. なお引用は，同論文の訳である，ポール・バルテス「生涯発達心理学を構成する理論的諸観点」(鈴木忠訳) 東洋・柏木惠子・高橋惠子編『生涯発達の心理学1 認知・知能・知恵』新曜社，1993, p.187 より．
62) Lehman, H. C. *Age and Achievement.* Princeton University Press, 1953.
63) 堀薫夫「成人の発達と老化に関する基礎理論：知的能力の変化を中心として」『日本社会教育学会紀要』No.17, 1981, p.7. 引用は，Kimmel, D. C. *Adulthood and Aging.* John Wiley & Sons, 1974, p.384 より．
64) Whitbourne, S. K. *Adult Development and Aging : Biopsychosocial Perspectives* (2nd ed.). John Wiley & Sons, 2005, p.458.
65) Alpaugh, P. K., Renner, V. J. & Birren, J. E. Age and Creativity : Implications for Education and Teachers, *Educational Gerontology, 1*(1), 1976, p.26.
66) *Ibid.*, p.25.
67) Dennis,W. Creative Productivity between the Ages of 20 and 80 Years, *Journal of Gerontology, 23*(1), 1966, 1-8.
68) デニスの調査データをもとに作成されたもので，引用は，堀薫夫，前掲論文，p.8 およびKimmel, D. C. *Adulthood and Aging.* John Wiley & Sons, 1974, p.385 より．
69) Simonton, D. K. Creative Productivity : A Prediction and Explanatory Model of Career Trajectories and Landmarks, *Psychological Review, 104,* 1997, 66-89.
70) Simonton, D. K. Creative Productivity and Age : A Mathematical Model, *Developmental Review, 4*(1), 1984, 77-121.
71) Lindauer, M. S. *Aging, Creativity, and Art: A Positive Perspectives on Late-Life Development.* Kluwer Academic/Plenum Pub., 2003.
72) *Ibid.*, p.53.
73) スタイルという語は，その芸術家が生涯にわたって産出してきた多くの作品群

の特徴の直感的な把握にもとづくものであり，その意味で，若年者の芸術作品のスタイルよりも把握が困難となる（*Ibid.*, p.154.）.
74) *Ibid.*, p.141.
75) *Ibid.*, p.153.
76) *Ibid.*, pp.154-155.
77) *Ibid.*, pp.187-188.
78) *Ibid.*, pp.205-209.
79) *Ibid.*, p.220.
80) *Ibid.*, p.287. Strengths of Aging に関しては，次の文献も参照. Uttal, D. H. & Perlmutter, M. Toward a Broader Conceptualization of Development, *Developmental Psychology, 9*, 1989, 1-12.

第Ⅱ部

エイジングと生涯学習をめぐる経験的研究

　第Ⅱ部では，編者がこれまでかかわってきたエイジングと生涯学習に関連する実証的調査研究の結果の一部を紹介する．主に量的な調査研究の結果ではあるが，高齢者の死への意識や高齢者の学習ニーズに関する経験的データを，やや多面的にたどっていきたい．

第5章 高齢者の死への意識に関する調査研究

You can buy it, but you can't use it.
You can use it, but you can't buy it.
If you use it, it will disappear.
What's this?
（あなたはそれを買うことができるが，それを使うことはできない．あなたは，それを使うことができるが，それを買うことができない．もしそれを使えば，それは消えてなくなる．「それ」って何？）

　これは，私の中国人の知人から聞いたなぞなぞである．答がおわかりになるだろうか？
　解答は本章最後にて．

....

　生涯学習の振興が叫ばれる今日，高齢期や高齢者の特性を活かした学習支援論の体系化は，教育老年学の基礎的研究として，きわめて重要な研究課題であるといえる．本章[1]はこうした視角のもとに，高齢者の特性として「死の接近」の問題を取り上げ，高齢者に対する死への意識調査の結果をふまえて，高齢者に対する死への準備教育（death education）の可能性をうらなおうとするものである[2]．

　死への準備教育に関する研究や実践の成果は，近年，保健や医療，看護，学校教育といった領域において徐々に出されてきている[3]．しかし，高齢者自身の死への意識をふまえた，死への準備教育の可能性をさぐる実証的な研究は，その話題にデリケートな部分をともなうこともあってか，これまでほとんど手

がつけられてこなかったようである[4]．そこで，ここでは，以下の3点から高齢者の死への意識に関する調査結果を整理し，もって高齢者教育の基礎としての，高齢者の死への準備教育の可能性をさぐっていく．なおここでは，大学生データとの比較対照をもとに議論を進めていく．

まず第一点は，「死の恐怖」への意識である．死への準備教育の根底には，この死への恐怖とどのように対峙していくのかという問題があるが，ここでは事実として，いつ，どのていど恐怖をもっている（いた）のかに注目する．第二点目は，「死への意識と死に関する経験との関連」の分析である．思い浮かべる死の形態と日常生活における死に関する経験との関連を考察する．そして，以上の死への意識の特徴をふまえて，第三点目に，日常生活における死への態度と死への準備教育への意識との関連を構造化していく．

第1節　調査の対象と方法

本調査研究は，1995年6月に大阪府下の老人大学受講者を対象に実施された．質問紙配布数は470通で，有効回収数は419通，配布数に対する有効回収率は89.1％であった．回答者の内訳は，男性52.0％，女性48.0％，平均年齢66.4歳（60代前半37.8％，同後半41.8％，70代前半13.4％，同後半5.0％）である．学歴では，大学卒10.0％，短大・高専卒15.5％と高学歴層の比率が高く，過去の職業では，管理職の33.6％が目につく．健康状態では，「非常に健康」「どちらかといえば健康」の合計が86.7％であった．高齢者とはいえ，比較的若年で，健康状態も良好で，やや高階層の者が多いといえる．

なお，この高齢者調査との比較のために行われた大学生調査は，1994年9月から12月にかけて，大阪府下の四年制大学の生涯教育関連の授業のなかで実施された．質問紙の有効回収数は218通で，内訳は，男性39.0％，女性61.0％，平均年齢20.7歳（18歳2.8％，19歳12.4％，20歳27.2％，21歳32.7％，22歳18.4％，23歳以上6.5％）であった．両調査のくわしい概要につ

いては，報告書などを参照されたい[5]．

第2節　高齢者の死への意識の特徴

1．死に対する恐怖に関する意識

　われわれのすべてが経験することになっているにもかかわらず，だれもが経験したことのない出来事，それが死である．そして，それを経験するやいなやすべてを無に帰させてしまう出来事．ここに性や老いなどとはちがった恐怖の対象としての死の淵源がある[6]．

　では，この死を若年者よりもより身近に経験しやすい高齢者は，死に対する恐怖をどのていど有しているのであろうか？　大学生のデータとともに，この点に関する調査結果を示したものが表5-1である．ここでは，高齢者データを

表5-1　「死」が恐ろしいか　　　　(%)

	高齢者			大学生
	全体	60代	70代	全体
非常に恐ろしい	2.8	3.5	－	15.3
恐ろしい	16.8	18.4	5.5	28.2
どちらかといえば恐ろしい	32.0	34.4	26.0	33.3
どちらかといえば恐ろしくない	21.4	19.9	28.8	12.5
恐ろしくない	27.0	23.8	39.7	10.6
全　　体	388	282	73	216

60代と70代とに分けて分析を行っている．これによると，何らかのかたちで「死が恐ろしい」と答えた者は，高齢者が51.6％であるのに対し，大学生では76.8％にもおよんでいる．「非常に恐ろしい」は，高齢者2.8％に対して大学生15.3％となっている．高齢者のほぼ半数近くは，死を恐ろしいとは思っていないようである．さらに，高齢者の部分の60代と70代の比較に注目すると，死が「恐ろしくない」と答えた者の比率は，60代が43.3％であるのに対し，70代は68.5％にものぼっている（70代で死を「非常に恐ろしい」と答えた者は

0名であった).高齢者,とくに70代以上の層で死への恐怖の比率が低いことがわかる.なお,筆者が本調査に先立って大阪市内の老人保健施設で実施したインタビューによるプレテスト(後期高齢者30名ていど対象)においても,その多くは,「死は怖い怖くないというものではなくて,しぜんなものだ」という回答をしておられた.つまり,多くの高齢者は死をしぜんなプロセスとみなしているのに対し,若年者の多くは,これを恐怖の対象としているといえる.

ではわれわれは,人生のいつの時期に最も死を恐れるのであろうか? ベングソンら(Bengtson, V. L. et al.)によると,中高年層の死への恐怖は,性別やエスニシティ,社会階層にはあまり関連がなく,年齢と関連がつよかったということである[7].そして,高齢者の4人に1人が死の恐怖を示していたのに対し,40代後半の層では,2人に1人が死の恐怖を示していたと報告している.つまり死の恐怖は,中年期以降,加齢とともに低下するということが主張されているのである.この点は,本研究の結果とも符合するものである[8].

今回の調査では,死を最も恐れる(と思われる)者の年齢について単数回答で設問を行っている.大学生の回答結果との対比を示したものが表5-2である.

表5-2 死を最も恐れると思われる者の年齢 (%)

	高齢者			大学生
	全体	60代	70代	全体
12歳以前の者	0.6	0.8	—	6.5
13〜19歳の者	1.8	1.2	3.3	9.3
20代の者	3.0	2.0	4.9	11.6
30代の者	6.3	5.3	6.6	8.4
40代の者	26.3	24.0	37.7	17.7
50代の者	17.1	17.9	16.4	20.5
60代の者	15.0	16.7	8.2	11.6
70歳以上の者	29.9	32.1	23.0	14.4
全体	334	246	61	215

これによると,大学生の回答が人生の各段階にまんべんなく散らばっているのに対し,高齢者のほうは,40代以降に回答が集中している.さらにそのな

かでも全体的には，40代と70代に回答が集中しているが，60代の回答者には70代は未経験の時期であることを勘案して，60代と70代の回答の比較を行ってみた．その結果，70代の者に限定するならば，死を最も恐れる時期は，40代の37.7％がとびぬけて高く，アメリカでの調査結果と符合している．40代は，自分の親の世代の者の死が現実的なものになることが多い時期であり，かつ働き盛りの時期である．こうした状況が，40代を最も死を恐れる時期とみなす要因になっているのではなかろうか．

2. 思い浮かべる死の形態と死をめぐる経験の関連

次に，高齢者（および大学生）がよく思い浮かべる死の形態と死をめぐる経験との関連に目を向けてみよう．本調査では，シナイドマン（Shneidman, E. S.）や森下伸也の論文を参照しつつ，「思い浮かべる死の形態」と「死を身近に感

表5-3 思い浮かべる死の形態（複数回答比率） (%)

	高齢者	大学生	x^2検定
病気による死	65.6	77.1	**
老衰による死	55.7	67.3	**
家族や親せきなどの近親者の死	41.1	48.1	−
自分自身の死	34.1	47.2	**
事故による死	27.7	64.0	**
友人や知人の死	24.2	30.8	−
災害による死	18.7	21.5	−
生態系の死（環境破壊，天災など）	11.1	9.3	−
ペットや動物の死	8.7	20.1	**
戦死	6.7	22.4	**
自殺	3.8	36.9	**
テレビタレントなどの有名人の死	3.5	8.4	*
他殺	2.3	18.7	**
餓死	1.7	10.7	**
死刑による死	1.2	5.6	**
映画やテレビ（テレビゲームを含む）	0.9	5.6	**
小説やマンガの中の死	−	4.7	**
全　　　　体	343	214	

*$p < .05$, **$p < .01$

じたとき」に関する項目を設け，複数回答にて設問を行った[9]．両者の単純集計の結果は，表5-3および表5-4のとおりである．

思い浮かべる死の形態（表5-3）に注目すると，全体的に大学生のほうが多く○をつけているものの，両層とも，病気，老衰，近親者，事故などの比率が高いことがわかる．ただ大学生の場合は，高齢者にくらべると，老いや病気とは直接関連しない死（事故，自殺，他殺，テレビや小説などでの死，ペットの死など）の比率が高くなっている．逆にいえば，高齢者の連想する死は，老いや病とつながった具体的な死であるともいえよう．

表5-4は，死をめぐる経験を示している．表5-3の場合と同様，高齢者に，家族，近隣者，友人といった具体的な人の死を回答する者が多いのに対し，大学生のほうは，相対的にテレビや小説，ペットなどに関連した間接的な死を回答する者が多い．つまり，高齢者と大学生とでは，身近に感じた死の形態と思い浮かべる死の形態は，やや異なっているものと考えられる．

さて，これらを総合して考えるならば，高齢者の場合，具体的な死をめぐる経験と思い浮かべる死の形態との間には，あるていどの関連があるものと考え

表5-4 今までに身近に感じた「死」（複数回答比率） (%)

	高齢者	大学生	x^2検定
家族や親せきなどの近親者の死	87.7	72.4	**
友人や知人の死	52.5	39.7	**
近所の人の死	32.0	15.9	**
事故や病気などが自分のまわりの者にふりかかって	14.5	23.8	**
かなり高齢の老人と接して	12.3	8.9	−
事故や病気などが自分の身にふりかかって	11.5	11.5	−
ペットや動物の死	10.9	28.5	**
テレビタレントなどの有名人の死	10.4	13.1	−
テレビドラマや映画の中での死	1.4	7.0	**
小説やマンガの中での死	0.5	4.2	**
死を身近に感じたことはない	4.9	3.7	−
その他	1.6	2.3	−
全体	366	214	

$*p < .05, **p < .01$

表5-5 思い浮かべる死の形態と身近に感じた死の経験の関連 （φ係数）

思い浮かべる死の形態	身近に感じた死の経験	高齢者	大学生
老衰死	かなり高齢の老人と接して	.124	.183**
病死	自分の事故や病気の経験	.091	.033
	まわりの者の事故や病気の経験	.179**	.075
事故死	自分の事故や病気の経験	.058	.011
	まわりの者の事故や病気の経験	.189**	.122
近親者の死	近親者の死	.207**	.218**
	近所の人の死	.208**	.067
友人・知人の死	友人・知人の死	.251**	.368**
	近所の人の死	.236**	.070
自分自身の死	自分の事故や病気の経験	.195**	.088
ペット・動物の死	ペット・動物の死	.491**	.355**
映画・テレビの中の死	映画・テレビの中の死	.011	.251

*$p < .05$, **$p < .01$

注）検定は，ピアソンの積率相関係数の検定にもとづいている．

られる．そこで，相関係数を用いて両設問間の関連をさぐってみることにした．ここではφ係数（点相関係数）を用いて関連をさぐってみたが，その結果，内容的に類似した「思い浮かべる死の形態」と「死をめぐる経験」との間には比較的高い係数値が出ていることがわかった．そこで，表5-5にこうしたペアを整理し，高齢者と大学生の分析結果をまとめてみた[10]．これによると，大学生の回答とくらべると，高齢者は，身近な死の経験の有無が同様の死を思い浮かべることとかなり関連がつよいということがわかる．とくに，近親者や友人の死を思い浮かべる者の多くは，実際に身近な人の死に出会っているということがうかがわれる．もちろん，友人・知人やペット，あるいはマス・メディアに関連した死では，大学生の場合も関連がつよいようではあるが，高齢者の場合は，自分の周辺の具体的な死がイメージの形成に大きな影響をあたえているようである．

第3節　日常生活における死の意識と死への準備教育への意識の関連

　以上，高齢者の死への意識の特徴のいくつかを調査結果をもとに検討したが，これらおよび日常生活における死に関する態度は，今日注目されている死への準備教育などへの意識とどのような関連があるのであろうか．今日の「死への準備教育」あるいは「死生学（thanatology）」の主張の多くは，「未来と現在の生き方そのものを問い直し，より充実した生を送ることを目ざす」[11]とか，あるいは，「自己および他者の死と向かい合うことは，生死にかかわる重要な出来事に対する決断に求められる成熟した視座を形成するうえで不可欠である」[12]といった主張をしている．そこでは，死を見つめる，死のタブーを見直す，日常生活のなかで死を語り合えるようにする，といった点の重要性が指摘されている[13]．

　では，高齢者は，こうした主張をどのように思っているのであろうか．また死への準備教育の必要性への意識は，彼らの日常生活における生活態度と関連があるのであろうか．以下のところでは，こうした点にしぼって考察を進めていく．

　まず死への準備教育に関する意識であるが，本調査ではこの点を，「死を見つめることによって，生がより豊かになる」という考え方への評価と死に関

表5-6　死への準備教育に関する意識　　　　　　　　　　　　　　(%)

		高齢者	大学生
「死を見つめることによって生が豊かになる」という考え方について	まったくその通りである	31.3	18.9
	どちらかというとそう思う	29.3	52.1
	あまりそう思わない	32.8	27.2
	まったくそう思わない	6.1	1.8
	全　　　体	396	217
死に関しての教育の必要性について	必要だと思う	58.7	54.6
	必要だとは思わない	14.5	18.5
	どちらともいえない	26.7	26.9
	全　　　体	397	216

する教育の必要性の2つの角度からたずねている．前者に関しては，表5-6の上段のとおりで，高齢者の場合，「まったくその通り」31.3％，「どちらかといえばそう思う」29.8％であった（大学生の場合は，18.9％と52.1％）．高齢者のほうが両極端の意見を多く出しているようであるが，高齢者の61.1％，大学生の71.0％が，広い意味でこの考え方に賛同しているといえる．また「死に関する教育の必要性」では，高齢者の58.7％，大学生の54.6％が「必

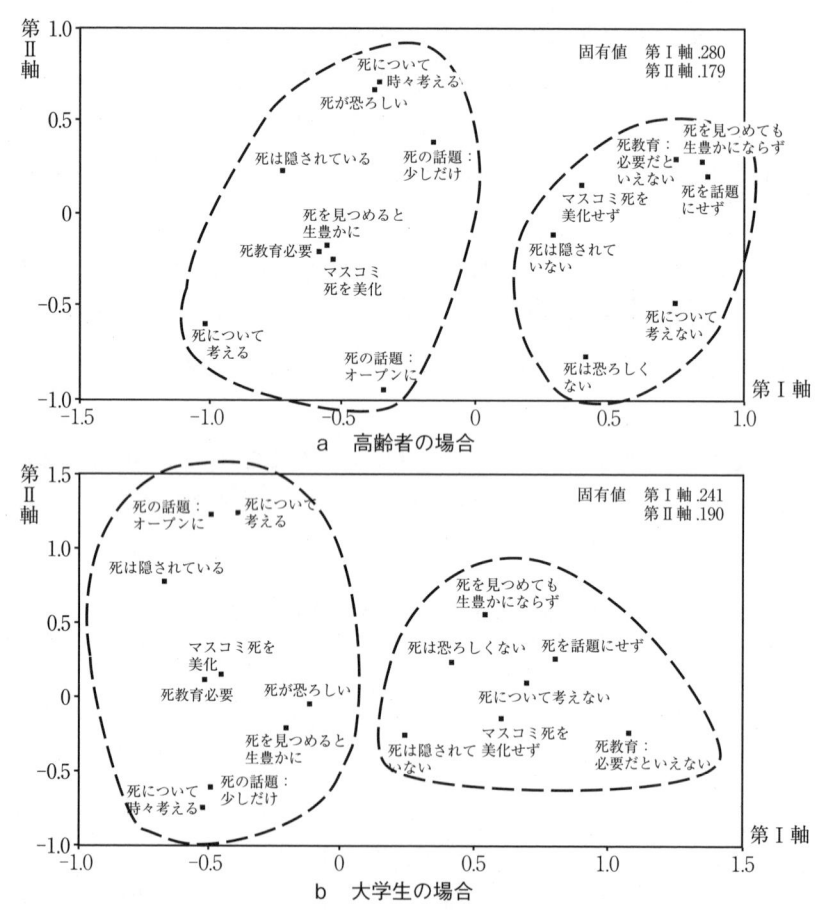

図5-1　死に対する生活態度と死への準備教育への意識との関連構造

要」だと答えている（両層間に有意差なし）．

　日常生活上の死の意識化の問題に関しては，ここでは調査項目のなかから，「死をよく考えるか」「死の恐怖」「まわりの人との死の話題のしかた」「マスコミは，死を美化・誇張しているか」の5つの設問を用いることにした[14]．

　さて，次に，以上の死への準備教育への意識と日常生活上の死への態度との関連構造に注目してみよう．ここでは，多重コレスポンデンス分析（multiple correspondence analysis）（多重対応分析）の適用を通じて，これらのマッピングを示していきたい．多重コレスポンデンス分析は，フランスのベンゼクリ（Benzecri, J. P.）によって提唱された手法で，カテゴリー形式のデータの相互関連を空間的に分析する手法である[15]．

　高齢者データおよび大学生データへの多重コレスポンデンス分析を適用した結果が図5-1のaとbである．（ここでは，項目間の空間的近接性を強調するために図中には基本軸を記入していないことをお断りしておく）．高齢者・大学生データともに比較的類似した散布図が描かれていることがわかる．これらの図から明らかなように，第Ⅰ軸に則してみれば，高齢者・大学生データとも，原点を境として大きく2つのグループに分かれるものと考えられる．すなわち，第Ⅰ軸の負の象限には，死への準備教育を肯定的にみる項目群が集まっており，逆に第Ⅰ軸の正の象限には，死への準備教育を疑問視する項目群が集まっているものと考えられる．「死に関する教育は必要」という項目の周辺には，「死を見つめると生が豊かに」「死について考える」「死を話題にする」という項目群とともに，「死が恐ろしい」「死は隠されている」「マスコミは死を美化・誇張している」という項目群が集まっている．つまり，死への準備教育を必要とする意識は，日常生活において死を考え語るという態度とともに，死を恐ろしいものとして認めること，および現代社会が死を隠蔽し変形しているととらえる姿勢とも関連があるということである．

第4節　今後の課題

以上，死への恐怖，死をめぐる経験とイメージ，死への準備教育への意識の3点を中心に意識調査の結果を検討してきた．この調査の主たるねらいは，あくまで，死をめぐるこうした問題に対して高齢者がいだいている意識の実態をさぐることにあった．したがって，調査結果から「死への準備教育」の実践の方向づけを速断することには無理があるといえる．しかし他方，教育老年学の観点からみて，いくつかの示唆が得られているようにも思えるので，ここで改めて，教育老年学の研究・実践への示唆を含めて，調査結果をふまえた課題を整理しておきたい．

まず第一に，死への恐怖に関しては，欧米の調査結果と同様に，高齢者の死への恐怖は，若年者のものより低率であった．死への準備教育の原点に死への絶対的恐怖があるとするならば，高齢者に対する死への準備教育は，それ以前の時期の者に対するものとは質的にはややちがったものが勘案されていいように思う．太古の時代にキケロ（Cicero）が，「暴力が青年たちから生命をうばひ，成熟が老人らから生命をうばふのである」[16]と述べ，近年ではエリクソン（Erikson, E. H.）らが「死に向かって成長する」ことを第九番目の発達段階として設定すべきだという問題提起を示唆した[17]．これらの発言には，死を生涯発達の一時期としてみる視点があるといえる．そして，こうした高齢期の時期の者においては，（老いと）死を受容して成熟するという高度な依存性を獲得することこそが求められているのである[18]．

第二に，高齢者の場合，死をめぐる経験と死へのイメージとの間には，あるていどの相関関係がうかがわれることが示唆された．このことは，高齢者の死へのイメージは，死に関する具体的経験とかかわっているということを意味するであろう．したがって，このことは，高齢者を対象とした死に関する生涯教育実践においては，具体的な死の事実をもとに実践を進めることが有効だという示唆につながると思う．山本俊一が述べているように，高齢者を対象とした

こうした教育は，同年代の人からその人の体験を「模範的事例」として活用しつつ展開していったほうが望ましいということである[19]．

　第三に，死への準備教育を肯定的にとらえる姿勢は，日常生活における死の話題化と同時に死の隠蔽や美化の自覚とも関連が深いということが示唆されたかと思う．ゴア（Gorer,G.）のいう「死のポルノグラフィ」[20]や斎藤武のいう「演じられる死」[21]が横行する今日，われわれは，等身大の死から隔離されていると同時に，マス・メディアによって演出された「死」に囲繞されている．たしかに，あらゆる死生観や死への準備を一瞬のうちに無に帰させてしまう「死」に準備教育は必要かという議論もある[22]．しかし，少なくともわれわれには，死をめぐるこうした今日的状況に対する正しい理解が求められているのではなかろうか．そして，今回のデータをみるかぎりでは，社会による死の隠蔽と美化の自覚は，死への準備教育の必要性に通じるものがあるということであった．

　われわれはしばしば，「死は他人にふりかかるものだ」とか「マス・メディアやインターネットなどのなかの出来事だ」と思いがちである．しかしこれを自分自身の生き方の問題と重ね合わせて問いつめていくと，死への準備教育の様相も変わってくるかもしれない．すなわち，あらゆる準備が瞬時に水泡と化すという人生のパラドックスへの準備ではなくて，死の受容への態度価値[23]への準備だといえる．そして人生の最期には，おそらく自分が使うと徐々に消えていく「もの」を購入するというパラドックスに，意識のなき時点で遭遇するのである．最初のなぞなぞの答である coffin（棺桶）を．

注）
1) 本章は，以下の論文を下地にして，大幅な加筆・修正を施したものである．堀薫夫「高齢者の死への意識と死への準備教育の可能性に関する調査研究」『日本社会教育学会紀要』No.32, 1996, 86-94．
2) ここでは，death education をアルフォンス・デーケン（Deeken, A.）にならって「死への準備教育」と訳しているが，平山正実は，生への積極的な意味を込める

ため,「生と死の教育」と訳すほうがよいと述べている (平山正実「生と死の教育」樋口和彦・平山正実編『生と死の教育』創元社, 1995, p.146). またアメリカでは, 死は最終的には個人の価値観に委ねられるべきものであり, 教育されるべきものではないというところから「死に関する研究 (death studies)」とすべきだという主張も出ている (佐々木裕子「高齢者の生活と学習」香川正弘編『生涯学習概論』東洋館出版社, 1992, p.184).

3) たとえば, アルフォンス・デーケン編『死を教える』(叢書 死への準備教育1) メヂカルフレンド社, 1986. 樋口和彦・平山正実, 前掲書, ロバート・フルトン編『デス・エデュケーション』(斎藤武・若林一美訳) 現代出版, 1984, 日野原重明・山本俊一編『死生学』技術出版, 1988 などがこの方面の代表的な著作であろう. この方面の研究成果の整理としては, 中村清「『老いと死』をめぐる現代の不毛」岡田渥美編『老いと死』玉川大学出版部, 1994. 白井利明「人間的自立のための『死の準備教育』の視点」『生活指導研究』No.11, 1994, 77-92 を参照. なお, アメリカでは, 1977年3月より雑誌 *Death Education* が発刊され, のちに *Death Studies* と改称されている.

4) たとえば, 吉田浩二・相田一郎他「健康な老人に対する死への準備教育」『日本公衆衛生雑誌』第39巻第6号, 1992, 355-360 などはこの方面の研究成果ではあるが, 死に対する表面的な質問紙調査に留まっているようである. また高齢者への死への準備教育の展望については, Wass, H. Aging and Death Education for Elderly Persons, *Educational Gerontology, 5*, 1980, 70-90 を参照.

5) 大阪教育大学生涯教育計画論研究室編『老いと死に関する調査研究：生涯教育の視点から』1996.

6) レヴィトン (Leviton, D.) は, 性 (教育) と死 (への準備教育) との対比において, 両者が人類普遍の現象であるにもかかわらずタブー的側面があったこと, その教育は発達的・体系的に進められるべきであるという共通点を指摘している. しかし他方, 死への準備教育には苦痛を連想させ, 回避がされやすいという独自の困難点があるということも指摘している (Leviton, D. The Scope of Death Education, *Death Education, 1*(1), 1977, pp.41-42).

7) Bengtson, V. L., Cuellar, J. B. & Ragan, P. K. Stratum Contrasts and Similarities in Attitudes Toward Death, *Journal of Gerontology, 32*(1), 1977, 76-88.

8) 本調査研究と同様の結果は, 次の文献にも示されている. Kalish, R. *Death, Grief and Caring Relationships* (2nd ed.). Brooks/Cole, 1985. Neimayer,R.A. Death Anxiety, in Wass, H. & Neimeyer, R. A.(eds.) *Dying: Facing the Facts* (3rd ed.). Taylor & Francis, 1995, pp.49-88. Cicirelli, V. G. Personal Meanings of Death in Older Adults and Young Adults in Relation to Their Fear of Death, *Death Studies, 25*(8), 2000, 663-683. Aiken, L. R. *Aging and Later Life*. Charles C.Thomas, 2001.

9) Shneidman, E. S. You and Death, *Psychology Today*, 1970, Aug., 67-72. 森下伸也「死のカレードスコープ」『金城学院大学論集』No.145, 1992, 1-42.
10)「小説やマンガの中の死」は,高齢者の「思い浮かべる死の形態」の回答が 0 名であったため,表からは除いている.なお大学生では,この部分のφ係数値は.331ときわめて高い値を示していた.
11) 平山正実,前掲論文,p.146.
12) Knott, J. E. Death Education for All, in Wass, H.(ed.) *Dying: Facing the Facts.* Hemisphere, 1979, p.388.
13) アルフォンス・デーケン「死を見つめる」同編『死とどう向き合うか』日本放送出版協会,1993, pp.7-15 における主張など.
14) 高齢者調査におけるこれらの項目の単純集計の結果(死の恐怖以外)は,以下のとおりである.〈死についてよく考えるか〉よく考える 7.3%,しばしば考える 8.8%,時々考える 41.7%,あまり考えない 36.9%,まったく考えない 5.3%.〈まわりの人との死の話題のしかた〉オープンに話をしてきた 26.3%,何かあった時だけ話をしてきた 54.6%,めったに話をしなかった 12.0%,話をしないように避けてきた 3.1%,よくわからない 3.9%.〈死は日常生活から隠されていると思うか〉非常にそう思う 4.4%,ややそう思う 24.7%,あまりそう思わない 61.0%,まったくそう思わない 9.9%.〈死はマスコミによって美化・誇張されていると思うか〉非常にそう思う 8.1%,ややそう思う 34.1%,あまりそう思わない 49.7%,まったくそう思わない 8.1%.
15) この手法は,数学的には林知己夫の数量化Ⅲ類,西里静彦の双対尺度法,ギフィ(Gifi, A.)の等質性分析と同根の手法であり,理論的には多数の変数群のある正準相関分析に対応するものと考えられる.大隅昇・L. ルパール他『記述的多変量解析法』日科技連,1994, 山際勇一郎・田中敏『ユーザーのための心理データの多変量解析法』教育出版,1997 などを参照.
16) キケロ『老境について』(吉田正通訳)岩波書店,1994, p.58.
17) エリク・エリクソン他『老年期:生き生きとしたかかわりあい』(朝長正徳・朝長梨枝子訳)みすず書房,1990, p.365.
18) 田中毎実「『老いと死』の変容と成熟」岡田渥美編,前掲書,p.360.
19) 山本俊一「老年期の教育」アルフォンス・デーケン編,前掲書,pp.212-213.
20) ジョフレイ・ゴア「死のポルノグラフィ」ロバート・フルトン編,前掲書,pp.66-71.
21) 斎藤武「デス・エデュケーション:死の教育」日野原重明・山本俊一編,前掲書,pp.124-126.
22) 大西正倫「死を迎えるということ」岡田渥美編,前掲書,p.214.
23) ヴィクトール・フランクル『それでも人生にイエスと言う』(山田邦男・松田美佳訳)春秋社,1993, pp.72-73.

第6章 高齢者の学習ニーズに関する調査研究：60代と70代以上との比較を中心に[1]

第1節　高齢者の学習ニーズの問題

　高齢者の特性を活かした学習援助において，高齢者の学習ニーズをふまえた学習支援のあり方をさぐることは重要な課題である．これまで，一部の論者たちは，高齢者に特有の学習ニーズの存在を提唱してきた．たとえばマクラスキー（McClusky, H. Y.）は，高齢者の教育的ニーズとして，対処的ニーズ・表現的ニーズ・貢献的ニーズ・影響的ニーズ・超越的ニーズという5つのニーズがあること，このうちの超越的ニーズが高齢者にとくに固有のニーズであることを論じた[2]．ローウィとオコーナー（Lowy, L. & O'Connor, D.）は，回顧的ニーズもまた高齢者の教育的ニーズであると主張した[3]．このライフ・レヴューへのニーズ論は，バトラー（Butler, R. N.）の問題提起に端を発するといえるが[4]，メリアム（Merriam, S. B.）らにより教育的なインターヴェンションとしてライフ・レヴューを位置づける流れも出てきている[5]．

　パーソンズ（Parsons, T.）の行為の総合理論に端を発すると思われる[6]，高齢者の教育的ニーズを，手段的（または道具的）（instrumental）—表出的（expressive）の二分法から検討しようとする動向もある．ここでいう手段的ニーズとは，学習活動の外部にその目標や満足を見出すものであり，逆に表出的ニーズは，学習活動そのもののなかに目標や満足を見出すものである[7]．たとえば，ヒームストラ（Hiemstra, R. P.）[8]やロンドナー（Londoner, C.）[9]らは，高齢者には手段的ニーズから学習活動に向かうことが多いと指摘した．とくに後期高齢期の者や障害をもつ高齢者にとっては，生存のための手段としての学習がより先鋭化してこよう．筆者らは，この点をふまえ障害をもつ高齢者の学

習ニーズは手段的ニーズを軸に組み立てられるのではないかという指摘を行っている[10]。

　ロンドナーが指摘した高齢者の生存へのニーズ（survival needs）論は，後期高齢期の教育老年学などを考えるうえで示唆に富む視点であろう[11]。彼女は，高齢者は生と死の問題と日々苦闘する人たちだととらえたうえで，ここから生じる高齢者独自のニーズを生存へのニーズ（サバイバル・ニーズ）ととらえ，それに対応できるプログラム開発の重要性を指摘した。彼女によると，高齢期には生活環境の狭隘化に対して目的と意味の感覚をもつことが重要となるが，手段的学習は，高齢期の挑戦課題に直ちに対応できうる技能獲得への道を開いてくれるということである[12]。そして，生存へのニーズは，次の5つのカテゴリーに区分されるということである．経済的問題，健康に関すること，労働機会の継続，家族関係，そしてその他多くの個人的なニーズである[13]。

　しかし他方，メリアムとラムズデン（Merriam, S. B. & Lumsden, D. B.）は，ロンドナーの総括をふまえ，この点は確定的ではないと主張する[14]。というのも，高齢者と一口でいっても，60代の者と80代の者とでは，あるいは疾病を有する者とそうでない者とでは，学習の現実的意味が異なるからである．

　わが国では，これまでいくつかの高齢者の学習ニーズに関する研究が出されてはいるが[15]，高齢者特有の学習ニーズの分析という点ではまだ十分に研究が深められているとはいえない．そうしたなかで広島大学教育学部社会教育学研究室が，フール（Houle, C. O.）の学習への指向性（目標志向・活動志向・学習志向）の類型論[16]をふまえて，これに近い枠組みから調査研究を試みた[17]。そこでは，60代から70代にかけては，手段的ニーズでも表出的ニーズでもなく，第三のニーズである活動的（activity）ニーズ（学習活動に付随する人間関係や社会とのつながりを保つことを目的とする）が優勢になると指摘されていた[18]。しかしこの場合，学習者を上記3分類のどれかに区分けしたうえでの論であるという点に限界があるように思う．

　これらのほかにも，いくつかの高齢者特有のニーズ論は示されている．たと

えば,「高齢者のニーズは親和的欲求をめぐって組み立てられる」[19]「高齢者の最も重要なニーズは,交通・健康・安全と関連がある」[20] などである.

筆者は,高齢者の学習ニーズの特徴を「つながり」という概念のもとに説明を試みてきた[21].というのは,高齢期には喪失の事実(生理的機能の低下,退職,子離れ,親しい人との離死別など)がより顕著になるとともに,人生の有限性の自覚がより現実的になるという実存的特徴があり,この高齢者特有の実存的状況が「つながり」へのニーズを生むと考えるからである.このつながりには,過去とのつながり・未来とのつながり(あるいは悠久なものとのつながり)・社会とのつながり・他者とのつながり・異世代(次世代)とのつながりという側面が考えられるが,それぞれの位相において独自の学習展開方法があると考えられる.表6-1は,この試案を示したものである.

表6-1 「つながり」を軸とした高齢者の学習ニーズの整理

ニーズ	つながりの方向	意味するもの	学習の事例
親和的ニーズ	他者	人間関係の充実化そのものが目的になる	他の高齢者などとの交流活動
ライフ・レヴューへのニーズ	過去	自分の過去をふり返り,その意味と統合感を得る	ライフ・レヴュー活動
超越へのニーズ	未来	身体的力の低下や余命の減少という制約条件を乗り越えたい	古典・歴史・文学・芸術などとのふれあい
社会変化への対応へのニーズ	当該社会	急激な社会変動に遅れないようにしていきたい	時事問題,ボランティア活動
異世代交流へのニーズ	異世代	次世代と交流し,自分の経験や知恵を伝えていきたい	異世代交流活動

ともあれ,これまでの多くの高齢者学習ニーズ論は,高齢者を一括りにしたうえでニーズを論じてきたが,社会の高齢化の急速な今日,高齢期をより細かい区分や変化の視点からとらえたうえで学習ニーズをみたほうがより現実的ではないかと考えられてくる.そこで本章では,60代と70代以上の層との学習ニーズ比率の対比という視点から,この問題に迫っていくことにする.

第2節　高齢者の学習ニーズ研究の目的と方法

1. 研究の背景

　これまでの多くの横断的学習ニーズ調査の結果によると，多くの学習内容に対する要求率とその強度は，老後問題などを除くと，60代から70代にかけて低下するものが多かった．たとえば，NHK放送文化研究所が3回にわたって行った全国調査の結果では，60代から70代にかけて，男女とも学習関心の比率が低下していることが示された[22]．国立教育会館社会教育研修所が実施した「高齢者の学習・社会参加活動の国際比較」調査では，国際的にみても，60代から70代にかけての学習活動率と社会参加活動率の低下が示された[23]．

　学習領域を細分化して地域住民を対象に実施された生涯学習基本調査においても，多くの場合，60代から70代にかけての学習ニーズの比率低下が示されている．ここでは，この一例として，表6-2のAとBに，福井県と大阪府吹田市で行われた生涯学習基本調査のデータを，60代と70代以上の層との学習要求率の比較というかたちで示しておく[24]．この表の学習要求率[25]（「ぜひ学びたい」+「どちらかといえば学びたい」）をみるかぎりでは，「老後」以外は，60代から70代以上にかけて要求率が低下していることがうかがわれる．行政が行う生涯学習ニーズ調査の結果を再分析するかぎりでは，学習要求率が60代から70代にかけて上昇していく項目は，まず出てこないように思える．またこうした手法をとるかぎり，とくに70代以上の絶対数が少なくなること，学習ニーズの項目が比較的似たような一般的なものになることが多いという限界もつきまとう．

　そこで次に，対象を高齢者のみに限定した調査に注目したい．ここでは大阪府老人大学受講者に対して，そこで今後学びたい内容をたずねた結果を，60代と70代以上との回答の比較で示したものを紹介する（表6-3）[26]．ただこの場合，当該老人大学で，当面開設可能な領域の項目に限定されていることと，老人大学受講者であるため何らかの学習ニーズのある者が調査対象者だという

表6-2 60代と70代以上との学習ニーズの比較（地域生涯学習基本調査より）

A. 福井県生涯学習基本調査 (1989年；N=2,283)			B. 吹田市生涯学習基本調査 (1993年；N=1,623)		
	60代 (N=323)	70代以上 (N=194)		60代 (N=216)	70代以上 (N=120)
趣味	68.9 (21.7)	52.3 (19.3)	趣味・芸術	94.0 (50.0)	90.1 (43.8)
教養	67.3 (24.4)	50.6 (24.7)	教養	89.6 (35.3)	87.9 (27.6)
老後	88.7 (51.4)	88.3 (49.7)	家庭生活	73.1 (16.0)	63.7 (20.5)
育児・子ども	55.3 (18.7)	49.3 (20.0)	健康・体力づくり	91.1 (41.4)	83.0 (53.8)
健康・体力づくり	94.4 (59.6)	88.4 (51.7)	育児・教育	37.6 (7.9)	34.3 (5.7)
職業	50.8 (22.3)	36.9 (14.5)	老後	90.9 (44.4)	93.8 (47.1)
ボランティア	33.0 (11.0)	21.7 (5.8)	地域づくり	84.3 (28.9)	66.6 (17.9)
人権	47.2 (16.8)	42.9 (18.2)	地域の歴史・文化	82.9 (23.9)	69.6 (19.6)
地域の社会問題	67.2 (28.4)	57.3 (22.5)	ボランティア	73.2 (20.5)	47.5 (15.0)
地域づくり	75.2 (34.5)	62.0 (22.8)	人権	60.9 (7.3)	41.1 (10.3)
地域の歴史・文化	83.9 (36.2)	67.4 (37.9)	身近な法律	83.1 (24.6)	72.9 (27.1)
時事問題	69.7 (29.7)	53.1 (21.0)	時事問題	77.9 (31.0)	69.4 (24.5)
国際交流	48.4 (10.5)	30.4 (8.7)	国際化・国際交流	61.9 (13.3)	43.9 (7.3)
身近な法律	79.6 (35.8)	60.5 (28.6)	職業・資格	20.8 (10.9)	16.2 (2.7)
家庭生活	82.1 (34.0)	71.5 (27.5)	英会話・外国語	45.4 (15.2)	31.0 (14.3)
伝統芸能	45.9 (11.5)	38.6 (10.0)			

付帯条件がつく．この結果でも，若干の例外はあるものの，がいして60代のほうが多くの学習内容の要求率が高いことがうかがわれた．若干70代のほうが高率であった項目でも有意差はうかがわれなかった．はたして高齢者の学習ニーズは，（老後問題あたりを別とすれば）前期高齢期から後期高齢期にかけて，

表6-3 老人大学受講者の学習ニーズの比較（60代と70代以上の比較）
（大阪府老人大学調査，1998年，N=747）

	60代（N=508）	70代以上（N=187）	x^2検定
趣味・けいこごと	30.3	29.4	
教養	70.7	67.4	
家庭生活	10.4	8.6	
健康・体力づくり	62.2	41.7	**
職業・資格	5.1	4.3	
老後・高齢者問題	55.5	50.8	
今日の社会・地域問題	51.8	49.7	
外国語	11.2	7.5	
地域の歴史・文化	37.4	36.9	
コンピュータ・インターネット	22.2	17.6	
福祉・人権問題	29.5	33.7	
国際理解・国際交流	23.0	19.8	
時事問題	40.7	43.9	
身近な法律	55.5	41.2	**
とくにない	―	1.1	*

$**p.<.01, *p.<.05$

そのほとんどが低下していくのであろうか．

2. 研究の視点

　そこで本研究では，教育老年学の領域で示されてきた学習ニーズ論に関する知見を確認し，それらを高齢者対象のニーズ調査の項目群に組み込み，その結果に対して60代と70代以上，および5歳刻みの年齢的変化の分析を行うことにした．

　すでにふれたように，筆者は，高齢期に深まりが期待されるニーズ群を総称して，「つながりへのニーズ」と命名した（表6-1参照）．高齢期は，多くの「喪失の事実」に出会うことが多くなる時期であり，またこうした喪失物はしばしば高齢者の心の拠り所である場合が多く，ゆえに喪失の事実は，しばしば人を孤立感に追いこむこととなる．高齢者は，こうした状況を回避するために，しばしば人間関係を中心とする「つながり」を自己目的化しだす．このつながり

は，他者とのつながり，過去とのつながり，悠久なものとのつながり，現代社会とのつながりといった側面をもつといえる．

　筆者らは，このうちの「他者（異世代を含む）とのつながり」と「過去とのつながり」などの側面を組み込み，2つの地域における同一内容の学習ニーズの質問紙調査を実施した．第一調査は，大阪教育大学生涯教育計画論研究室と西宮市老人大学事務局が調査主体となり，西宮市老人大学受講者を対象に，1999年1月に実施された．調査票の有効回収数は753通（有効回収率82.3％）で，回答者は，男性48.5％，女性51.5％，平均年齢70.5歳であった．年齢下位区分では，60代が45.2％，70代以上が54.8％（70代前半32.6％，70代後半13.9％，80代以上8.3％）であった．この調査結果の分析においては，60代の者326名と70代以上の者395名との学習ニーズの比較を行ったのち，一定の傾向がうかがわれる項目については，さらに70代前半（235名）と70代後半以上（160名）とに分けてそれらの変化の傾向を調べた．

　第二調査は，やはり大阪教育大学生涯教育計画論研究室と大阪府老人大学とが調査主体となり，大阪府老人大学修了者を対象に，2005年9月に実施された．有効回収数は997通（有効回収率84.9％）で，回答者は，男性51.8％，女性48.2％，平均年齢70.8歳であった．年齢の下位区分では，60代43.2％，70代前半35.3％，70代後半15.7％，80代以上5.8％であった．60代の者が413名であるのに対し，70代以上は544名にものぼり，この調査の分析では，60代と70代前半（338名）と70代後半以上（206名）の3区分による分析を行った．両調査のくわしい結果については，報告書などを参照されたい[27]．

3. 分析の結果

　表6-4は，西宮市老人大学受講者の学習要求率を60代と70代以上とに分けてみた結果であるが，このうち上段の数値が学習要求率（「ぜひ参加してみたい」＋「どちらかといえば参加してみたい」）を，下段の（　）内の数値が「ぜひ参加してみたい」の比率をそれぞれ示している．表の上3つが「過去とのつな

表 6-4　60 代と 70 代以上との学習ニーズの比較（西宮市老人大学）
（上段：ぜひ参加してみたい＋どちらかといえば参加してみたい，下段：ぜひ参加してみたい）

つながり	項　目	60代 (N=413)	70代以上 (N=544)	χ^2検定	全体 (N=957)
過去とのつながり	自分の過去を振り返りまとめていく学習	52.0 (12.7)	71.8 (22.6)	**	62.5 (18.1)
	以前にはやった映画やテレビ番組を使った学習	62.1 (15.6)	65.8 (20.4)	－	64.1 (18.5)
	以前にはやった物を用いた学習	47.9 (8.9)	45.4 (10.8)	－	46.7 (9.7)
他者とのつながり	他の高齢者との交流活動	65.3 (15.8)	73.6 (20.6)	†	69.4 (18.4)
	高校生や大学生との交流活動	48.0 (10.6)	51.8 (12.1)	－	49.9 (11.5)
	幼稚園児や小学生などとの交流活動	36.4 (6.4)	37.2 (8.8)	－	37.0 (7.9)
悠久なものとのつながり	文学や古典	79.3 (35.3)	77.4 (40.4)	－	78.5 (37.6)
社会とのつながり	ボランティア活動など	78.4 (27.9)	76.6 (25.9)	－	77.5 (26.7)
	現代の政治や経済	91.9 (40.3)	88.8 (42.4)	－	90.3 (41.4)
	地域の歴史や文化	90.7 (43.1)	90.3 (48.9)	－	90.6 (45.5)
	インターネットなど	65.6 (25.3)	61.1 (21.5)	－	63.9 (23.6)
	老後の生き方	85.9 (39.7)	92.9 (44.3)	*	89.5 (41.8)
	旅行や宿泊の加わった学習	68.5 (22.1)	63.1 (26.1)	－	65.7 (24.3)
	園芸・陶芸など	76.5 (35.2)	64.1 (27.2)	－	70.9 (31.5)
	手軽なスポーツや運動	82.3 (36.7)	66.2 (28.3)	**	74.0 (31.7)
	茶道・華道・習字などの習い事	56.4 (19.9)	53.9 (19.1)	－	55.2 (19.4)
	絵画などの芸術活動	59.3 (23.7)	53.5 (24.3)	－	56.2 (23.9)

** $p<.01$, * $p<.05$, † $p<.10$

がり」に関連のある項目群で，その次の3つが「他者とのつながり」に関連のある項目群である．驚くべきことに，これらの項目群のほとんどにおいて，60代よりも70代以上の者のほうに学習要求率が高いことが示されたのである．

a 自分の過去を振り返りまとめていく

b 以前にはやった映画やテレビ番組による学習

c 他の高齢者との交流活動

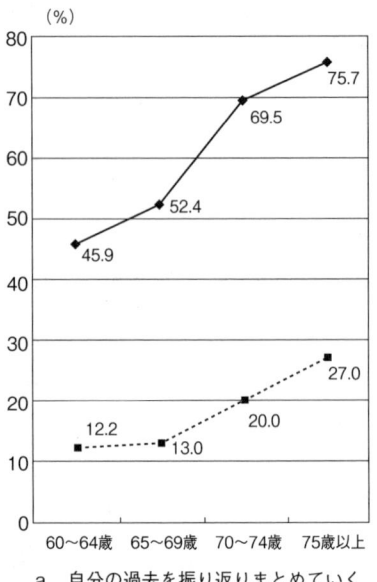

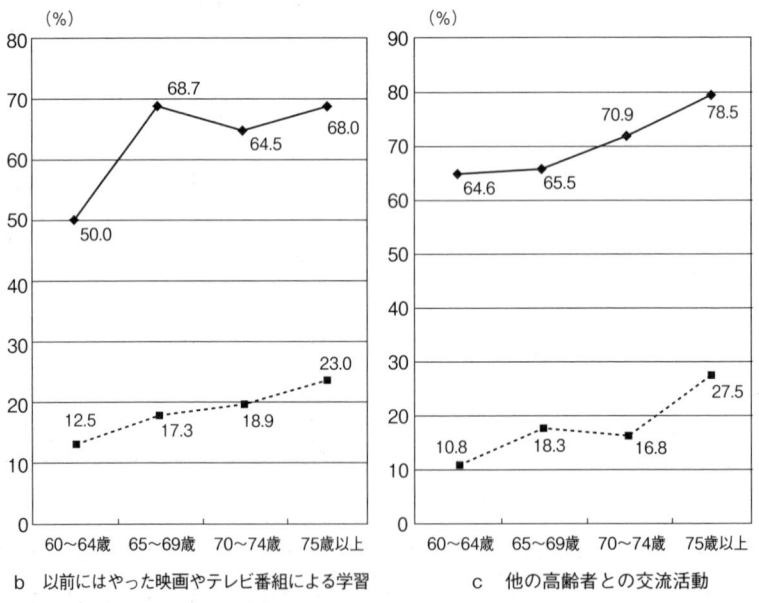

図6-1 年齢別にみた学習ニーズ(比率が上昇する部分)(西宮市調査)

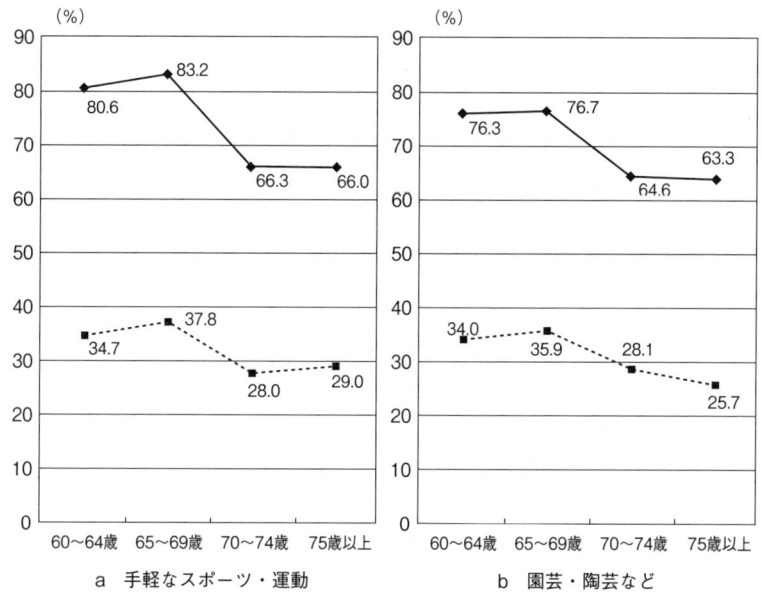

図6-2 年齢別にみた学習ニーズ（比率が低下する部分）（西宮市調査）

さらには「自分の過去を振り返りまとめていく」という，いわゆるライフ・レヴューの学習では，70代のほうが，1％水準で有意に高率であった．また「他の高齢者との交流活動」においても，70代以上のほうがかなり高率であった（10％水準で有意差あり）．「悠久なものとのつながり」あるいは「超越へのニーズ」と関連があると思われる，「文学や古典」なども，70代になって比率が下降していない．「社会とのつながり」に関連する「政治や経済」「地域の歴史や文化」は，きわめて高い比率を維持しつづけていた．「ボランティア活動など」「インターネットなど」というかたちでのつながりは，若干比率が低下している．身体的な運動能力と関連する「手軽なスポーツや運動」は，60代から70代にかけての顕著な比率低下がうかがわれた．なお，この老人大学では継続受講が可能であったため，継続年数との関連も分析したが，それとの有意差はうかがわれなかった．

上記の点を別の角度から確認したものが図6-1のaからeである．図6-1は，これまでの点をさらに詳細に検討するために，年齢層を4段階（「60～64歳」「65～69歳」「70～74歳」「75歳以上」）に分けて，主に有意差の出た項目の年齢的変化をたどったものである．また比率は，「学習要求率」（「ぜひ参加してみたい」+「どちらかといえば参加してみたい」）と「ぜひ参加してみたい」に分けて示したものである．図6-1a・b・cは，それぞれ，「自分の過去を振り返る学習」「以前にはやった映画やテレビ番組による学習」「他の高齢者との交流活動」の比率の変化をみたものであるが，いずれも年齢の進行にともなう比率の上昇がうかがわれた．とくに「過去を振り返る」では，年齢が上がるにつれてはっきりと比率が上昇しているのがうかがわれる．

　図6-2のaとbは，逆に年齢の進行にともなって比率が減少した項目である．「手軽なスポーツや運動」は，身体的な敏捷さなどが関連してか，70代以降比率が低下している．「園芸・陶芸など」も60代のほうが高率であった．

　表6-5は，上記と同様の作業を大阪府老人大学修了者に対して行った結果である．西宮市データと同様に，「過去とのつながり」「他者とのつながり」に関する項目ではすべて，学習要求率は，70代以上のほうが高率であった．「悠久なものとのつながり」に関する項目でも，70代のほうが高率であった．しかし「社会とのつながり」に関する部分では，60代のほうが高率であった．また「手軽なスポーツや運動」なども60代のほうが高率であった．

　図6-3のaからfは，年齢層を「60～64歳」「65～69歳」「70～74歳」「75歳以上」に分けて各々の項目の比率の変化をみたものである．西宮市データの場合と同様に，「過去とのつながり」（「自分の過去を振り返りまとめていく」「以前にはやった映画やテレビ番組を使った学習」）と「他者とのつながり」（「他の高齢者との交流」「家庭管理・家族関係」）と「悠久なものとのつながり」（「宗教や精神世界」「文学や古典」）に関する項目で，年齢が上がるほど比率が高くなっていることが示せた．「子どもや若者との交流」は，西宮・大阪とも年齢による差は示されなかった．

表6-5　60代と70代以上との学習ニーズの比較（大阪府老人大学修了者）
（上段：ぜひ参加してみたい＋どちらかといえば参加してみたい，下段：ぜひ参加してみたい）

つながり	項目	60代 (N=413)	70代以上 (N=544)	x^2検定	全体 (N=957)
過去との つながり	自分の過去を振り返りまとめていく	36.0 (5.6)	47.6 (12.3)	**	42.2 (9.0)
	以前にはやった映画やテレビ番組を使った学習	36.4 (6.6)	45.3 (10.7)	†	41.2 (8.6)
他者との つながり	他の高齢者との交流	69.2 (16.1)	74.6 (23.4)	**	71.8 (20.0)
	子どもや若者との交流	64.6 (18.2)	65.6 (20.1)	†	64.1 (19.5)
	家庭管理・家族関係	44.1 (10.2)	50.0 (11.3)	†	46.8 (10.8)
悠久なも のとのつ ながり	文学や古典	58.6 (19.1)	64.4 (21.7)	**	61.8 (20.6)
	宗教や精神世界	30.4 (8.3)	37.4 (12.8)	*	34.1 (10.6)
社会との つながり	ボランティア活動など	74.9 (25.3)	68.2 (21.9)	*	71.1 (23.1)
	現代の政治や経済	76.1 (29.8)	74.3 (29.6)	−	75.0 (29.7)
	地域の歴史や文化	78.6 (30.4)	79.8 (35.6)	−	79.2 (33.4)
	インターネット・パソコンなど	70.2 (33.0)	62.0 (27.0)	*	65.9 (29.4)
	健康問題	90.6 (43.7)	92.8 (50.5)	†	91.9 (47.8)
	旅行や宿泊が加わった学習・交流	70.9 (24.5)	70.1 (27.9)		70.2 (26.0)
	園芸・陶芸など	61.1 (28.7)	68.8 (28.9)	†	64.6 (28.2)
	生活設計	43.7 (8.2)	47.2 (11.5)	*	45.3 (9.8)
	手軽なスポーツや運動	85.6 (39.0)	77.8 (32.3)	*	80.9 (35.4)
	茶道・生け花などの習い事	63.2 (15.0)	53.1 (18.3)	†	53.2 (16.6)
	絵画などの芸術活動	50.9 (21.6)	48.8 (16.3)	*	49.5 (18.8)
	介護や介助	60.7 (14.4)	64.8 (18.6)	*	62.8 (16.4)

** $p<.01$, * $p<.05$, † $p<.10$

逆に比率が低下していく項目は，「インターネット・パソコンなど」「手軽なスポーツや運動」「ボランティア活動など」「絵画などの芸術活動」などであっ

第6章　高齢者の学習ニーズに関する調査研究

a 自分の過去を振り返りまとめていく

b 以前にはやった映画やテレビ番組による学習

c 他の高齢者との交流

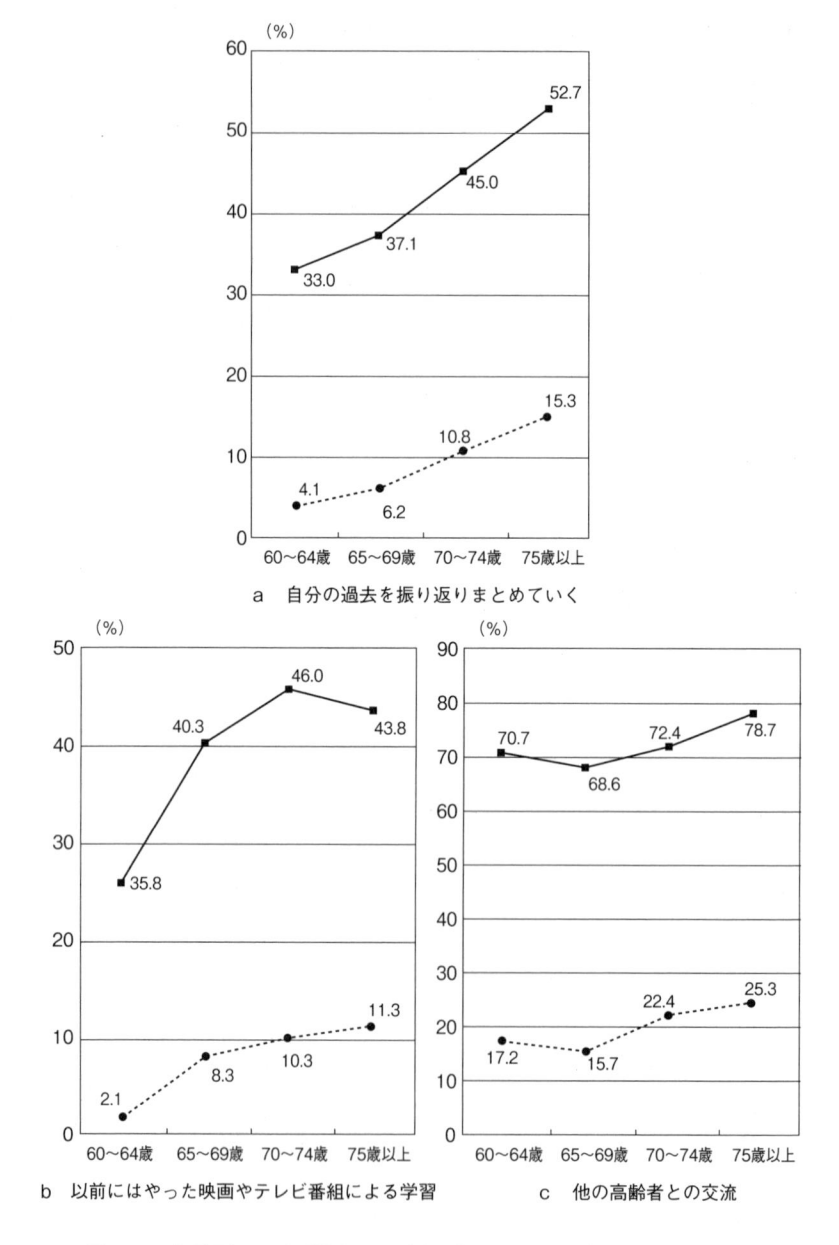

図6-3 年齢別にみた学習ニーズ(比率が上昇する部分)(大阪府調査)

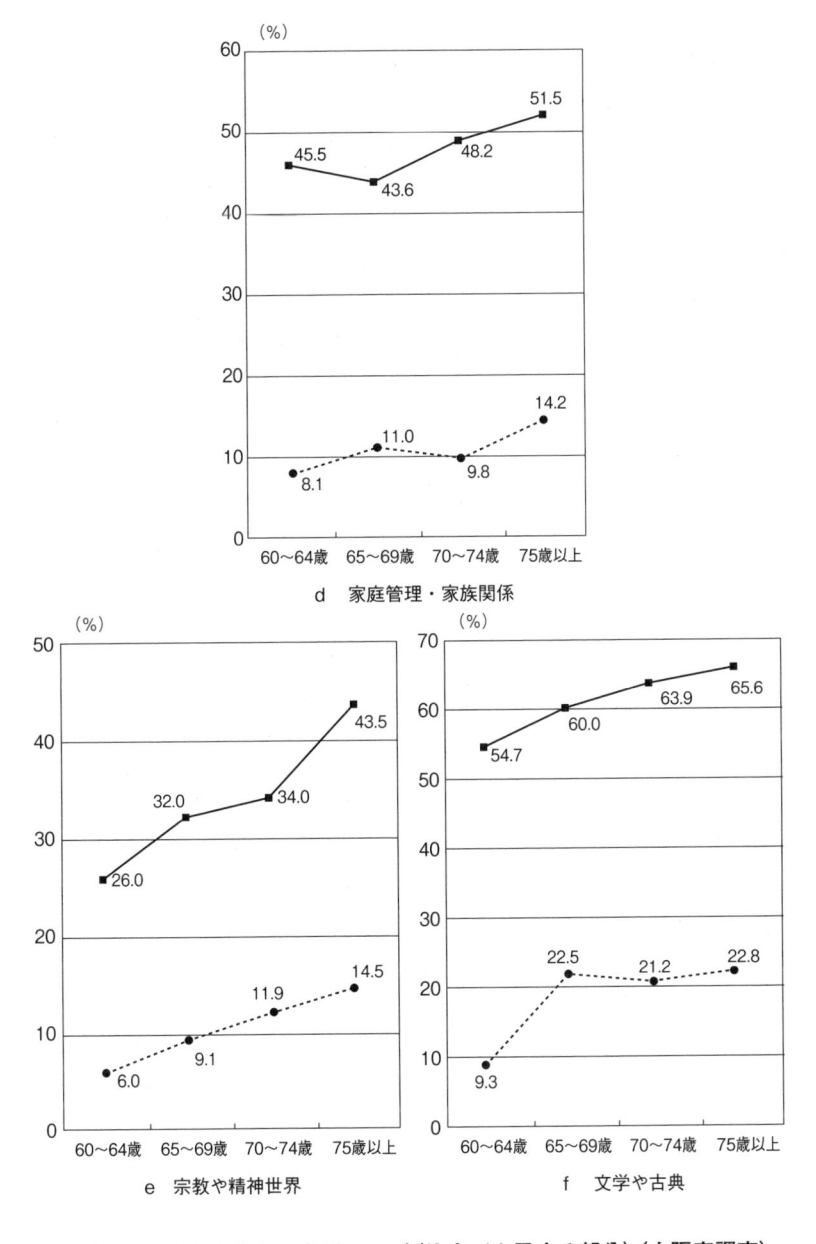

図6-3　年齢別にみた学習ニーズ（比率が上昇する部分）（大阪府調査）

d　家庭管理・家族関係
e　宗教や精神世界
f　文学や古典

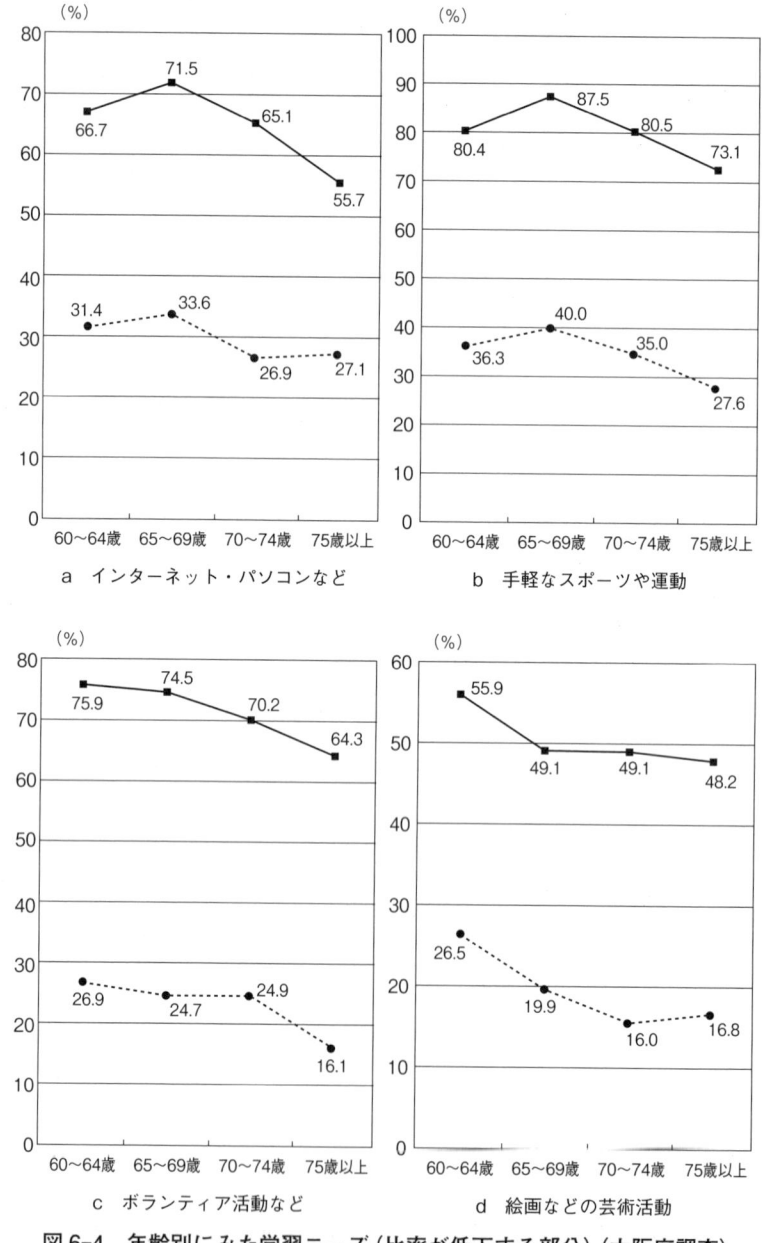

図6-4　年齢別にみた学習ニーズ（比率が低下する部分）（大阪府調査）

a　インターネット・パソコンなど
b　手軽なスポーツや運動
c　ボランティア活動など
d　絵画などの芸術活動

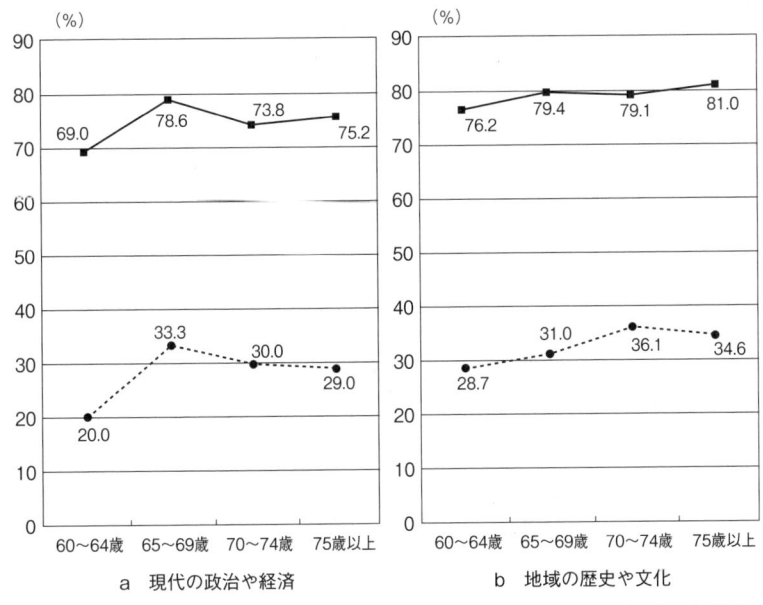

図 6-5　年齢別にみた学習ニーズ（どの年齢にも高率である部分）（大阪府調査）

　a　現代の政治や経済
　　60〜64歳: 69.0、65〜69歳: 78.6、70〜74歳: 73.8、75歳以上: 75.2
　　（破線）60〜64歳: 20.0、65〜69歳: 33.3、70〜74歳: 30.0、75歳以上: 29.0

　b　地域の歴史や文化
　　60〜64歳: 76.2、65〜69歳: 79.4、70〜74歳: 79.1、75歳以上: 81.0
　　（破線）60〜64歳: 28.7、65〜69歳: 31.0、70〜74歳: 36.1、75歳以上: 34.6

た（図6-4 a〜d）．全体的傾向は，西宮市データとよく似ている．「現代の政治や経済」「地域の歴史や文化」の2つは，どの年齢層においてもまんべんなく高い比率を示していた（図6-5 a, b）．

　図6-6は，学習要求を「ぜひ参加してみたい」「どちらかといえば参加してみたい」「どちらかといえば参加してみたくない」「参加したくない」のそれぞれに1点から4点までをあたえ，60代と70代以上との間の，項目ごとの平均値を示したものである．t検定の結果では，70代以上のほうが有意に高率であったのは「過去を振り返る」（1％水準）と「以前にはやった映画などでの学習」（5％水準）で，10％水準では「他の高齢者との交流」「宗教や精神世界」で差がうかがわれた．60代のほうが有意に高率であったのは，「絵画などの芸術活動」「手軽なスポーツや運動」「インターネットなど」の3つであった．

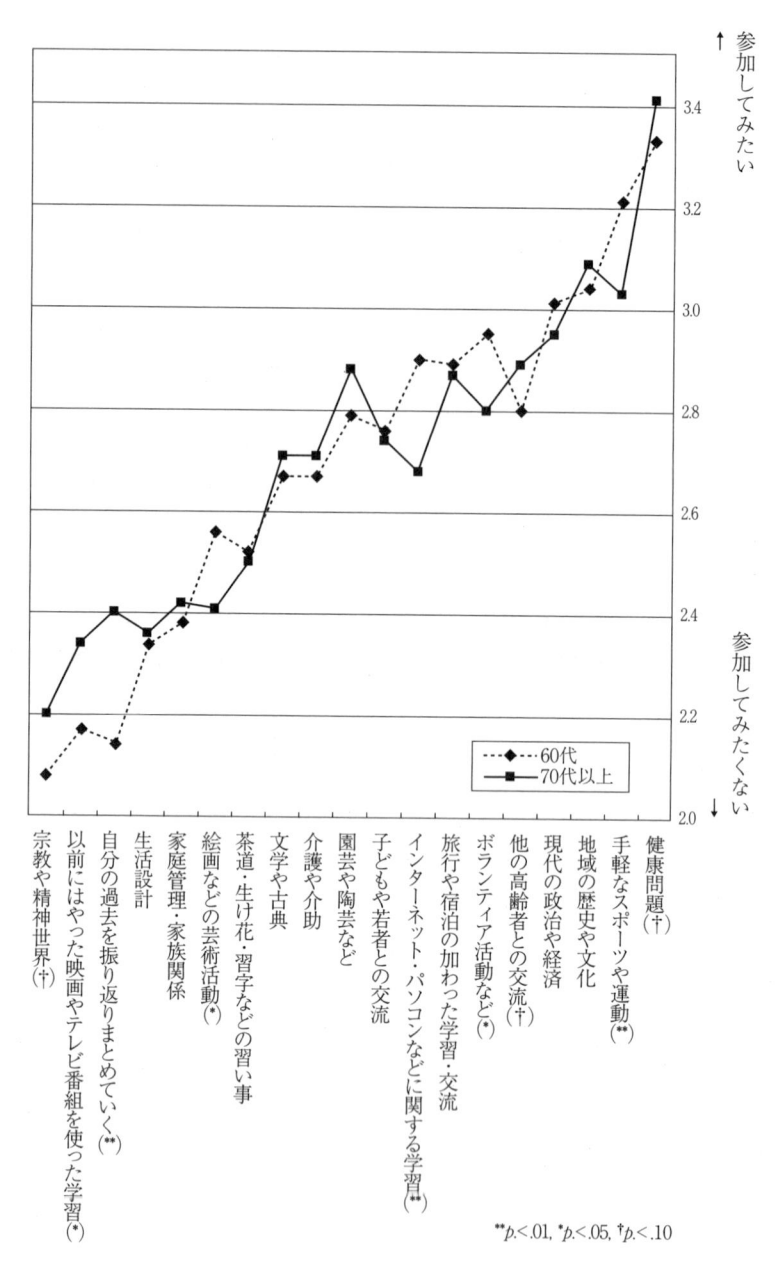

図6-6　60代と70代以上の学習ニーズ平均点の比較

$**p<.01, *p<.05, †p<.10$

4. 考察と展望

　以上の結果から，高齢者は，高齢期の経験を深めていくなかで，他者（とくに他の高齢者）や自分の過去，および悠久なものとのつながりを確認できるニーズを高めているといえそうである．これら以外の項目は，その多くが老人大学の受講科目となっているものの，そのほとんどは，60代のほうが70代以上よりも要求率が高いか両者に差がないかであった．したがって，過去・他者・悠久なものとの交流を求めるニーズは，他の学習内容とはややちがったとらえられ方をされるニーズであるものと解釈される．ではなぜ，これらの項目の比率が，60代から70代にかけて上昇したのであろうか．

　かつてマクラスキーは，高齢者に特有の教育的ニーズの最たるものとして「超越的ニーズ」というものを設定した[28]．これは狭く限定された自我を乗り越えるというニーズであり，新たな「つながり」へのニーズだともいえる．このニーズを設定する背後には，高齢期には老いと死の問題がより現実的なものになってくるという実存的な問題がある．この点をふまえて総括するならば，高齢者の学習ニーズは，エイジングの進行にともない，さきにふれた「つながり」へのニーズにおいて先鋭化するのであり，調査結果はこの部分が表面化したものだと解釈される．つながりには，「過去とのつながり」「他者とのつながり」「未来・悠久なるものとのつながり」などがあるが，本調査結果からは，これらいずれもとのつながりの先鋭化がうかがわれたといえる．

　以前にルイスとバトラー（Lewis, M. & Butler, R.）は，過去をふり返ることは高齢者，とくに60代の者の発達課題であると述べた[29]．しかしルイスらの説いた1960年代の状況と比較するならば，ライフ・レヴューへのニーズは，もう少し年齢の先の時期の課題になりつつあるのかもしれない．60代の者の多くは，まだ仕事などの社会活動の真只中にいるであろうから．

　他の高齢者との交流を求めるニーズは，とくに，長い間自分にとって重要であった人との別離が現実化した人において，鮮明なものとなるのであろう．他者との交流の自己目的化もまた70代以降に顕著な現象ではなかろうか．

悠久なものとのつながりへのニーズは，人生の有限性の自覚と関連があるように思える．そこには，死後の世界に関連するかもしれない，未来へのつながりがあるといえる．

　これらの結果は，高齢者の学習援助論において新しい課題を提起しているともいえる．そのひとつは，後期高齢期の者にとっての学びの特徴と学習援助のあり方への示唆である．本書でさきにふれたように，今日の社会老年学の領域においては，エイジングのネガティヴな側面や非合理性をも照射したエイジング論が出てきている．生涯学習論が，この部分にまで足を踏み入れるとき，どのような教育・学習の視座が構築できるのであろうか．大きな課題である．もちろん，ここでいうエイジングの負の側面を照射した高齢者教育論は，安易に障害者の学習ニーズ論などに解消されるものではなく，高齢者の実存的特性を活かした援助論であるべきであろう．

　第二の課題は，かりに高齢者のつながりへのニーズを組織化することが，高齢者支援事業の大きな軸であったとしても，福祉や保護概念に解消されえない教育・学習の独自性とは何なのかという問題である．これまで生涯学習論を軸とする高齢者教育論や教育老年学は，主要には，60代を中心とする比較的若くて元気な層を主たる顧客として論を展開し，データ収集を行ってきた．第三期の大学，エルダーホステル，シニアネット，老人大学，シルバー人材事業など．そこでの主軸は，定年や子育て後の人たちの再社会化問題であった．しかし「第三期」の人生は，その始まりのころと一定期間後のころとでは，異なった様相を帯びてくる．前期高齢期から後期高齢期にかけて，学習や教育が資する部分が何なのか，現代的な文脈のなかで確認される必要があろう．

　第三の課題は，いうまでもないことではあるが，今回の調査結果が，あくまでも仮説的なものであるという点である．今回の結果は，ある活発な老人大学の受講者・修了者のクロスセクショナルな量的調査データの一断面なのであり，今後この数値の現実的意味づけを明らかにしていく作業が必要となろう．その意味では，ナラティヴ論，エスノメソドロジーなどからの質的な研究も不可欠

であろう．また他の地域での高齢者においても同様の結果が示されるのか，60代から70代にかけて個々人の変化として示されうるものなのか，検証していかねばならないであろう．

注）
1) 本章は，堀薫夫「高齢者の学習ニーズに関する調査研究：60代と70代以上との比較を中心に」日本老年社会科学会第43回大会口頭発表資料（2001年6月）にもとづくものである．
2) McClusky, H. Y. *Education.* Report for 1971 White House Conference on Aging, US. Government Printing Office, 1971. McClusky, H. Y. Education for Aging, in Grabowski, S. & Mason, W.(eds.) *Education for the Aging.* Syracuse University, n.d.. マクラスキーは当初は4つの教育的ニーズ論を提示していたが，後者の文献（おそらく1974年）より超越的ニーズを加えている．
3) Lowy, L. & O'Connor, D. *Why Education in the Later Years?* Lexington Books, 1986, p.73.
4) Butler, R. N. The Life Review, *Psychiatry, 26,* 1963, 65-76.
5) Merriam, S. B. Reminiscence and Life Review, in Sherron, R. H. & Lumsden, D. B.(eds.) *Introduction to Educational Gerontology*(3rd. ed.). Hemisphere, 1990, pp.41-58.
6) タルコット・パーソンズ『社会体系論』（現代社会学大系14）（佐藤勉訳）青木書店，1974，p.55．ここでは道具的価値の体系とともに表出的価値の体系の可能性が示唆されている．なおパーソンズは，第三の価値の可能性としての道徳的価値の可能性も示唆していた．
7) Merriam, S. B. & Lumsden, D. B. Educational Needs and Interests of Older Learners, in Lumsden, D. B.(ed.) *The Older Adult as Learner.* Hemisphere, 1985, p.60.
8) Hiemstra, R, P. Continuing Education for the Aged, *Adult Education, Vol.22,* 1972,. Hiemstra, R, P. Educational Planning for Older Adults, *International Journal of Aging and Human Development, Vol.4,* 1973, 147-156. Hiemstra, R. P. Instrumental and Expressive Learning : Some Comparisons, *International Journal of Aging and Human Development, 8*(2), 1977-78, 161-168.
9) Londoner, C. A. Instrumental and Expressive Education : From Needs to Goals Assessment for Educational Planning, in Sherron, R. H. & Lumsden, D. B. (eds.) *Introduction to Educational Gerontology*(3rd ed.). Hemisphere, 1990, pp.85-107.
10) Hori, S. & Fujiwara, M. Learning Needs of the Elderly Japanese with Physical

Disabilities, *Educational Gerontology, 29*(7), 2003, 585-595.
11) Londoner, C. A. Survival Needs of the Aged : Implications for Program Planning, *International Journal of Aging and Human Development, 2*, 1971, 113-117.
12) *Ibid.*, pp.115-116.
13) *Ibid.*, pp.116-117.
14) Merriam, S. B. & Lumsden, D. B., *op.cit.*, p.60.
15) たとえば、吉川弘「高齢者の学習要求:新潟県大潟町の調査から」『新潟大学教育学部紀要 人文・社会科学編』27(1), 1985, 1-8. NHK 放送文化研究所編『日本人の学習:成人の学習ニーズをさぐる』第一法規, 1990 など。
16) Houle, C. O. *The Inquiring Mind*(2nd ed.). The University of Wisconsin Press, 1988, pp.15-30.
17) 広島大学教育学部社会教育学研究室・三原市老人大学編『高齢者の自己主導的学習に関する調査研究』1995.
18) 山川肖美「生涯学習の観点から:高齢者と自己実現」柿木昇治・山田冨美雄編『シニアライフをどうとらえるか』北大路書房, 1999, pp.116-131.
19) 堀薫夫「高齢者の学習の成立条件」麻生誠・堀薫夫『生涯学習と自己実現』放送大学教育振興会, 2002, pp.73-74.
20) Purdie, N. & Boulton-Lewis, G. The Learning Needs of Older Adults, *Educational Gerontology, 29*, 2003, p.129.
21) 堀薫夫「高齢化への教育:『つながり』への教育を求めて」『家庭科学』家庭科学研究所, 61(4), 1995, 26-31. 堀薫夫「高齢者の生涯学習をめぐる課題と展望」『老年社会科学』第 22 巻第 1 号, 2000, 7-11.
22) NHK 放送文化研究所, 前掲編書.
23) 国立教育会館社会教育研修所編『高齢者の学習・社会参加活動の国際比較』1997.
24) 福井県教育委員会編『生涯学習における基本調査と学習プログラム』1990. 大阪大学人間科学部教育計画論研究室・大阪教育大学生涯教育計画論研究室編『吹田市 市民の生涯学習に関する調査報告書』1994.
25) 本章では「学習要求率」という場合,「ぜひ学びたい+どちらかといえば学びたい」や「ぜひ参加してみたい+どちらかといえば参加してみたい」といった、何らかのかたちで学習要求を示した者の比率をさすこととする。
26) 大阪教育大学生涯教育計画論研究室編『都市型老人大学受講者の実態と意識に関する調査研究:大阪府老人大学を事例として』1999 参照.
27) 同前、および堀薫夫『都市型老人大学の社会的機能に関する調査研究』(平成 10・11 年度文部省科学研究費補助金研究成果報告書) 2000 および、大阪教育大学生涯教育計画論研究室編『老人大学修了者の老人大学への評価に関する調査

研究：大阪府老人大学を事例として』2006 参照.
28) 注2) 参照. なお筆者は, かつてマクラスキーのニーズ論にもとづく高齢者と大学生への簡単な質問紙調査（同一内容）を実施したが, そこでも, 普遍的・超越的なものへのニーズの平均値で, 高齢者のほうが大学生よりも有意に高かった. なお一般的なニーズ項目の多くは大学生のほうが高いスコアを示していたが, とくに大学生のほうで高かった項目は「異性の友人」「スポーツ・運動」「挑戦」「お金」の順であった（|t|値より）. 堀薫夫「高齢者のエイジングへの意識に関する調査研究」『大阪教育大学研究紀要Ⅳ』第42巻第1号, 1993, 1-10.
29) Lewis, M. I. & Butler, R. N. Life Review Therapy, *Geriatrics*, *29*, 1974, p.169.

第Ⅲ部

教育老年学の実践の展開

　　第Ⅲ部では，教育老年学，あるいはエイジングと教育に関連した今日的実践の動向をたどる．この実践は，主要には高齢者教育の範疇に入るものが多いが，たとえば「小学校におけるエイジング教育」などのように，高齢者を対象としない実践も存在する．
　　以下のところでは，老人大学，第三期の大学，エルダーホステル，高齢者の回想法といった領域の実践を取り上げ，最後にこの領域と関連の深い福祉と教育との関連の問題を扱う．これらのほかにもシニアネット，園芸療法，異世代交流事業など多くの実践が展開されているが，ここでは，上記の領域に限定してその動向をたどっていきたい．

第7章 老人大学創設期における高齢者教育の動向

　1999年の国際高齢者年と連動して展開された，第2回国連高齢者問題世界会議（2002年，於マドリード）の「高齢化に関する国際行動計画」のなかで，「高齢者のための国連原則」が提起された[1]．そのなかでは，それまで「社会的弱者」だとみなされがちだった「高齢者」が，学習の主体として認識されるようになってきたとされている．このことを契機として，教育老年学の必要性は，今日いっそう深まってきているように思える．

　そもそも教育老年学の目的は何であるのか．その第一義として，「生きがいの獲得」をあげることができる．この生きがいの獲得が高齢期の学習の独自性であるといえよう．この点は，老人福祉法で老人福祉の基本理念を謳っているところ（第2条・第3条）とつながりがあろう[2]．

　しかし，生きがいの獲得を目的とした学習活動は，社会福祉領域だけの問題であろうか．高齢期における福祉と教育の関連の問題は，行政施策においても狭間の問題として取り扱われており，いまもって高齢期の教育領域が福祉領域と未分化であるのは事実である．しかし，高齢者の生活にとって福祉問題は必要不可欠であるが，そのことに傾倒するあまり，高齢者の主体的学習や教育可能性の問題を看過してはならないであろう．

　ところで学習や教育の視点からこうした問題を考える場合，日本におけるこれまでの高齢者教育の実践の内実をさぐることが不可欠となる．日本では，高齢者の学習の場としてとくに「老人大学」なるものが全国的に展開してきている．この老人大学は，欧米諸国における高齢者の学習の場とやや異なるものである．以下のところでは，日本におけるこの老人大学の創設期において，高齢

者の学習がどのように構想され,また実践されていたのかをみていきたい.

第1節　第二次世界大戦後の日本の高齢者教育

　日本で初めて高齢者教育の論議が本格化しだすのは,老人大学が日本各地に創設されはじめた1970年代ごろであろう.しかしその老人大学の前史にさかのぼるならば,1951年の中央社会福祉審議会答申を受けて作成された,戦後の老人クラブの結成(1951年)あたりにまでさかのぼることになろう[3].その後,文部省(当時)から高齢者学級開設委嘱(1965年～1970年)が出され,これを機に高齢者の学習の環境醸成が一気に展開するようになる[4].急速な社会の進展に適応するために,高齢者が必要な教養・生活技術を習得することを目的としたものであった.この時期の高齢者をめぐる社会的課題としては,平均寿命の伸長と人口の高齢化,産業の近代化(工業化,高学歴化)にともなう高年層の就業の困難と定年退職問題,家族制度の変革・都市化・情報化・経済の高度成長・住宅の高層化などにともなう血縁・地縁の人間関係の困難化,健康管理・生活保障および教育開発による高齢者の生きがい追求といった点が投げかけられていた[5].

　続いて出された,1971年の社会教育審議会答申(急激な社会構造の変化に対処する社会教育のあり方について)では,「社会教育の課題」のなかで,政府答申として初めて「高齢者教育」の視点が示され,当時のあるべき高齢者像が示された.それらは,①健康問題,②学習機会,③生活保障,④生きがい獲得,⑤職業機会,⑥余暇活動,⑦世代間交流・次世代育成,⑧ボランティア活動などの視点からの学習課題であった.しかし,そのどれもがスローガン的で具体化されたものでなく,ましてや学習目的となると,多くの要素を取り入れようとするために,内容が散漫になるか概論的内容にとどまるかのどちらかであった.

　こうした高齢者像は,1970年代当時の高齢者像を反映したものであろう.

一方で，この時期は，「老人」という語に代わって「高齢者」という語が用いられた時期でもある．この時期を境に「老人」という語の使用が減少していくが，それは，「老」のもつネガティヴ・イメージを払拭するためだったのであろう．しかしそのことは，儒教思想における「老」＝経験のある敬うべき人という意味をも同時に消し去ったのであった[6]．そのために，「高齢者」は曖昧な語へと転化していった．

社会教育の領域において，こうした問題が初めて論じられたのは1971年である[7]．すなわち，雑誌『社会教育』1971年9月号(特集「高齢者をめぐる諸問題」)において，副田義也が「老年期の教育」を論じたのであるが[8]，そこでは，高齢期の教育には，高齢者を取り巻く環境変容のなかで，老年開発・地域ケアが必要であると述べられていた．ただし，この論は学習内容，方法論からの展開にとどまり，高齢者の教育・学習権は示されていない[9]．同年には，老年学の初の体系書である橘覚勝『老年学』も出版されている．この著作では，高齢者の教育問題についての示唆はあるものの，それは今後の課題として描かれるにすぎなかった．

この時期の高齢者教育論は，今日のそれとは異なり，福祉的要素がつよかった．「高齢者」を福祉的「弱者」ととらえ，社会科学的に高齢期を分析し，そこに教育性を見出す構造で論ずる傾向がつよかった[10]．当時は，「教育」の主体としての「自立した高齢者」像を想定するのが困難であった．これを象徴的にとらえている論として，小川利夫の社会「福祉教育」論があげられる[11]．小川は，①目的・内容論に即して：人権としての教育および福祉の問題が，福祉教育の名のもとに再び修身教育的な道徳説教の手段に転化される傾向がある，②組織化の方法として：福祉と保健(医療)さらに教育と労働の分野にわたって，広く多面的に福祉教育的諸活動の総合的な組織化の必要がある，③主体として：地域における福祉教育の諸課題をいかに主体的に計画し，地域住民の学習計画全体のなかに具体化していくかという課題が不可欠であると論じているように，高齢者教育の問題を社会福祉の領域のなかで論じていた[12]．

第2節　教育老年学における老人大学創設期の位置づけ

　このような背景をふまえ，高齢者教育の歴史的視点から老人大学創設期の位置づけを行うために，堀薫夫の論を参照する．堀は「老人大学の課題と展望」において，「福祉行政系―教育行政系」と「地域密着型―広域型」の2つの軸から，老人大学を4つに類型化して，高齢者の学習の実態をさぐる研究を行った[13]．ここでは，これに民間主体の老人大学を加えて表7-1のように分類した．

表7-1　老人大学の類型

対象となる地域 行政との関係	広域型	地域密着型	
福祉行政系	福祉行政系広域型 老人大学 （大阪府老人大学など）	福祉行政系地域密着型 老人大学 （世田谷区老人大学など）	民間主体活動 地域密着型 老人大学 （楽生学園など）
教育行政系	教育行政系広域型 老人大学 （いなみ野学園など）	教育行政系地域密着型 老人大学 （中野区ことぶき大学など）	

出典）堀薫夫「老人大学の課題と展望」（大阪教育大学生涯教育計画論研究室編『都市型老人大学受講者の実態と意識に関する調査研究』1999，p.63）をもとに筆者が作成．

　堀は，老人大学創設期と当時の老人大学行政について系統立てて論じている．堀の研究において興味深いのは，「もともと老人大学は（中略）小さな地域の高齢者たちの生活と密接に結びついていたもの」であり，その意味では「今日興隆してきている老人大学は，文部省の長寿学園であれ，明るい長寿社会推進機構の運営している老人大学であれ，都道府県レベルの広域的老人大学」であると述べている点，および，「近所の高齢者たちが，顔をつきあわせて自分たちの地域の問題を学ぶ場としての老人大学の機能は弱まっている」と述べている点にあるように思う[14]．ここで考えられることは，老人大学創設期の高齢者の学習は，それまでの敬老組，老人組のような地縁的共同体のなかで形成されてきたのであり，地域共同体の崩壊とともに，高齢者の学習形態も変化したということであろう．じっさい，1970年代以降，一般的に「老人大学」と呼ばれる行政主導の高齢者学級が各地で開設されるようになってきた．ただ

し，この老人大学の多くは，高齢者の福祉増進を目的として運営されることが多かった．老人大学の管轄の多くが社会福祉部局にあったことがその大きな原因であろう．この時期には，社会教育の領域においても，地域福祉の担い手となる住民の主体形成に重点をおいて議論されていた[15]．以上からしても，老人大学創設期の高齢者の学習には社会福祉的色彩が濃く，高齢者が主体的に学習することはあまり念頭におかれていなかったといえる．

一方で，高齢者の「弱者」化を問題視する，儒教的観念である親孝行の従属としての高齢者論の復興も多く唱えられた[16]．家族形態の変容期であった高度経済成長期の高齢者の理想は，高齢者自身の地位の回復であるがために，それがえてして戦前の家父長制への憧憬につながってしまっていた．そのことが，当時の高齢者を「弱者」としての位置づけから脱皮できなくさせていた．くわえて当時の高齢者の学習論には，健康問題を重視する傾向があったが，その傾向の片鱗は，今日まで続いている．高齢者教育はその福祉的側面をつよめる結果，「高齢者＝弱者」という観念をつよめてしまったのであった．

1970年代ごろには，これらの福祉的研究方法が主流であったが，1980年代以降になると，高齢者の個や人権の尊重を重視したうえで，その教育性についても論じるという傾向が出てくる．そして，生きがい獲得を目標とした学習の必要性が謳われるようになるのである．また，自立した高齢者像をめざした，1999年の国際高齢者年や2002年の「高齢化に関する世界行動計画」などの国際的動向とも同調する気運が醸成されていった．その一方で老人大学は，独自のカリキュラムや施設，修了証書などをもつ，いわゆる「学校化」されたものに近づいていく．

しかし日本独自の展開過程を経た老人大学は，その草創期においては，学校型講座には解消しきれない，独自の理念があったものとも考えられる．以下のところでは，こうした理念と実践の源流に遡及していきたい．具体的には，ここでは，老人大学の先駆的実践者として，楽生学園の小林文成，いなみ野学園の福智盛，中野区ことぶき大学，世田谷区老人大学の三浦文夫の実践とその理

念を取り上げる．これらの実践を中心として論じるのは，とくに高齢者教育に注目することを目的とするためである．

第3節　小林文成における楽生学園での実践

　今日の老人大学の先駆的実践家であり，その理念的基盤をつくった人物は小林文成である．小林は，『老人は変わる』（1974年），『老後を変える』（1975年）など，高齢者教育にかかわる多くの著書を刊行している．

　小林は，長野県伊那市に楽生学園という高齢者の学習の場をつくり，そこで多くの実践を地域の高齢者とともに行った．小林は，戦後の民主化に立ち遅れた（とされる）高齢者の学習の必要性を痛感し，日本で初めての老人大学（老人学級）である楽生学園を，自宅である光久寺に1954年5月に開園した．楽生学園は，1981年3月まで活動を続ける．小林は，高齢者の学習活動で大事なことは，若い世代と協力をして老人の幸せの確立のための社会保障の充実を推進することであり，その妨げになるような敬老思想について再確認し，新たな敬老思想を模索することだと考えた．

　楽生学園の学習目標は，① 現代の若い人と話し合える老人になる，② 家庭で老人が明朗であれば，その家庭は円満である，したがって老人が愛される，③ 老人が家庭なり，社会なりに役立っているという自覚をもつようになる，④ 健康維持のために老人病に関する知識を学び，早老・老衰予防のために，老人心理の研究をする，⑤ 老人の生活を歴史的に研究する，⑥ 老人が広く交流交歓をはかり，社会性を深め，組織力をもつようになる，⑦ 先進国の社会保障にてらして，国や社会に向かって，老人の福祉を増進するための施策を要求する，⑧ 幸福な寿命を願って，自ら現代に適応するような学習を続ける，である[17]．

　その学習目的は，高齢者が過去に閉じこもらず，現代人としての常識を身につけ，そのうえで，過去の長い経験を生かすことにより，高齢者自身の生きがいを発見することであった[18]．

当時，小林の考えていた老人大学は，協同関係を重視し，「地域の老人が全員参加するものでなければならない」ものであった．彼は，老人大学を「老人はみなしあわせにならなくてはならないし，そのための学習と活動をするところ」ととらえており，現在の老人大学における，個の主体的な学習要求に応じたものという意味合いよりは，いかに公である社会との接点をもつのかに主眼がおかれていた[19]．

　くわえて小林は，高齢者の教育と成人の教育とのちがいについても明言している．それは，「現代人となる学習のほかに，老人福祉の獲得というか，老人福祉をみずからの手で築きあげていく」[20]というものである．小林は，戦後民主化における理想的高齢者像である「現代人となる」ことをめざした．小林の高齢者教育の理念とは，すべての高齢者が「現代人となる」ことを目的とし，高齢者の権利保障の学習をする成人教育実践を行うことであるものと考えられる．

第4節　福智盛におけるいなみ野学園での実践

　福智盛は，老人大学創設期の議論に欠かせない実践の場である．いなみ野学園の設立にかかわった人物である．彼は，高齢者教育にかかわる者として，このいなみ野学園の実践をもとに自身の論を述べた，『たのしい老人大学』（1975年）や『熟年は燃える』（1981年）を上梓している[21]．

　1969年6月に兵庫県加古川市の県立農業短期大学跡地に，兵庫県いなみ野学園は誕生した．この学園について，三浦文夫は「生涯教育の観点に立つ高齢者大学として，いなみ野学園はわが国では最初のものとして位置づけられるもの」[22]と評価している．

　いなみ野学園は，設立当初，一年制の老人大学であったが，1969年8月から通信教育部が設置され，1971年から四年制の老人大学が，1977年から二年制の大学院がそれぞれ設置される．それにともなって，通信教育部が廃止され，

高齢者放送大学が設置されるようになる。しかし，いなみ野学園以前にはこのような老人大学の先例は見当たらず，福智は，兵庫県教育長など多くの人の意見を参考にしつつ，自身で構想を練るしかなかった[23]。

いなみ野学園の教育計画は，「教養を重視し，生活や生産に関する学科にウエイトを置いて，教育老年論を単なる娯楽中心としていないのは農業高校のような産業教育的発想を生涯教育の場へ延長，拡大させることを意図した」[24]ものであった。その構想は，① 入学資格は県に在住する60歳以上で，学習意欲のある人，② 修行年限は1年，③ 講義は週1回とし，午前は一般教養，午後は専門学科とするというものであった[25]。その意味は，「意識の変革は，変転極まりない現代社会に適応して生きていくために不可欠であるとして，そのために『教養講座』を置き，全員必修としている。第二の能力の開発とは，教育の本来的機能であるとして，多様な専門科目を配置し，各種クラブ活動を奨励するのもそのためである」[26]とした。この実践の基盤となった福智の老年教育論は，ポール・ラングランの影響が大きい[27]。福智は，「老人大学で高齢者の過去の経験や学習の積み重ねが新しい学習に対して好影響をもたらし，いわゆる結晶性能力の高まりをみることができる」[28]という結論を導き出している。

福智の老年教育論は，当時の老人クラブや老人福祉センターの社会福祉的活動である，高齢者相互の親睦，交流，老後の「余暇」対策，「孤独」と「無為」からの脱却をめざした高齢者の教養，学習ではなく，個人の潜在能力を引き出し，その成長過程を援助するという教育の視点をめざしたものであった[29]。

第5節　中野区ことぶき大学の実践：社会教育行政からの試み

1973年に開校した東京都中野区ことぶき大学は，老人大学創設期に，社会教育行政の一環として教育行政によって管轄されていた[30]。したがって中野区ことぶき大学は，高齢期の社会教育活動としての意味合いがつよい。当初は一年制の老人大学で，受講者総勢120名で開始されたが，現在では三年制に拡

大し，その上に大学院も設立されている．学習形態は，週1回の講義が中心であるが，学年が上がるにつれて，話し合いやグループ発表などの主体的学習に内容が変化していく．また，青空教室として地域散策も行われている．

　この中野区ことぶき大学の学習目標は，① 健康保持，② 若い人と話し合えるように，③ 明るい家庭づくり，④ 社会参加への取り組み，⑤ 仲間との交流，⑥ 福祉の増進，⑦ 余暇の活用，⑧ 時代に適応できることの8つであった[31]．講師としては，石井ふく子，鶴見和子，暉峻康隆，外山滋比古，樋口恵子，日野原重明など，多彩な人物を起用していた．また，学習以外にクラブ活動として，詩吟，民謡，コーラス，俳句，ペン習字，園芸，墨絵，英会話，書道，時事問題，手芸，社交ダンスなどが行われていたが，現在では自主運営化されている[32]．

　また，老人大学の学習として行われている自分史（＝卒業文集）の作成は，大学院設立の年の1981年から行われている．ただし今日では，自分史学習は経済的理由から廃止されている．そして，ことぶき大学卒業後の活動には，地域組織と綿密な連携をとっている同期会へと活動が展開されていく．

　今日まで続いている中野区ことぶき大学であるが，活動が多年にわたるため，高齢者といってもいちがいに同じイメージで包括することはできない．老人大学開設当時の高齢者は戦前派と呼ばれる世代であったが，その後，戦中派から小国民世代，そして団塊の世代へと，高齢者像も変容していった．したがって，世代の感覚がちがえば，高齢者の学習へのかかわり方も変容してくる．この点は，青少年の教育問題だけではないのである．

　高齢期における学習の変容に着目するならば，これまでの「生きがい」獲得学習から，専門的で高度なスキルを要請する「大学院」化へと意識が変化してきているのがわかる．たとえばことぶき大学では，これまで地域とのかかわりについての議題が多かったが，今日では，地域還元のためのかかわりがキャリア志向に特化しだしている．また，IT学習の必要性も謳われている．しかし，指定管理者制度の導入により，現実には老人大学の運営費は年々減少しており，非常勤職員でさえ減少の一途にある．したがって，この老人大学もNPO

への委託ということが考えられている．しかし，民間委託することにより，老人大学での教育の質の保障がなされるのかは今後の課題であろう．

第6節　三浦文夫の世田谷区老人大学での実践

　老人大学創設期の社会福祉行政による実践としてあげられるのは，三浦文夫を中心としてつくられた東京都世田谷区老人大学である．三浦は，この世田谷区老人大学の実践をまとめた『老いて学ぶ 老いて拓く』を1996年に刊行している．

　世田谷区老人大学は，老人福祉分野から生涯教育の視点を取り入れるという理念のもとに，1977年に開設された．また，中野区ことぶき大学とは異なり二年制の「大学」の形態をとっている．その教育方針や学習体系などは「世田谷方式」と呼ばれ，これまで多くの老人大学の見本となってきた[33]．

　三浦は，世田谷区老人大学の学習目標として，① 急激な社会構造の変化にも対応でき，社会の主人公としての位置と役割を担える力を身につけることができるような内容と方法にすること，② 定年後の生活を文化的で，ゆとりあるものにするための文化活動を学び，身につけることができるようにすること，③ 学んだものを地域に還元し，コミュニティ形成に寄与できるようにすること，の3つをあげた．そして，これら3つを統合した「絶えざる自己啓発とコミュニティ形成を促進し，新しいうるおいある文化と生活を創造する高齢者総合センター」が老人大学であると考えた．世田谷区老人大学では，高齢者の学習を，地域における高齢者の生活と活動を豊かにしていくための拠点として位置づけたのである[34]．

　この論の根拠としては，当時，三浦が「地域青年自由大学構想」を唱えていたことを取り上げる必要がある．この自由大学構想とは，1970年代に盛んであった「信濃自由大学」研究である．これは，勤労青年の自由大学での学習の機会を社会教育行政が担うように考えられていた構想であるが，それに触発さ

れた三浦が，これを老人大学の基本的理念としたのである[35]．

　これらを背景とした世田谷区老人大学には，明確な教育課程と教育方法がある．それらは，① 少人数制のコース制を採用し，学習動機，関心に即して，かつ主体的に学べる学習形態にすること，② 大学院で学んでいる新進気鋭の若手研究者や世田谷区の実状をよく理解している世田谷在住の社会教育に秀でたリーダー等を，コースごとにチューターとして配置すること，③ 履修期間は2年とし，落ち着いて問題発見・問題解決型の学習に取り組めるようにすること，④ 成果は卒業（修了）論文として自己表現すること，⑤ コース制を取ることによって，学習が偏らないように，文化講演会や特別講義等を随時開催，履修させること，⑥ 大学の運営では，学長のもとに学生（履修者）参加の運営会議を開催し，民主的に，学生の主体性が発揮できるようにすることといったもので，これらをもとに綿密にカリキュラムが練られている[36]．

　このような理念のもとに，世田谷区老人大学では，教育行政系の高齢者教室や福祉行政系の老人クラブとは異なった，「絶えざる自己啓発とコミュニティ形成を促進し，新しいうるおいある文化と生活を創造する高齢者の総合センター」として老人大学が位置づけられているのである[37]．

第7節　まとめ

　以上，老人大学創設期における高齢者観と高齢者学習観について概観してきた．地域共同体の崩壊とともに，高齢者の学習の場は老人大学へと移行した．この老人大学は，それぞれに個性的な高齢者教育論を有していると考えられるが，共通点としていえるのは，高齢者の学習環境が醸成されていない時期において，高齢者の学習要求をつよく意識しつつ，高齢者の主体的学習がなされることを第一義として取り組んだという点である．

　老人大学創設期の高齢者教育論は，教育性よりも福祉的要素がつよく，その論から導き出された高齢者教育の目的も未分化なものであった．しかし，そう

したなかでも，高齢者を主体的学習者としてとらえる研究者も存在していた．その理由は，高齢者の学習に直接にかかわることによる実感から来るものが多分にあったからであろう．老人大学創設期の高齢者は，学習することを渇望していた．この時期は，社会と高齢者との間にある溝に疑問をもつ時期でもあったのである．小林文成のことばを借りて言い換えれば，高齢者は現代人となることに熱を帯びていたのだということになる．

今日では，高齢者の学習機会は多く設けられるようになり，その学習の場として，大学エクステンション事業なども盛んになってきている．また，高齢期になって再度，大学に入学する学習者も増加している．しかしこうした学校型の学習の場へ高齢者が参加しだした時代においてこそ，一方で，老人大学の黎明期の高齢者学習観に立ち還ることが重要なのかもしれない．

注）
1) マドリード会議に関しては，国連のホームページを参照（http://www.un.org/ageing）．
2) 第2条「老人は，多年にわたり社会の進展に寄与してきた者として，かつ，豊富な知識と経験を有する者として敬愛されるとともに，生きがいを持てる健全で安らかな生活を保障されるものとする」・第3条「老人は，老齢に伴つて生ずる心身の変化を自覚して，常に心身の健康を保持し，又は，その知識と経験を活用して，社会的活動に参加するように努めるものとする」．
3) 野々村恵子「高齢者の学習機会の多様な広がり」関口礼子編『高齢社会への意識改革』勁草書房，1996，p.188．
4) 総務庁行政監察局編『高齢者対策の現状と課題』大蔵省印刷局，1986参照．
5) 橘覚勝『老いの探求』誠信書房，1975，p.166．
6) 久保田治助「第二次世界大戦後の高齢者の変容についての考察」『早稲田大学大学院教育学研究科紀要　別冊』第11号-2，2004，pp.143-146．
7) 堀薫夫他「『高齢社会と社会教育の課題』に関する文献」日本社会教育学会編『高齢社会と社会教育の課題』東洋館出版社，1999，pp.247-256．
8) 副田義也「老年期の教育」『社会教育』全日本社会教育連合会，1971年9月号，pp.6-10．
9) 大橋謙策「社会福祉と社会教育」日本社会教育学会編『現代社会教育の創造』東洋館出版社，1988，p.413．

10) 樽川典子「老年期の家族役割と夫婦関係」副田義也編『日本文化と老年世代』中央法規出版，1984，pp.150-154.
11) 小川利夫「社会教育と社会教育の間」小川利夫・大橋謙策編『社会教育の福祉教育実践』光生館，1987，p.3.
12) 同前，pp.15-19.
13) 堀薫夫「老人大学の課題と展望」大阪教育大学生涯教育計画論研究室編『都市型老人大学受講者の実態と意識に関する調査研究：大阪府老人大学を事例として』1999，p.63.
14) 同前，p.62.
15) 山本和代「高齢社会を生きる」日本社会教育学会編『高齢社会における社会教育の課題』東洋館出版社，1999，p.15．この大橋論は高齢期の学習が教育行政と福祉行政の狭間にあり，そのどちらの範疇からも抜け落ちていることを指摘したものである．
16) 樋口恵子「老人の生きがい」日高幸男・岡本包治・松本信夫編『老人と学習』日常出版，1975，pp.134-135．副田あけみ「高齢者の思想」小笠原祐次・橋本泰子・浅野仁編『高齢者福祉』有斐閣，1997，p.61.
17) 小林文成『老後を変える』ミネルヴァ書房，1978，pp.21-30.
18) 小林文成『老人は変わる』国土社，1974，p.130.
19) 同前，pp.214-215.
20) 同前，p.215.
21) 福智盛『たのしい老人大学』ミネルヴァ書房，1975．同『熟年は燃える』ミネルヴァ書房，1981．同「老人大学の実践：いなみ野学園と兵庫の高齢者教育」室俊司・大橋謙策編『高齢化社会と教育』（高齢化社会シリーズ7）中央法規出版，1985，pp.295-313.
22) 三浦文夫「わが国の老人大学の源流と系譜」同編『老いて学ぶ　老いて拓く』ミネルヴァ書房，1996，p.50.
23) 同前，p.42.
24) 同前，pp.42-43.
25) 福智盛，前掲書（1975），p.18.
26) 三浦文夫，前掲編著，p.43.
27) 福智盛『いなみ野学園』ミネルヴァ書房，1990，pp.112-118.
28) 三浦文夫，前掲編著，p.44.
29) 同前，p.50.
30) 中野区教育委員会編『中野区ことぶき大学10年誌』1982．同編『中野区ことぶき大学20年誌』1993.
31) 『ことぶき大学　ことぶき大学院　開校式パンフレット』2004.5.13.
32) 中野区教育委員会編『中野区ことぶき大学10年誌』前掲編著，p.11.

33) 三浦文夫, 前掲編著, p.i. 三浦文夫「老人大学の実践Ⅱ：世田谷区老人大学の実践」室俊司・大橋謙策, 前掲編著, pp.314-337.
34) 三浦文夫・大橋謙策「世田谷区老人大学のあゆみ」三浦文夫, 前掲編著, pp.55-56.
35) 同前, p.56.
36) 同前, p.57.
37) 同前, p.62.

| 第8章 | 第三期の大学の基本理念と活動実態：イギリスU3Aの事例から |

　本章では，退職後の人びとを中心とした国際的な学習活動組織である第三期の大学＝ユニバーシティ・オブ・ザ・サード・エイジ（The University of the Third Age，以下，U3Aと略す）の基本理念と活動実態を概括し，その活動の意義と可能性を考察する．具体的には，国際的なU3A運動のなかでも，参加メンバーによる自主的な学習活動の一事例としてイギリスのU3Aを取り上げ，その理念や具体的な実践のどのような部分が，活動の発展に影響をおよぼしているのかに注目していく．

第1節　U3Aの国際的展開とイギリスU3Aの誕生

　国際的なU3Aの運動は，1972年，フランスのトゥールーズのピエール・ヴェラス（Vellas, P.）によって，退職者向けのサマースクールが開かれたのを始まりとする．「その設備，建物，スタッフ，研修施設などを活用して，社会における高齢者の生活改善のために大学は何ができるか」[1]という発想から，夏季休暇中は空いている大学の施設を利用して，講義，コンサートやその他文化的な活動が行われたのである．反響は，フランス国内にとどまらず，諸外国にも急速に広がった．1975年までには，ベルギー・スイス・ポーランド・イタリア・スペインなどのヨーロッパ諸国，そしてカナダ・アメリカにおいてもU3Aが設立されている[2]．そして同年，U3Aの国際組織が，フランスを本部として設置された．

　イギリスでは，1980年代初頭，高齢者の教育を受ける権利についての議論

が活発に展開されるなか，当時ケンブリッジ大学の准教授であったピーター・ラスレット（Laslett, P.）[3]が，高齢者のための教育機会としてU3Aの運動に注目していた[4]．ラスレットは，成人教育や高齢者への教育活動にかかわっていた3名[5]とともに，フランスでU3Aの調査を行ったり，フランスU3A関係者の協力を得たりするなかでその影響を受けつつも，イギリス独自の新しい活動モデルを生み出した．彼ら設立者たちは，高齢者自身が学習活動を組織し，スキルや専門的な技術を生かし，互いに教え合うという学習方法を発案したのである[6]．そして，参加者を集め，その活動モデルを実践した結果，有効性を確信し，1982年には，イギリス初のU3Aをケンブリッジに設立させた．

こうして，国際的なU3A運動のなかで，既存の活動の発想を明確に転換させたイギリスU3Aが誕生することとなり，U3Aには，「フランス型」と「イギリス型」という2つの活動モデルが存在することとなった[7]．「フランス型」は基本的に，既存の大学との密接な連携のもと，その施設や教師など大学のリソースを活用することによって成り立っている．すなわち，その分野の専門家が講師となり，「教える」側と「教えられる」側の間の区別が明確に設定されたモデルである．フランスをはじめとしたヨーロッパ諸国やフランス語圏の国々を中心に展開されている．これに対し「イギリス型」は，地域のリソースを生かしつつ，活動のすべてが学習者自身の手で行われる．すなわち，学習者が教える行為にも携わり，組織の運営を担うなかで活動が展開されるのである．イギリスをはじめ，オーストラリアやニュージーランドを中心に広がっている．

第2節　イギリスU3Aの基本理念

では，イギリスU3Aの基本理念について，その名称を構成するキーワードである「サード・エイジ」と「ユニバーシティ」を中心にみていきたい．

1. 「人生の絶頂期」としての「サード・エイジ」

「サード・エイジ」の「エイジ」は年齢や時代を意味するものではなく，人の一生をいくつかに区分したなかの一時期をさす．「サード・エイジ」は，人間が教育を受け社会化される時期である「ファースト・エイジ」(the First Age)，家庭や社会において責任を担う時期である「セカンド・エイジ」(the Second Age)のあとに続く時期であり，依存や老衰の時期とされる「フォース・エイジ」(the Fourth Age)とも区別される．すなわち，まだアクティヴに活動できる段階であるにもかかわらず，もはやフルタイムの仕事や子育てに従事しなくなった時期なのである．

「サード・エイジ」の概念は，フランスにおいてU3Aが設立されるにあたり生まれたが，前述のピーター・ラスレットによって，より明確に意味づけられたといえる．1989年，ラスレットは，高齢化をテーマとした代表作である『人生のフレッシュ・マップ』(*A Fresh Map of Life*)を発表する．同書においてラスレットが問題視したのは，イギリス社会が直面しつつある数字上の高齢化だけではなかった．彼は，人びとの価値観が現代の高齢化の状況に適応しきれていないことこそを問題とし，「サード・エイジ」というライフステージを中心とした新しい人生の見取り図を描く必要性を主張したのである．

ラスレットによると，社会における人びとの価値観は，「セカンド・エイジ」を中心として構築されてきたという．それは，労働を重視する価値観である．その価値基準のもとでは，「セカンド・エイジ」が最も生産的で重要な時期としてみなされる一方，労働に従事しなくなった退職後の人びとは，無視され，忘れ去られた状態に位置づけられてしまっているという．ラスレットは，このような価値観は，退職後の人びとが増えつづけていく世の中の状況と明らかに矛盾するものであると指摘した．

ラスレットは，労働や生産性という社会的・経済的観点ではなく，自分の生活をいかに自分自身の意思でコントロールできるかという個人的・人間発達的観点から，退職後の人びと，ひいてはライフコース全体をとらえ返すことを提

案した．そうすると，じつは彼らこそが最も自分自身と向き合い，自分のやりたいことをやり，自己の欲求を満たすことを可能とする状況にいる人びとなのだということになる．彼らのほとんどは社会的な制約から解放されて自由を有しており，かつまだまだ健康であり，さらにそれまでの経験から得た知やスキルを多分に有しているのである．ラスレットは，そのような観点から「サード・エイジ」を意味づける．ゆえに，「サード・エイジ」は自己実現の時期であり，「人生の絶頂期」（a crown of life）なのである．

2．「同じ志をもった人びととの自発的な集まり」としての「ユニバーシティ」

ここでいう「ユニバーシティ」とは，現在一般的に訳されているような「大学」という教育機関を意味するものではない．ラスレットは大学を，「ある特定の活動——必ずしも知的なものにかぎらない——に情熱を傾ける人びとの協同的な集まり（corporation）」と位置づけている[8]．彼は，イギリスにおいて大学教育が一部の人の特権となってきたことを問題視し，教師と学生による自律的な共同体を意味していた「ユニバーシティ」本来の姿に立ち戻ることを主張したのである．

そもそもラスレットは，「サード・エイジ」での自己実現における，教育の果たす役割に注目していた．「セカンド・エイジ」の段階に職業や親としての役割とかかわって獲得されていたアイデンティティや自負心といったものは，「サード・エイジ」では教育によって達成されうると考えたのである[9]．

だが，イギリス社会における大学をはじめとする当時の教育の現状は，「ファースト・エイジ」の「社会化のための教育」が中心的なモデルになっていた．それは，一方的な教え込みを行ったり，試験などの競争原理を取り入れたり，また報酬や罰を与えたりするものである．これに対しラスレットは，「サード・エイジ」における教育は，それ自体が目的としてあるべきだということを強調する．自己実現の時期として「サード・エイジ」をとらえる論理からすれば，教育によって獲得された知や習得されたスキルは，それが実際に役に立つかど

うかということよりむしろ，個々人にとって満足感をあたえる根源であることこそが重要なのである．教育の成果は，競争原理を取り込んだ試験における達成からではなく，学習者の精神状態やパーソナリティの変化から明らかになるのである[10]．こうした考えからラスレットは，「ユニバーシティ」が同じ志をもった人びととの自発的な集まりであることを強調し，U3A を次のように構想する[11]．

① U3A は，学ぼうとする人，他者の学びを助けようとする人の集まりである．教える人は学びもし，学ぶ人は教えもする．すべてのメンバーが学ぶのと同様に教えようとするのは，教授という方法以外に，次の方法で果たされるかもしれない．他のメンバーの相談にのること．外出できない人，寝たきりの人，入院している人を教えたり，支援したりすること．研究プロジェクトを手伝うこと．イギリスの多くの高齢者に知的刺激を提供することに協力すること．マンパワーを必要としている教育的・文化的機関にそれを提供すること．また，事務的な仕事や運営面での支援，資金集めなども，U3A を援助したいと思っている人びとにとっては重要な役割である．

② U3A に参加することは，個人の選択の問題である．U3A は参加希望者に対し，資格を要求したり，評価を行ったりはしない．U3A の基準は，各々のクラスや活動ごとにおかれるものである．個々の活動がとる形態は，そこに協力するメンバーが決定する．

③ U3A のカリキュラムは，人的・財政的リソースが許すかぎり広範である．とはいえ，メンバーの嗜好こそが，何をするかを決める唯一の基準である．知的・学問的追究と同様に，研究プロジェクトや，実用的な技術，身体的・余暇的活動も強調されよう．学習を，それ自体を目的とするものとして強調することが，どのような活動を行うべきかという決定へと導いてくれるだろう．

このなかでラスレットは，教授活動にかぎらず，あらゆる活動をメンバー自身が自らの意志にもとづいて行うということを一貫して強調している．「教える」という行為，そしてじっさい「何を・いつ・だれと・どこで・どのように

行うか」といった選択・決定のすべてが，メンバー自身の手に委ねられているのである．さらにラスレットは，活動におけるメンバー相互の関係性を重視する．彼は，「サード・エイジ」の人びとが，それぞれの経験を生かしてともに助け合うなかで活動をつくり上げていくことができると考えたのである．ラスレットは，このような活動のプロセスそのものを重視し，試験や単位，資格を設定しない「ユニバーシティ」を構想したのであった．

第3節　イギリスU3Aの組織形態と運営方法

　次に，このような基本理念を念頭においたうえで，イギリスU3Aを構成する最も小さな活動単位である「学習グループ」（Interest GroupあるいはStudy Group）を中心に，イギリスU3Aの組織形態と運営方法をみていきたい．なお，ここまで用いてきた「イギリスU3A」とは，イギリス国内の574ヵ所[12]に独立して存在する地方組織を総称したものである．以下，これら地方組織を，この総称と区別して，「地方U3A」（local U3As）と呼ぶ．学習グループの活動は，各々の地方U3Aのなかで展開されるものである．

1．イギリスU3Aにおける学習グループの位置と機能

　イギリスU3Aの組織は，大別すると，個々のメンバーの活動レベル，地域レベル，全国レベルという3つのレベルから構成される．地域レベルでは，地方U3Aがそれぞれ，10から100ほどの多種多様な学習グループをかかえ，その取りまとめを行っている[13]．全国レベルではさらに，全国組織が，それら地方U3Aのネットワークの拠点として機能している．

　イギリスU3Aは，このように次元が異なる組織から成り立っているのだが，その関係性はピラミッド型ではない．そうではなく，図8-1に示すように，学習グループを車輪の外周にたとえるならば，地方U3Aは，車輪の軸に位置づくかたちで機能しているのである．地方U3Aと全国組織の関係性についても

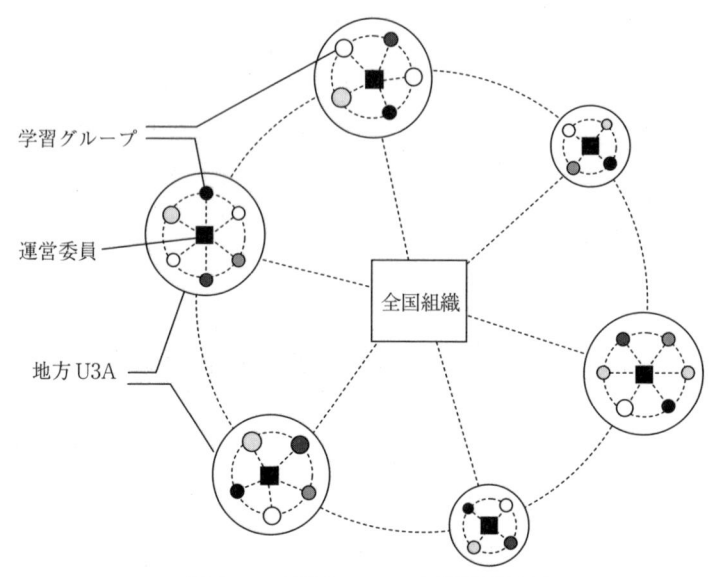

図 8-1　イギリス U3A の組織形態 [15]

出典）全国組織の発行する各種資料およびホームページ，筆者のインタビュー調査（2002年6月17日～7月4日）の記録より，筆者作成．

同様である[14]．すなわち，次元の大きい組織が小さい組織の活動を統制するわけではなく，小さい組織で円滑な活動が行えるよう大きい組織が支援する仕組みになっているのである．

U3A のメンバーは，各自の所属する地方 U3A で展開される学習グループの活動に参加することができる．彼らにとって学習グループは，日常的に行う最も身近な活動となっている．その活動は，各グループの独自性や自律性が第一に尊重されるため，それぞれ多様な様相を呈しているといえるが，全体としては次のようにあるていど共通した傾向性がある．

学習グループの活動内容としては，「語学」「文学」「哲学」「美術」など，教養系のグループ活動がほとんどの地方 U3A で行われている一方で，「カードゲーム」「ウォーキング」といった活動も盛んである．なかでも「ウォーキング」は人気があり，ひとつの地方 U3A がいくつかのグループをかかえていること

もめずらしくはない．注目したいのは，この活動の人気が，歩くことで健康を保つというだけではなく，話をしながら歩くことでメンバー同士の親交を深めたり，地域の自然を満喫したりする活動として，「ただ歩く以上の意味をもっている」[16] 点にあることである．ほかにも，多くの地方 U3A でみられる「ランチ」や「集い」といった名称の活動では，参加メンバーが食事をとったりお茶を飲んだりしながら，それぞれが興味をもっていること，最近の出来事などについてフリートークが行われている．このような活動は，活動内容よりむしろ，集って交流すること自体を目的としたものとしてイギリス U3A に特徴的なものだといえよう．これは，ラスレットの構想した「ユニバーシティ」像をストレートに実現させた活動であるようにも思われる．なお，資格・学位・単位の付与は，どの学習グループにおいてもいっさい行われていない．

　各グループのメンバー数は，10 名前後が主流である．それ以上増えそうな場合は，希望者に順番待ちをしてもらったり，グループ数を増やしたりして，1 グループの人数があまり多くなりすぎないよう留意されている．活動時間は，そもそもイギリス U3A が退職後の人びとを対象としているため，平日の日中であることがほとんどである．活動頻度は，週 2 回あるいは月 1 回ていどが主流であり，ゆるやかなペースが好まれる傾向にある [17]．このため，1 人で複数の活動にかかわるメンバーも多い [18]．活動場所は，メンバーの自宅や教会など，地域のなじみの場所を拠点としたアットホームな雰囲気のなかで行われている．活動費用は，こうした場所代のほか，教える役割もすべて参加メンバー自身が担っているために講師を雇う費用もかからず，教材費やお茶代など必要最低限に抑えられている．

　このような学習グループの活動形態は，効率性や採算が追求される場合には実現がむずかしいものである．学習グループでは，メンバー自身が地域のリソースを生かすかたちで活動をつくり上げるため，そうした要素にとらわれることなく，個々のニーズをダイレクトに反映させやすいのである．この柔軟性こそが学習グループの大いなる魅力として，メンバーにとって身近で心地よい

学びをもたらしているのだといえよう．

2. 学習グループをめぐる助け合いのネットワーク
(1) 学習グループ・レベルでの助け合い

次に，こうした学習グループを中心とするイギリス U3A の運営方法を，個々人や組織間のつながりに焦点を当てて具体的にみていきたい．

イギリス U3A のメンバーにとって，日々の学習グループでの助け合いが，活動を維持・促進するための最も基本的な要素となる．参加メンバーは学習グループにおいて，教える役割を担ったり，リーダーとなったりもする．前者は，自分の得意とすることがらを同じグループ内のメンバーに提供する役割を果たす．後者は，グループの活動の日時・場所にかかわる連絡調整という事務的な役割や，グループ内の要望や意見のまとめ役を担う．外部からの問い合わせへの対応など，対外的な窓口でもある[19]．

ここで重要なのは，グループ内の活動場面においては，特定の人が主導権を握るわけではないということである．たとえば教える人の役割の範囲は，各グループによって若干異なるものの，おおむね次のように理解されている．「イギリス U3A で教える人のほとんどは，活動を指導する人ではなく，『手助けする人』なのです．彼らは，メンバーが自分でものごとを発見するよう励まし，それらをグループ内で共有するよう励ますのです」[20]．すなわち，教える人の専門性の高さや学習内容の高度さよりむしろ，メンバー全員による双方向のやりとりによって活動がつくり上げられるプロセスが重視されているのである．語学など教える側にあるていどの専門性が求められる場合も，その1人が主導権をもつのではなく，運営面での事務的な補佐などはできるかぎり他のメンバーも協力することが望ましいとされる[21]．これは，「教える人と学ぶ人の区別はなく，あくまでも全員が対等な『メンバー』である」[22]と位置づけるラスレットの主張に通じるものでもあろう．

では具体的に，メンバーの協力によってつくり上げられた活動の事例をみて

みよう.筆者のインタビュー調査によると,ある地方U3Aの「オーラル・ヒストリー」グループでは,次のように活動が展開されたという.「私たちは,オーラル・ヒストリーを学びたくて集まったのですが,やり方を知っている人はいませんでした.だから私たちは本を買い,全員で少しずつ読んで話し合いを重ねました.そうして実際,何人かのメンバーでインタビューを行うことにしました.あるメンバーはそれを録音し,別のメンバーはそれをテープ起こししました.最終的に私たちはそれを,博物館にもっていきました.インタビューはこの町に住んでいた人びとに対するもので,町での生活や仕事の歴史を語るものだったのです.(中略)さらに別の人は,子どもたちがそのテープを借りやすいように番号をつけ,目録をつくりました」[23].

このグループの活動では,教える役割を担った人はいない.「ある人が他の人より重要な役割を担うということはな」[24]く,「メンバー全員が自分でやるべきことを見つけ,それを実行するためにともに活動した」[25]のだといえる.実際には,このような活動形態をとるグループはあくまでも全体の一部であり,割合としては,教える人や進行役を明確に設定し,周囲がそれに協力する形態のグループのほうが多いといえる.しかし,こうした事例が,「トップダウンではなく,ボトムアップ」[26]という学習グループの活動方針を実践した最たるもののひとつであることはまちがいないだろう.

このようにみてくると,学習グループ内でのインフォーマルな助け合いは,イギリスU3Aの活動を構成する最も基本的な要素であることがあらためてわかる.それは,メンバーだけで運営される日々の活動を活性化させるのに不可欠な要素なのである.

だが一方で,こうしたインフォーマルなかかわりあいに頼るだけでは,グループを恒常的に維持するのに限界があるのもまた事実である.というのも,メンバーの関心や意欲のいかんによっては,ともすると活動が立ち行かなくなる危険性があるからである[27].このような「弱さ」は,イギリスU3Aのなかでどうフォローされているのか.その疑問を解く鍵となるのが,地域レベルと

全国レベルでつながるネットワークなのである．

(2) 地域レベルでの学習グループ支援

　地方 U3A は，その地方 U3A に所属するメンバー内から選出された役員によって運営される．その役職の内訳や人数は各地方 U3A によっても異なるが，会長，副会長，会計など 10 名前後が主流となっているようである．彼らは，組織としての地方 U3A を管理するほか，学習グループ支援のために，次のようなことを行っている．

　まず，学習グループの活動にかかわる情報の管理と発信である．たとえば，各々の地方 U3A は，活動日時，場所，リーダーの連絡先といった学習グループの詳細を，ほぼ毎月メンバー全員に配布する会報のなかで伝えている．これらは，グループ情報管理を担当する役員によってつねに最新の活動状況が把握されており，所属メンバーへと配信されるものである．各々のメンバーはこれを見て，自分の所属する地方 U3A のなかでどれほどの学習グループがいつどこで何をやっているか，どのようなグループが新しくできたかなどを知り，自身の今後の活動計画に役立てるのである．

　しかし，地方 U3A の果たす役割は，情報の管理や発信にとどまるものではない．所属メンバー同士の交流活動を促進するうえでも重要な役割を担っている．具体的には，ほとんどの地方 U3A では，月に 1 回講演会や茶話会（Coffee Morning）が開催され，メンバーであればだれでも無料で参加できる．U3A メンバーにとってこれらの機会は，自分の所属していない学習グループのメンバーたちと直接会って話をしたり，他のグループの活動状況を知ることができたりする「有用な場」として認識されているようであり[28]，どの地方 U3A でも多くのメンバーが参加している．その日時や場所が各地方 U3A で会報などを通じて大きく告知されていることからも，地方 U3A における主要な活動として位置づいていることがうかがえる．

　こうした機会を通じて，地方 U3A 内では，メンバーがお互いに何を得意と

し，何に興味をもっているのかがあるていど共有されているといえる．このような関係づくりがなされていることにより，自分と同じ関心をもつメンバーと新たな学習グループをつくったり，グループ内で何らかの課題に直面したときにも外部のメンバーに直接アドバイスを求めたりすることが可能となっているのである．とくに注目しておきたいのは，経験豊かなメンバーによる温かいフォローである．たとえば，長年「コンピュータ」のグループで教えてきたあるメンバーは，同じ地方 U3A 内のメンバーが初めて教える役割を担う場合などは，実践的なアドバイスはもちろん，ときには次のようなことを言って励ますのだという．「あなたは，多くの人が知らないことを知っている，まさにその人なのです．（中略）すべての人が，あなたが話している内容をすぐに理解するものだと思ってはいけません．ちょっとずつ始めればよいのです」[29]．学習グループ内にかぎらず，地方レベルでも，こうした身近なメンバーの後押しが，グループ活動の大きな原動力となっているのである．

だがもちろん，地方レベルのネットワークでは，地方 U3A の規模や学習グループの活動内容によっては，ニーズに応えうる適当なメンバーがいないこともある．こうした場合に力を発揮するのが，次にみる全国規模のネットワークである．

(3) 全国レベルでの学習グループ支援

全国組織の運営を担うのは，年次総会で選出された会長，副会長，会計，書記に，地方 U3A の代表者を加えた計 19 名の役員である．全国組織は，彼らを中心として，図 8-1 でみたような地方 U3A をつなぐネットワークの拠点として機能している．だがそれだけではなく，地方 U3A の枠をこえた学習グループ同士のネットワークを維持・促進する媒体にもなっているのである．その主な役割を概観しておこう．

まず全国組織は，学習グループの運営に活用できるさまざまな小冊子を作成している．このうち『スタートアップ・リーフレット』（*Start-Up Leaflet*）の

シリーズは，新たな学習グループをつくるさいに利用できる手引きであり，多様なテーマから構成される．ある手引きでは，各地方 U3A の代表メンバーによって，学習グループを運営するさいのノウハウが各々の観点から紹介されている．たとえばひとりのメンバーは，新たな学習グループをつくるさいの具体的なチェック項目を次のように示している．グループの名前については，「内容を特定でき，興味をそそるタイトルにしましょう」，実施場所については，「参加メンバーがいろいろな地域から来ている場合は，グループを開く場所を定期的に変更するか，真ん中の場所で開くようにしましょう」などを，さらには気分転換の方法についても，「ティーブレイクは議論を活性化させるのに役立ちます．個人の家であれば，紅茶やビスケットはあるでしょう．それに対して，少しずつお金を出し合うようにしましょう」というようにである[30]．このほか，活動内容別にも 40 種類をこえる手引きが作成されており，それぞれ全国組織から手軽に入手することができる．

　また，全国組織は，学習グループの相互交流を促進するうえでも重要な役割を果たす．なかでもとくに注目したいのが，「学習内容別ネットワーク」(Subject Network) である．これは，ふだんは地方 U3A ごとに分かれている学習グループを活動内容ごとに結びつけ，同じような活動を行う者同士で体験や知識を分かち合おうとするものである．2006 年 2 月時点で「歴史」「科学技術」「インターネットワーク」「健康と福祉」「フォークダンス」など 28 種類のネットワークが存在しており，それぞれ 1，2 名のメンバーがコーディネーターとして連絡調整を行っている．具体的な活動内容としては，たとえば，「科学技術」のネットワークでは，年に数回，独自の会報が発行されたり，ミーティングや合宿などのイベントが企画されたりしている．2 名のコーディネーターが編集する会報では，「科学技術」の学習グループをかかえる地方 U3A のリストや，最新の科学技術研究の成果が掲載されるほか，各地域の「科学技術」グループが，いつ，どこで，どのような活動を行っているかといった報告もなされている．また，「どこから題材をさがしてきましたか？」「どういう設備環境のなかで活

動を始めましたか？」「グループの活動がマンネリ化してきた場合，どうしますか？」[31]など，同じ学習内容に取り組むがゆえに分かち合える問題について，情報提供が呼びかけられている．

このほかにも，全国組織は，全国のメンバーすべてに向けて年に数回発行される会報や情報誌で，各地域の学習グループの活動紹介やイベントの告知などを積極的に行っている．さらに，個人では入手しにくい資料やビデオなど，所蔵している教材をグループ活動に貸し出したりもしている．

このように，全国レベルでは，各地方U3Aのノウハウの蓄積や，地域の垣根をこえたメンバー同士の交流活動などが活発に行われ，学習グループの活動が支援されている．それは，地方のネットワークの「補強」という程度にとどまるものではなく，全国組織独自の支援体制として確立されているのである．

第4節　おわりに

2004年，設立から20年以上が経過したイギリスU3Aで，新しい理念が誕生した．それまで基本的な理念として掲げられてきたラスレットの構想の現代的な解釈が試みられたのである．この理念は，全体として非常に簡潔になり，ことばづかいも平易なものとなっているが，「学ぶことの楽しみ」がイギリスU3Aの原動力であること，U3Aメンバーは自分たちを学ぶ人であり教える人でもあると認識していることなど，ラスレットが描いたU3A像の根本的な部分は，いまなお受け継がれているといえる．

だが，ここで新たな理念が誕生したことの意味は大きい．というのも，こうした試みは，現在のメンバーが，イギリスU3Aの何たるかを自分たちのことばで表現する必要性を認識したからこそ行われたものだからである．そこでは，活動に親しみ，その醍醐味を味わってきたメンバーにとって納得のいくかたちでU3Aが語られている．彼らは日々の活動を経るなかで，ラスレットの構想を自分たちなりに再解釈していたといえよう．

イギリスU3Aの活動は，メンバー自身の手でつくり上げられるものである．ゆえに，メンバーが活動にかかわるなかで生まれる，活動に対する考えや思いこそが，次の活動につながっていくのである．あるメンバーは，「私は，U3Aという大きな家族のなかにいるのです」[32]とたとえている．ここでいう「家族」とはまず，自主的な活動であるぶん，自分のペースを守れる居心地のよさをさすといえよう．さらに，学習グループのなかでお互いを助け合うプロセス，またそれを支援する地域的・全国的な助け合いの輪に対する信頼感や安心感も含めて，「家族」と表現するのである．イギリスU3Aの活動を活性化させているのは，このように実感のこもった活動理解とそれを反映させた実践のくり返しが，個々のメンバーに，学習内容の習得にとどまらない「学び」をもたらしている点にあるのではなかろうか．

最後に，イギリスにおけるこのような活動事例は，文化的土壌のちがいはあれど，日本の高齢者教育への示唆も大きいと思われる．というのも，多様化・高度化する高齢者の学習ニーズを考慮すれば，従来のように，提供された講座を受講する，講師やスタッフに企画や運営を全面的に委ねる，などの学習へのかかわりから一歩踏み出し，学習者が自主的に活動を組織し，そこに「参画」していく活動が，ますます志向されてくると考えられるからである．そのような活動をどうとらえ，どう支援していくべきかが，今後の重要な課題のひとつとなってくるのである．イギリスU3Aの事例はまさに，それを考えるためのヒントをわれわれに提示してくれているといえるだろう．

注)
1) Sheffield, M. *Third Age-Second Youth, The University of the Third Age*, BBC Open University Production Centre. 1984. p.4.
2) Swindell, R. & Thompson, J. International Perspective on the U3A, *Educational Gerontology, 21*, 1995, pp.431-432.
3) ラスレットは，既存の学問領域に収まらないその研究スタイルから，歴史学者，哲学者，人口統計学者，老年学者という多様な肩書を有する人物であった．
4) Laslett, P. In an Ageing World, *New Society, 27*, 1977, 171-173.

5) マイケル・ヤング（Young, M.），エリック・ミッドウィンター（Midwinter, E.），ダイアン・ノートン（Norton, D.）．
6) Norton, D. A Brief History of U3A, in Cloet, A.(ed.) *University of the Third Age*(U3A). The Third Age Trust, 1992, p.20.
7) Swindell, R. & Thompson, J., *op.cit.*, pp.429-447.
8) Laslett, P. *The University of the Third Age : Objects and Principles*. The Third Age Trust, 1984. 本来この「目的と原則」は1981年に発表されたものだが，ここでは，全国的な普及のために若干改訂されたものを引用している．
9) Laslett, P. *A Fresh Map of Life : The Emergence of the Third Age*（Updated）．Harvard University Press, 1991, pp.218-220.
10) *Ibid*.
11) The Third Age Trust, *U3A DIY*, 1982. これは，ラスレットの作成したU3Aの「目的と原則」（Objects and Principles）のうち，20項目から成る「原則」を，「基本原則」（Guiding Principles）として，3項目に集約したものである．なお，「基本原則」で言及されていない「原則」は，① ボランタリズムの徹底，② 社会とのかかわりや他機関との連携，③ 研究活動への従事の3つに大別できる．
12) 2006年2月8日時点．また，イギリス全体での参加メンバーの総数は，同時点で15万3,443人となっている（全国組織のホームページ http://www.U3A.org.uk/ より）．なお，これらは後述する全国組織に加盟している地方U3Aとそのメンバーの総数であり，ここに加盟していない地方U3Aがこの他に若干数あることは指摘しておきたい．
13) 各々の地方U3Aの規模も，所属メンバーが10人ていどのものから2,000人をこえるものまで多様である．
14) Midwinter, E. *Thriving People*. The Third Age Trust, 1996, p.7 および pp.20-21.
15) より詳細なものについては，生津知子「イギリスU3A（The University of the Third Age）の理念と実態に関する一考察」『京都大学生涯教育学・図書館情報学研究』第4号，2005年，p.95を参照のこと．
16) 生津知子「イギリスU3A（The University of the Third Age）関係者へのインタビュー記録」『京都大学生涯教育学・図書館情報学研究』第2号，2003, pp.153-154.
17) 語学など，活動内容によっては，週に1回の頻度で行われるものもある．くわしくは，生津知子，前掲論文（2005）参照．
18) The Third Age Trust *The Third Age Trust Membership Survey*, 2002.
19) ここでいう教える役割とリーダーの役割を1人のメンバーが担う場合もある．また，それぞれの呼称もU3Aごとに異なっている．
20) The Third Age Trust *Start-Up Leaflet : So You Think You Can't Run a U3A Group*. 2001, p.1.

21) The Third Age Trust *Start-Up Leaflet : U3A Voices*. 2001, pp.3-4.
22) Laslett, P., *op.cit.*, (1991), p.172.
23) 生津知子，前掲論文 (2003), pp.146-147.
24) 同前，p.146.
25) 同前，p.147.
26) 同前，pp.145-148.
27) 実際に，教える役割を担う人が不足するという事態も全国的な傾向として顕在化している．くわしくは，生津知子，前掲論文 (2005) 参照．
28) 生津知子，前掲論文 (2003), pp.140-142 など．
29) 同前，p.156.
30) The Third Age Trust *Start-Up Leaflet : U3A Voices*, 2001, pp.12-13.
31) Mitchell, C. & Street, L. (ed.) *Science and Technology Network Newsletter*, No.13, 2006, Feb., p.2.
32) 生津知子，前掲論文，p.154.

第9章 | NPOによる高齢者教育：
エルダーホステル協会を
事例として

　日本における高齢者を対象とした教育実践としては，老人大学をはじめとする公的機関によって提供されるものが主流を占めている．しかしこれらの公的な学習機会は，「2007年問題」という呼称にも典型的に表れているように，高齢者の増加をひとつの「問題」としてとらえ，これへの政策的な対応として位置づけられているものが少なくない．しかし，「老化をいかに遅らせるかとか，老人対策はいかにあるべきかといった視点からは，教育学と老年学の対話は生まれない」[1]とすれば，教育老年学が有益な示唆を受けるべき実践は，「問題をかかえた高齢者」イメージに対するオルタナティヴな高齢者像を提起するものでなくてはなるまい．この点において，むしろNPOをはじめとする市民の自主的な活動のなかに，そのような実践を求めうるのではないだろうか．

　NPOについては，近年では公的施設における指定管理者制度の導入等の状況を受けて，行政に代わって公的なサービスを担う存在として語られる向きもあり，すでにそれが実行に移されつつあるのは，生涯学習の分野においても同様である．しかしNPOとはほんらい行政の代替ではなく，むしろ行政・企業といった既存のサービス提供主体によっては満たされないニーズを，市民の自主的な活動によって顕在化させるものである．その意味でNPOとは多様な価値観——既存のそれに対するオルタナティヴ——を提起する存在であり，高齢者教育の分野においても，より積極的で肯定的な高齢者像を提起する実践が存在する．そこで本章では，その代表的な事例として，アメリカに始まり日本においてもNPOによる活動が続いているエルダーホステル運動を取り上げ，その展開過程と主な活動を紹介するとともに，高齢者を対象とした教育実践とし

ての意義を論じる.

第1節　エルダーホステル運動とは [2]

1. 歴史と活動

　エルダーホステルとは，1975年にアメリカで始まった高齢者のための高齢者による教育運動である．創立者であるマーティン・ノールトン(Knowlton, M.)とデービッド・ビアンコ(Bianco, D.)が，ヨーロッパのユースホステル運動と北欧の国民高等学校(folk high school)をヒントに構想したもので，高齢者に宿泊をともなう教育プログラムを提供するというものだ．60歳以上の成人を対象に，ニューハンプシャー州の5つの大学で1週間に3科目の講義を提供し，参加者は大学の寮などに宿泊しながら自由に受講するというかたちで始まったエルダーホステルは，その後全米に広がり，5年後にはすべての州で同様のプログラムが開催されるに至った．1981年には海外でのプログラムが始まり，主に現地の自然や文化，歴史に重点をおいた講座が提供されており，年を追うごとにその数を増している．アメリカのエルダーホステルでは現在，1年間に約8千のプログラムが実施され，およそ17万人がこれに参加しており，海外プログラムも90ヵ国以上で実施されるなど，アメリカで最大の成人教育機関のひとつとなっている．

　エルダーホステルのプログラムは，講座を実施する大学等の教育機関のコーディネーターが，その機関がもつ教育資源を利用して独自に企画・運営しており，全体的な情報管理・広報活動・参加登録・新規プログラム開発等を非営利法人のエルダーホステル(Elderhostel, Inc., 以下，アメリカ・エルダーホステルと表記)が行っている．またアメリカ・エルダーホステルのスタッフとして担当地域を統括するディレクターが置かれ，大学と連携してのプログラム企画や，協力大学の新規開拓等に携わっている．プログラムの情報は，年3回発行

される各種カタログとその合間に発行されるニュースレター，ホームページ等で紹介されており，希望者は郵送もしくはインターネットを通じてこれらを無償で受け取ることができる．

2．特徴と理念

　高齢者を対象とした教育実践としてのエルダーホステルは，次のような特徴を有する．まず，プログラムの参加にさいして学歴や資格を問わず，60歳以上のすべての高齢者に高等教育へのアクセスを開いたことである（対象年齢はのちに55歳以上に改められた）．大学の寮などを利用したプログラムは，安価な学習機会の提供に利するのみならず，高等教育の場への参加という効果を高め，参加者相互の交流を促進するものとなりえた．また通常，大学で提供される教育プログラムと大きく異なるのが，課題や試験がなく単位認定を行わないということで，学習それ自体を目的として，学ぶことを楽しむ場を提供するものとなっている．

　設立当初から講義の内容については，いわゆる「高齢者問題」にかかわる実際的な問題を扱うことには慎重で，むしろ教養科目を中心に，学問的水準を保つことを意識して編成されてきた点も，エルダーホステルの大きな特徴である．エルダーホステルの運営に創設期より携わってきたユージン・S・ミルズ（Mills, E. S.）は，その著書のなかで次のように述べている．

　　社会保障，健康維持，遺言と遺産，アルツハイマーなどの科目を入れたプログラムを提供したいという申し込みが，何度となく寄せられた．（中略）しかし，エルダーホステルの創立者たちは，この種の科目は参加者が病気や機能低下という否定的な方向に目を向けてしまい，能力，実行力，そして高齢化に関する会議などでよく耳にする言葉＝「機能的健康状態」という積極面を考えなくなる，と信じていた．（中略）エルダーホステルは，加齢による喪失よりも高齢期に湧き上がる新しい力に焦点をあてるべきだ，というの

である[3]．

　これは，高齢者は教養を高めるべきだという硬直的な態度を示すものではない．むしろほんらい多様であるはずの高齢者のニーズ・関心を，ステレオタイプ的な高齢者問題に収斂させることを戒めるものといえよう．じっさい今日のアメリカ・エルダーホステルにおいては，スポーツや野外活動，工作など科目の内容も多様化しており，子どもや孫とともに参加できる世代間交流プログラムなど，高齢者のニーズに即したさまざまな取り組みも行われている．

　エルダーホステル活動のアメリカにおける急速な拡大は，このような特徴あるプログラムが多くの高齢者のニーズをとらえたことを示している．それは同時に，エルダーホステルが唱えた積極的な高齢者像が，多くの高齢者の共感を得たということでもあろう．エルダーホステルの教育実践の背景にある理念をうまく示した文書として，ミルズは「1975年度エルダーホステル計画」の原文を紹介している．そこでは以下のように述べられている．

　　この計画の提案者は，「定年退職は引き籠りである」という社会通念を否定する．この時期こそ新しい人生へ乗り出す機会であると考えるべきだ．（中略）エルダーホステルは行動する高齢者のためのホステルである．（中略）その目的は，高齢者を社会の枠組みの中に閉じ込めず，そこから一歩踏み出させ，彼らが社会の一員，いやそれ以上に，新しい枠組みの創造者として生きるよう奮起させることにある．エルダーホステルは，教育界の重要な責務を，「老年は静止の時期」という固定観念を打破することにあると考えている[4]．

第2節　日本のエルダーホステル：エルダーホステル協会の取り組み[5]

1. 日本における展開過程

　エルダーホステルの実践は，市民の自主的な活動として，日本においても約

20年の歴史を有する．ここでは，日本におけるエルダーホステル運動の展開と，その中心的な組織であるNPO法人エルダーホステル協会の活動について紹介する．

日本のエルダーホステル運動は，1986年の「エルダー国際交流協会」の設立に始まる．これは設立者である豊後レイコが，アメリカのエルダーホステルに触発され，日本でも同様の事業を展開することを企図すると同時に，アメリカ・エルダーホステルの海外プログラムの日本における提携団体として立ち上げたものである．同年9月にアメリカ・エルダーホステルの第1回日本学講座を実施，1988年には名称を「エルダーホステル協会」と改め，国内の高齢者を対象としたプログラムを開始した．2000年に特定非営利活動法人（NPO法人）の認証を受け，現在に至るまでエルダーホステルの理念にもとづいた，高齢者対象の生涯学習事業に取り組んでいる（表9-1参照）．

表9-1　エルダーホステル協会の沿革

年	内容
1986	「エルダー国際交流協会」の設立． 第1回「日本学講座」を開催．
1987	「エルダーホステル友の会」を組織． 「EHニューズ」を創刊．
1988	「国内講座」「海外講座」「IEAセミナー」を開始． 「エルダーホステル協会」に改称．
1989	「エルダー学習情報」を創刊．
1995	ユージン・ミルズ著『エルダーホステル物語』を邦訳出版．
1996	会員組織を改編．正会員と賛助会員を設け総会と理事会をおく．
2000	特定非営利活動法人の認証を受ける．
2004	「エルダー・サロン」「私の町にいらっしゃい」を開始．

出典）エルダーホステル協会の資料をもとに筆者が作成した．

2．エルダーホステル協会の活動

エルダーホステル協会の主な事業は，以下のとおりである（表9-2参照）．

① 日本学講座　アメリカ・エルダーホステルの日本における海外プログラムの企画・運営を担っている．日本の歴史・文化・自然を学ぶ講座，体験学習，フィールドワーク，交流会，日本の家庭・学校の訪問等を組み合わせた10〜16日間のプログラムを，アメリカ人中心の参加者に提供する．講座・案内等

表9-2 エルダーホステル協会の活動実績

事業名	開催年	開催数累計（回）	受講者累計（人）
日本学講座	1986〜2005	108	3,551
国内講座	1988〜2005	300	5,223
海外講座	1988〜2005	135	2,905
IEAセミナー	1988〜2005	42	2,900
エルダー・サロン	2004〜2005	17	291
私の町にいらっしゃい	2004〜2005	9	151
エルダー学習情報	1989〜2002	年2回発行	

出典）エルダーホステル協会の資料をもとに筆者が作成した．

はすべて英語で行われ，エルダーホステル協会の会員を中心とするボランティアが，空港への出迎え，フィールドワークの案内，家庭訪問の受け入れ等に携わっている．英語での講義はボランティアも受講することができ，ボランティアにとっても国際交流と学びの場であるとともに，アメリカ人ホステラーの積極的な姿勢に刺激を受ける人も少なくないという．

　②国内講座　50歳以上の成人を対象に2〜4日間の旅行と講座を組み合わせたプログラムである．公共または民間の宿泊施設を利用して，現地の教育機関・自治体・民間団体等の協力を得ながら，訪れた地域の歴史・産業・自然・文化等を学ぶ講座やフィールドワーク等に取り組んでいる．主に地元の協力者がコーディネーターとなり，プログラムの企画，講師依頼，宿泊の手配等を担っているが，近年では会員がコーディネーターとなる講座も生まれている．

　③海外講座　国内講座と同じく50歳以上の成人を対象に，海外の大学や教育機関において行われる1週間から3週間のプログラムである．旅行と学習を組み合わせたプログラムは，国内講座と並んで，エルダーホステル協会の事業の柱となっている．講座は基本的に日本語で行われるが，英語を学ぶことを目的のひとつとして，すべて英語で行われるプログラムもある．専門家による講義にくわえて，地元の人びととの文化交流や学校訪問などが組み込まれている．現地の大学等と連携して企画をつくり，運営は講座を開く大学等の機関のコーディネーターに委ねられている．

④ IEA セミナー[6]　宿泊をともなう講座に参加できない会員も参加可能な機会として取り組まれる．他国の文化，生涯学習，高齢社会等をテーマにした日帰りの講演会である．

⑤ 会員活動　会員が主体となって企画する事業が2004年から始まった．「エルダー・サロン」では，「うまくお医者さんとつきあう方法」「温泉学入門」「関西の私鉄文化」などのテーマのセミナーが取り組まれており，「私の町にいらっしゃい」は，会員が居住地の史跡や文化を紹介する日帰りのフィールドワークである．

⑥ 出版事業　会員に情報を伝える手段として，機関紙「EH ニューズ」を年8回発行している．1989年春には大阪府福祉基金からの助成を受けて『エルダー学習情報（関西版）』を創刊．同年秋に『エルダー学習情報（首都圏版）』も創刊し，以後2002年秋まで年2回の発行を続けた．エルダーホステル協会の事業にくわえ，大学の公開講座や生涯学習関連施設の情報を集約し，高齢者のための学習情報を提供している．また，1995年にはユージン・ミルズ著『エルダーホステル物語』を邦訳出版した．

　これらのほかに会員の自主的な活動として，英語・コーラス・ハイキングのサークルが活動している．2006年3月には設立20周年を迎え，記念行事が取り組まれた．

3．アメリカ・エルダーホステルとのちがい

　以上のように，日本のエルダーホステルは，過去20年にわたり高齢者を対象とした学習機会の提供に一定の実績を上げてきたといえる．しかしアメリカ・エルダーホステルと比較すると，非営利の法人組織が中心となっている点では同様であるが，その規模ははるかに小さい．また，日本とアメリカの社会・制度のちがいをうけて，活動内容や運営体制等については異なる点もあり，そのことが事業の拡大に対する阻害要因として働いている面もある．なかでも次の2点は大きな課題である．

第一に，国内でのプログラムにおける高等教育機関との連携の乏しさである．大学教員が個人としてエルダーホステルに協力し，講座の講師等を引き受ける例は多くあるものの，大学の担当者がプログラムを企画・運営するアメリカのエルダーホステルとくらべて，高等教育機関の主体的・組織的な参加をあまり得られていないという課題がある．したがってとりわけ国内講座については，先述のように利用施設や実施体制の面でアメリカ・エルダーホステルとは大きく異なっている．学生寮等の利用可能な施設が乏しいという物理的な問題もあるだろうが，それ以上に日本の大学の成人教育への取り組みが立ち遅れているということがいえるだろう．そもそもエルダーホステルの成り立ちにおいても，アメリカにおける創設者のひとりは大学の職員であり，大学の資源を活用した新しい夏季プログラムの企画として，いわば大学の内からエルダーホステルが生まれたのに対し，日本におけるそれは市民の自主的な活動とそれをささえる人びとのネットワークとして，大学の外で活動を広げてきた．そのことが国内講座の取り組み方のちがいとなって現れている．

　第二に，民間の非営利活動をささえる社会的インフラの差がある．アメリカ・エルダーホステルは，創立当初にはいくつもの財団の助成を受け，活動が軌道に乗った1984年以降は事業収入と参加者からの寄付によってその活動を成り立たせている．そのためプログラム情報を集めたカタログやニュースレターは，希望するすべての人びとに無償で配布されており，参加の機会はすべての高齢者に平等に開かれている．対して日本では，財団による助成はその数も規模も小さく，寄付を行うということも一般的ではない（かつ税制面での優遇措置等が十分に整備されていない）．そのため，サービスの対象となる人を会員として組織することが必要となり，会費を払った人に情報を届けるというかたちをとらざるをえなくなっている．1つひとつのプログラムは会員以外も参加できるようになっているが，広報の段階で対象者が絞られてしまうため，結果として参加のハードルが高くなってしまうことが考えられる．

　またこれは課題ではないが，エルダーホステル協会ではアメリカ・エルダー

ホステルが対象年齢を55歳に引き下げる以前から，50歳以上の成人を主な対象としている．創設者の豊後レイコは，50歳という年齢は女性にとっては育児と家事が一段落し目標を失う時機だと考えられること，男性にとっても定年後の生活を見据えてこのころから過ごし方を考えはじめたほうがよいと考えたことを，その理由として述べている[7]．エルダーホステル協会の独自の考え方が表れているといえる．

　大学との連携に乏しい反面，国内講座の企画や会員中心の活動など，参加者は単なる顧客としてのみあるのではなく，会の運営に主体的に参加することで活動をささえている．エルダーホステル協会の活動は，高齢者による自己教育・相互教育という側面をも有しており，これが日本のエルダーホステル運動におけるひとつの特質であると考えられる．

第3節　高齢者の学習・社会参加とエルダーホステル

　エルダーホステルのプログラムは，そこに参加する高齢者にとってどのような意味をもつものだろうか．またそれは，高齢者の学習・社会参加にどのようにつながるものなのだろうか．本節ではエルダーホステル協会の事業に参加した高齢者の手記等から，この問題を考えてみたい．

1. 旅と学習の融合

　エルダーホステル協会の事業の最大の特徴は，旅行と学習を組み合わせたプログラムであり，他に類のない学習機会の提供といえる．以下は，参加者の手記からの抜粋である．

　　エルダーホステルの旅は単なる観光旅行ではない．学習しながら旅をするとはこんなに素敵なことなのかと改めて思います．ホテルでなく大学寮に泊るというのがいい．この年で学生気分になれて，ワーズワースの詩を先生のあとに

ついて朗読し，シェイクスピアの話を聞けるなんて，もう感動！　通訳の方が一生懸命訳して下さるから特に文学に詳しくなくても全然心配不要[8]．（イギリスでの海外講座に参加した女性）

　海外現地での講義は現場を見ることと併せて非常に印象深く，心に焼き付くようで忘れられない思いです．出発前に本を読んでも殆ど頭に入りませんが，帰国してから読むと驚くほど明瞭に理解できます[9]．（イギリス・アラスカ・北欧等での海外講座に参加した男性）

いずれにおいても旅と学習を融合したプログラムが，より効果的な学習につながっていることがうかがえる．同時に学習をともなう旅であることが，その旅をより魅力的なものと参加者に感じさせていることがわかる．またここでは紹介しきれないが，現地の人びととの交流や学校・家庭の訪問は，通常の観光旅行では得られない機会として，多くの参加者に支持されている．楽しみながら学び，かつ学ぶことそのものを楽しむための方法として，エルダーホステルのプログラムが効果の高い手法のひとつであることはまちがいないだろう．

2. 行動する高齢者集団

　参加者の手記からうかがえる，エルダーホステルにおける学習のもうひとつの特徴は，好奇心旺盛で積極的に行動する高齢者集団の教育力である．それは次のような感想に現れている．

　この9日間，私のこれからの人生は変わったと思いました．会員の方の何時も節度あるマナーと優しさ，数々の講座への生き生きとした取り組み方，居心地悪いどころか，楽しくて，その上仲間がいるという心強さは1人で楽しんでいたのとは全く違う張り合いがあるものでした[10]．（中国での海外講座に参加した女性）

今回のイベントで学んだ最大のことは参加者の方々の若々しいチャレンジ精神でした．私も好奇心だけは旺盛だと思っていますが，皆さんに負けないようこれからも前向きに頑張るつもりですのでよろしくお願いします[11]．(清里での国内講座に参加した男性)

　最初53歳の私は皆様より少し年齢が下のように思えました．けれど(中略)かなりハードな講座内容を私より大分年上の方々でさえ悠々と楽しみながらこなされ，初めての事にも好奇心いっぱいで挑戦されるのですぐ"私も仲間よ！"という感じで，その輪の中に入れて頂けました[12]．(鹿教湯での国内講座に参加した女性)

　エルダーホステルに集う高齢者の高い学習意欲が，新たな参加者に対する刺激となっている．学ぶことに対して意識の高い集団が形成されており，全体として学習の効果を高めていることが看取される．また，こうした集団形成の前提となる人間関係の構築という点で，旅と学習の融合という形態が有効であることも指摘できよう．堀薫夫は「人間関係の再構築は高齢期の重要な課題であり，高齢者の学習はこのプロセスと並行して展開される必要がある」と述べているが[13]，エルダーホステルのプログラムはまさにこうした指摘に応えるものといえる．またこうして広がった人間関係が，先述の会員の自主活動サークル等につながっており，エルダーホステル自体が高齢者の社会参加の場として機能している．

3. 目的としての学習
　エルダーホステル協会が国内の高齢者を対象とした最初のプログラムは，1988年に松下政経塾で行われた国内講座「世界の中の日本」であった．参加したひとりの女性はその感想を次のようにまとめている．

私はこの講座に参加するのに，本当に何年ぶりかで自分のためのノートを買いました．（中略）新しいノートの第1ページは豊かな内容の言葉で埋められました．この部厚いノートがいっぱいになる頃，私はどんな風に変身しているのでしょう．"未知なる自分を発見する旅"へ一歩踏みだした，そんな興奮を今おぼえています[14]．

　また，2006年3月に行われたエルダーホステル協会創立20周年記念祝賀会においては，海外講座への参加をきっかけとして18年にわたり英語の学習を続けている女性が，英語サークルの活動紹介を次のように締めくくっている．

　先輩も後輩もないんですエルダーホステルでは．何もわずらわしいことはありません．自分を磨いていくという集まりだと思います．最初の一歩が踏み出せないんです．でも最初の一歩を踏み出すと，あとの二歩，三歩はだんだんうまくなっていくわけです，それで何とか歩いていくと，立派なエルダーホステラーになると思います．

　いずれにも共通するのは，エルダーホステルでの経験を自らの学習の「最初の一歩」ととらえていることである．同時に学習は，「未知なる自分を発見する」「自分を磨いていく」ためのいわば終わりのないいとなみとして位置づけられている．本節で紹介した他の手記にも示されているが，参加者にとってエルダーホステルの実践における学習は，目的達成のための手段というよりむしろ，それ自体が目的となっている．これは高齢者に特有の学習ニーズに応えるものであると同時に，高齢者教育の目標としての自己超越[15]につながるものといえるだろう．その意味でエルダーホステルは，高齢者の特性を生かした学習援助の先駆的な実践例として評価することができる．

第4節　高齢者教育におけるNPOの可能性

　前節では，エルダーホステルの実践が参加者にとってどのような意味をもつのか，さらにそれは高齢者教育の実践としていかなる意義を有するのかについて，主にその積極面に焦点を当てて考察してきた．エルダーホステルが提示する積極的に学び行動する高齢者像は，教育老年学に重要な示唆をあたえるものであることが示されたと考える．その反面，公正中立な立場からエルダーホステルのネガティヴな側面を十分考慮したとはいえず，ここで論じたことがすべての高齢者にあてはまるものだとは必ずしもいえないことは確認しておかねばなるまい．たとえばエルダーホステルの実践は，必ずしもすべての高齢者に開かれているわけではない．むしろそれは，一定以上の経済的・時間的余裕のある層に限られているということもできよう．

　しかし，そのことによってエルダーホステルが非難されるべきだとは思わない．むしろそのような性格を有する実践であることが，NPOによってそれが担われていることに積極的な意義をあたえていると考える．エルダーホステル協会の創設期からの会員の男性は，筆者に対して次のように語っている．

　　だれでもやれることとちゃうんや．やっぱり金がかかる．ちょっと海外とか行ったらすぐ20万30万いるやろ．そやから1日1万円使っても死ぬまで大丈夫やってくらいの金がないと，やってられんのや．だから稼がなあかん．その金を稼ぐのに60年かかったんや．

　エルダーホステルがだれにでも参加できるものではないという一方で，高齢者だからこそ可能な実践だという側面をもっていることを，このことばは示しているように思う．じっさい，あるていどの経済的・時間的余裕を有する高齢者は，かなりの割合にのぼるのではないだろうか．今日の日本の社会状況において，エルダーホステル協会のような事業を行政が担うことはむずかしい．そ

れはある意味贅沢なニーズに応えるものであり，すべての高齢者がそれを必要としているとはいえないものである．しかしエルダーホステルの実践が高齢者教育において重要な意義を有することは，すでにみたとおりである．

　ほんらい高齢者がその社会的・経済的・身体的状況において，若年者よりはるかに多様な存在であるならば，その多様性に十分に対応するためには，行政による最大公約数的な対策のみではまったく不十分だと考えられる．ここに多様な価値観を反映しうるNPOの存在意義がある．高齢者の学習支援における行政の役割が小さいというのではない．むしろ公的な学習支援を基盤として，そこにNPO等による多様な学習機会の提供が連携することで，全体として多様な高齢者のありように即した学習支援が可能となるのではなかろうか．もちろんここでは，大学をはじめとする高等教育機関の役割も今まで以上に重要なものとなろう．エルダーホステルは多様な学習支援のひとつとして，エイジングの積極的な側面に光を当てるひとつの方向性を示している．それは高齢者の学習支援におけるNPOの役割の重要性を示すものでもあるだろう．

注）
1) 堀薫夫『教育老年学の構想：エイジングと生涯学習』学文社，1999，p.53．
2) 本節の執筆にあたっては以下の資料を参照した．ユージン・S・ミルズ『エルダーホステル物語』(豊後レイコ・柏岡富英・薮野祐三訳) エトレ出版，1995．大社充「国際的に広がる高齢者の学習機会：エルダーホステルの試み」文部省大臣官房調査統計企画課編『教育と情報』No.384, 1990, 14-19．アメリカ・エルダーホステルホームページ http://www.elderhostel.org/welcome/home.asp（2006年3月31日確認）．またエルダーホステルに関する論考としては次のものなどを参照．西下彰俊「海外の高齢者教育」塚本哲人編『高齢者教育の構想と展開』(実践社会教育シリーズ) 全日本社会教育連合会，1990．ベティ・フリーダン「老いは新たな冒険の季節」同『老いの泉（下）』(山本博子・寺澤恵美子訳) 西村書店，1995, pp.274-324．豊後レイコ『日本にエルダーホステルを広めた元図書館司書』(ビデオ) ヒューマガジン，1998．猪飼美恵子「アメリカの高齢者教育」同『成人の発達と学習』学文社，2006, pp.104-127．
3) ユージン・S・ミルズ，前掲書，pp.186-187．
4) 同前，pp.53-54．

5) 本節の執筆にあたっては，豊後レイコ「〈追補〉日本におけるエルダーホステル運動」ユージン・S・ミルズ，前掲書，pp.215-226 にくわえて，エルダーホステル協会の過去の活動報告，機関誌，文集等を参照した．また，同協会専務理事の大原美和子氏より協会の活動に関する情報提供を受けた．
6) IEA はエルダーホステル協会の英語名 InterElder Association の略である．
7) 2006 年 3 月 6 日エルダーホステル協会創立 20 周年記念祝賀会における「創設者インタビュー」にて．
8) 「EH ニューズ」1996 年 10 月号，p.13.
9) 記念文集編集委員会編『エルダーホステル協会創立 10 周年記念文集』1996, p.11.
10) 「EH ニューズ」1992 年 12 月号，p.11.
11) 「EH ニューズ」1993 年 4 月号，p.11.
12) 「EH ニューズ」1994 年 1 月号，p.9.
13) 堀薫夫，前掲書，p.101.
14) 「EH ニューズ」1988 年春号，p.4.
15) 堀薫夫，前掲書，p.100.

第10章 回想法とライフ・レヴューの実践の展開

第1節　回想法とは

1. 高齢者の語りを聴くこと

（聞き手）人生のなかでとりわけご苦労されたことは何ですか？
（語り手）心臓が悪くってね，それで，あのときに一度命を失いそうになった．それで，手術をして，命を助けられた（中略）……生かされているって思ったのね．80過ぎちゃったから，どれくらい生きられるかわからないけどね．ほんとに，毎日どこに行くってこともないけど，ここ（デイケア）に来れたらいろいろできるし，本当にありがたい．
（聞き手）これからも長生きして，もっともっと人生を楽しんでくださいね．
（語り手）ありがとう．ごはんがおいしく食べられることが一番幸せ．

　これは，福祉施設における高齢者との個別回想法の一幕である．この方は，心臓病を患い，九死に一生を得る体験をした．語り方はゆっくりであったが，生命に関する思いを多くの体験から語っていた．このとき，かつて回想法を開始したばかりの聞き手であった私は，静かに耳を傾けていたが，何とかこの高齢者の気持ちを前向きにしようと気負い，明るい気持ちになっていただけるように無理な明るさでことばを投げかけていたように思う．
　さて，高齢者の語る過去の体験に耳を傾けること，そして，高齢者が人生の語りを行うことにはどのような意味があるのだろうか．回想法は，（主に）高齢者の思い出話を傾聴していく実践活動の方法であるが，より厳密にいうとどのようになるだろうか．

回想法とは，高齢者が過去の出来事を思い出し，その内容を他者が共有したり傾聴したりすることによって，高齢者の心理的安定や聞き手の学びあるいは世代間交流を促したりする活動である．では，回想法の「回想」とはどのようなことをさすのだろうか．われわれは日常的にも過去を思い起こす．日常的な回想と回想法の実践活動とはどのようなちがいがあるのだろうか．以下では，回想法の起源，概念のちがい，その効果についてみていく．

2. バトラーによるライフ・レヴューの提唱から

　回想法の起源は，バトラー（Butler, R. N.）によるライフ・レヴュー（life review）の概念の提唱にある[1]．バトラーは，精神科入院中の患者に対する精神療法では，治療における病歴にくわえ家族から十分に全体の生活史を聴取することが必要だと述べ，ライフ・レヴューの意義を説いた．すなわち患者の病歴を知るという情報収集以外に，自らの過去を語ること自体に意味があると考えたのである．

　バトラーは，ライフ・レヴューを高齢者のしぜんで普遍的な過程であると位置づけている．すなわち，死が近づくと自然発生的に過去をふり返るということである．バトラーは，個人的・環境的な要因とは別に，「死の接近」という生物学的な要因がライフ・レヴューを促進すると考えた．ライフ・レヴューは，高齢者が自分の人生を要約し，死の準備を行うために進むと考えたのである．もっともすべての高齢者がライフ・レヴューに成功するのではなく，個人差があることも補足している．過去をふり返ることにより，エリクソンの述べている老年期の発達課題[2]の肯定的な側面である「自我の統合」に至る者もいれば，もう一方の側面である「絶望感」に至る者，すなわち過去と折り合いのつかない高齢者もいることをも指摘している．彼は，高齢者の抑うつや自殺は，うまくいかなかったライフ・レヴューが原因であるとも述べており，ライフ・レヴューの達成に個人差があることをも指摘している．ともあれバトラーの提唱により，回想によって自我の統合をめざすことができる可能性が示されたので

ある．そうして以降，回想法の実践が欧米諸国で展開されるようになっていった．

3. 日常の回想と回想法の実践

　回想法の実践を取り巻く研究報告は，調査研究と実践研究に分けることができる．回想の調査研究では，高齢者の日常的な回想と心理的側面との関連性を検討する．たとえば，回想量や回想の質に関する質問紙の開発の研究がある．ロマニークとロマニーク（Romaniuk, M. & Romaniuk, J. G.）は，回想利用尺度（Reminiscence Uses Scale：RUS）を開発し，回想には，① 自己尊重やイメージの活性化，② 問題解決，③ 自己理解があることを見出した[3]．また，ウェブスター（Webster, J. D.）は，因子分析の結果抽出された7因子をもとに，回想機能尺度（Reminiscence Functions Scale：RFS）を開発した．これは，① 退屈しのぎ，② 死への準備，③ 自我同一性と問題解決，④ 会話，⑤ 親密性の維持，⑥ 苦痛の再生，⑦ 教育と情報から構成されたものである[4]．これらは，日常的な回想の心理的役割を把握したものであり，表出されない内面的な回想も含まれているため，はば広い意味での回想をとらえている．

　質問紙でとらえる回想は日常的な回想であり，実践場面で相互作用をともなう回想とは質を異にしているものである．たとえば回想は，聞き手によって初めて外的に見えるかたちで表出されるものである．面接法で質的にとらえた回想の研究もある．メリアム（Merriam, S. B.）は，地域在住の健康な高齢者の回想の逐語録に対して詳細な定性分析を行った．そして，回想の過程は，① 過去の体験の選択，② 回想された出来事への没入，③ 過去の出来事から離れること，④ 過去の体験を要約して終結する，という4つの要素から成り立つという仮説を立てている[5]．ワットとウォン（Watt, L. & Wong, P.）は，地域在住高齢者と施設入所者への面接データの質的分析を行い，回想のスタイルを分類した．その結果，① 統合的回想，② 道具的回想，③ 伝達交流的回想，④ 叙述的回想，⑤逃避的回想，⑥強迫的回想の6つに分類された．とりわけ ① と ② は，

精神的な健康度の高い者との関連がうかがわれ，⑥は精神的な健康度の低い者との関連がうかがわれた[6]．

　回想のなかには，肯定的な結果につながるものもあれば，そうでないものもある．その理由のひとつとして，回想を把握する方法のちがいが結果の多様性を生み出すだろうという点があげられる．質問紙でとらえられる場合には，回想内容は外的に開示されないが，面接調査でとらえられる場合には，回想内容は表出される．表出の程度は，社会的状況や聞き手の態度に左右されるが，これらはいずれも日常生活における回想の多面性につながるものである．すなわち，日常生活のしぜんな状況で地域在住の高齢者が回想を行うさいには，肯定的な回想も否定的な回想も展開される可能性があるということである．

　では，回想の実践とはどのようなものであろうか．回想法の実践活動においては，状況はより流動的で複雑である．つまり回想の実践には，日常的な回想よりも，話し手への態度に援助的な要素が加わるのである．たとえば，実践環境（地域性や環境），セッションのくり返し，聞き手の側のフィードバック，グループそのものの圧力（グループで行う場合），回想内容を思い出すための手がかり（写真や映像，質問など）などである．このように実践活動では，単に日常回想の特性を把握する以外にも多様な工夫や実践活動が含まれているのである．これらをふまえると，回想法の実践活動には，理論的な背景に付随して創造的な活動の開発と聞き手の工夫が求められるということになる．

4．回想法やライフ・レヴューの効果

　回想法やライフ・レヴューの効果としては，第一に高齢者自身への効果があげられる．シャーマン（Sharman, E.）は，地域在住の健康な高齢者を対象にした回想法グループ活動の効果を報告している．これによるとセッションを重ねるにつれ，回想の頻度が増し，統合感の増加がみられたということである[7]．また，ハイト（Haight, B. K.）は，在宅高齢者に対して訪問面接によるライフ・レヴューを行った結果，生活満足度と心理的健康に改善がみられたことを報告

した[8]．

認知症高齢者を対象にしても効果があったとする報告もある．たとえば，ゴールドウェッサーら（Goldwasser, A. N., Auerbach, S. M. & Harkins, S. W.）や田高悦子らなどによる，認知機能やうつ状況や引きこもりの改善[9]の研究がある．次に最も多く報告されているのが，対人的相互作用の効果である．たとえば，黒川由紀子による介護者や看護師などの職員の意識の変化[10]，マックゴワン（McGowan, T.）による世代間交流の教育的な効果[11]，ヘッドら（Head, D., Portny, S. & Woods, R. T.）などによる高齢者同志の関係形成の効果[12]，ポーター（Porter, E.）らによる，家族関係の構築の効果[13]，ピュエンツ（Puentes, W.）による介護者へのコミュニケーション・スキル教育の効果[14]などがあげられる．これらの多くは，介護予防という観点から医療福祉分野に導入されたもので，その効果の実証的な検証が継続して行われている．

第2節　一般的回想法とライフ・レヴューの実践方法

回想法の実践方法には，一般的回想法とライフ・レヴュー・セラピーとがある．本節では，実践という立場からこの2点の方法について紹介する．

1. 一般的回想法とライフ・レヴューのちがい

ハイトとバーンサイド（Haight, B. K. & Burnside, I.）は，一般的回想法とライフ・レヴューのちがいについて述べている[15]．それによると，一般的回想法は，レクリエーションや社会化の促進を目的としており，聞き手は洞察や再構成を促さず，語り手の自発性を重要視するのである．さらにテーマは流動的でもあり，なるべく肯定的な内容にするように工夫される．

一方ライフ・レヴューは，自我の統合がめざされるもので，そこでの聞き手は，共感的・受容的に評価を促すように聞く．テーマは，発達段階にそって時系列的にたどられることが多い．

2. 一般的回想法

　以下，現在多くの場で実践されている標準的な一般的回想法の手続きを紹介する[16]．

　日本で行われている一般的回想法の多くは，グループワークあるいは集団療法として行われている．そのため，グループ回想法と称されることも多い．この大まかなプロセスは次のとおりである．

① 回想法の事前準備：施設職員全体への研修，対象者の募集と参加依頼と承諾，人材の確保（回想法スタッフや補助のためのボランティアの起用），回想を引き出す材料（表10-1）と話し合うためのテーマの準備などを行う．

② 参加者と人数：7～8名の参加者に対して，リーダー（回想を導く役割）が1名，コ・リーダー（リーダーと共同作業する役割）が2名ていどで，対象者の症状が重い場合には，コ・リーダーやアシスタントを1人ひとりに対応できるようスタッフを依頼しておく．

③ グループ環境づくり：静かな場（人通りの少ない場），環境からも回想が促せるような場の設定，座る位置の検討（関係の良好な参加者を近くに座ってもらう），参加の動機づけ（招待状，出席ポイント制，スタッフとの関係

表10-1　回想法導入時に用いられる材料例

道具
　遊び（お手玉，糸電話，水鉄砲，メンコ，ベーゴマなど）
　学校時代（弁当箱，教科書，学生服など）
　家事（洗濯板，桶，古いアイロンなど）
写真
　参加者の生まれた土地の古い写真（郷土資料館や図書館などにある）
　高齢者の生きてきた時代の写真（力道山，皇太子の結婚，高度成長期時代の写真など）
　個人のアルバムから（家族と連絡をとるきっかけにもなる）
音楽
　当時流行った歌謡曲
　懐かしい雰囲気のあるジャズ
　参加者からアンケートで得た人気の演歌
　だれでも知っている唱歌，わらべ歌
食べ物
　懐かしい郷土料理
　参加者と手作りする伝統料理
　駄菓子

づくり）などを行う．

④ スタッフ打ち合わせ：スタッフへの連絡，打ち合わせ（進行手順，参加者の情報交換，席順，役割分担，日常の様子からの申し送り）をする．

⑤ 参加者の誘導：誘導時にスタッフとの関係づくりをする．体調，お手洗い，眼鏡，補聴器なども確認する．時間的余裕をもって誘導する．

⑥ 会の説明：方法の説明，終了時間，参加者内での決まりなどを連絡する．

⑦ 自己紹介：参加者の関係を促すために，簡単な自己紹介を行う（出身地と名前，健康の秘訣，好きな食べ物の紹介など）．

⑧ ホワイトボードにテーマを書き，質問などを書いた紙などを回覧する．

⑨ 記憶を引き出す手がかりを回覧してもらう．実際にさわったり，味わったりなどする刺激をていねいに楽しんでもらう．

⑩ リーダーから思い出話を語り始め，次に参加者に質問をして，回想を促す．語りの頻度の高い人から開始すると，他の人もそれに刺激されるように語りはじめるようになる．

⑪ リーダーやコ・リーダーは，語りを引き出す質問をし，語りを傾聴する．ときには1人の発言をグループ・メンバーに広げるために，要約して伝える．語り始めには時間がかかるので，ペースにあわせて聞く．そもそも回想を語るさいに，われわれの話の内容は，レコーダーのように正確に想起できるものではない．とりわけ認知症の人であれば，多くの正確でない記憶が語られる．回想法では，過去の出来事の記憶の正確さが問われるのではなく，それを語ることそのものに価値がおかれている．

⑫ 終了：1時間ていどで，終わりの合図をする．過去の話だけではなく，現在のことや今後のことなどをみな言ってもらう．このプロセスをクールダウンともいうが，気持ちを現在に引きつけたあとでセッションを終了する．

3．ライフ・レヴュー

ライフ・レヴューは，ライフ・レヴュー・セラピーとも称され，個別的な人

生の語りを聞く実践である．ハイトら（Haight, B. K., Coleman, P. & Lord, K.）は，ライフ・レヴューの特徴として，① 個別的であること，② 構造化されていること，③ 評価的であることの3点をあげている[17]．① は，語り手1人に対して，聞き手1人という個人セッションを意味する．これによって，グループでは語りづらい秘匿性の高い内容を語ることができるようになる．聞き手は守秘義務という倫理感をもって傾聴していく．② の構造化とは，ライフ・レヴューでの質問の内容や方法があるていど限定されており，それにしたがって展開していくというものである．基本的には，発達段階（幼少期，青年期，家庭・家族，成人期）にそって行われる．③ 評価的とは，単に想起するだけではなく，思い出された人生の出来事に対して重みづけや価値づけをしたりするプロセスをさす．そこでは，自らを洞察したり，深い語りを展開したりする高齢者の精神的機能の力や，語りをささえるための聞き手の洞察力や支援力が大切となる．

　バーンサイドとハイトによると，ライフ・レヴューは全部で8週間行われ，最初の2回が関係づくり，後の6回がライフ・レヴュー面接となる．ライフ・レヴューは，ライフ・レヴュー・経験フォーム（Life Review Experiencing Form=LREF）にしたがって行われる（表10-2）．質問には，「死」「悲嘆」「不安」「宗教」「学校」「困難」「性」「仕事」「人間関係」「ライフスパン全体」が含まれる．LREFどおりに質問を行うのではなく，これをガイドとして利用する．この特徴は，回想がライフスパン全体におよび人生を評価するところにある．表10-3には，ライフ・レヴューのための聞き手のポイントを示しておいた[18]．

表10-2　ライフ・レヴュー経験フォーム

A．幼少期
- 人生のなかで一番思い出すことのできることは何ですか．できるかぎり昔のことについて教えてください．
- 子どものとき，あなたが気に入っていたものは何ですか．
- あなたの両親はどのような方でしたか．ご両親の短所，長所は何ですか．
- 兄弟または姉妹がいましたか．それぞれどのような方であったか教えてください．
- あなたの成長過程でどなたか親しい方が亡くなったことはありましたか．
- あなたから離れていった大切な人はいましたか．
- 病気，事故，危険な経験がありますか．
- あなたが失った大切なものはありますか．
- 教会は人生の大きな部分を占めますか．
- ボーイフレンド・ガールフレンドとの時間を楽しみましたか．

B．青年期
- 10代のころというと，最初に思い出すことは何ですか．
- あなたにとって重要な人はだれでしたか．その人について教えてください．
- 兄弟，姉妹，友人，先生，とくに親密であった人，あなたが認めた人，あなたが好かれたかった人は．
- 教会や青年グループに参加しましたか．
- 学校に行きましたか．そのことはあなたにとってどのような意味がありましたか．
- 青年期には働いていましたか．
- 青年期にあなたが経験した困難なことを教えてください．
- あなたを魅了した人を覚えていますか．
- 性に関することや男性／女性であることをどのように感じましたか．

C．家族と家庭
- あなたの両親の関係はどうでしたか．他の人との関係はどうでしたか．
- 家庭という雰囲気はありましたか．
- 子どものとき罰せられたことはありますか．何のために．だれに．だれが「ボス」でしたか．
- 両親から何かほしいとき，それをもらうときにどのようにふるまいましたか．
- あなたの両親が最も好んでいた人はどのような種類の人でしたか．また最も好んでいなかった人は．
- 家庭のなかでも最も親密だった人はどなたですか．
- 家族のなかで最も好きだったのはだれですか．なぜですか．

D．成人期
さて，あなたの成人としての人生に話を移します．20年さかのぼったところから始めます．
- 成人期に起こった最も重要な出来事を教えてください．
- 20～30代のころの人生はどのようなものでしたか．
- あなたはどのようなタイプの人でしたか．楽しかったですか．
- 仕事について教えてください．仕事は楽しかったですか．生活に見合った収入でしたか．
- 懸命に働きましたか．評価されましたか．
- 結婚しましたか（はい：どんなタイプの配偶者でしたか．いいえ：なぜ結婚しなかったのですか）
- 結婚生活は良くなる，または悪くなると思いましたか．
- あなたは性的な営みを大切にしましたか．
- 子どもはほしいと思いましたか．子育てについてのあなたの考えを教えてください．
- 成人期に遭遇した重大な問題はどのようなものでしたか（親密な人の死，別離，病気，引越し，転職など）

E．要約と評価
・がいして，あなたが送ってきた人生はどのようなものでしたか．
・もしすべてが同じだとしたら，もう一度自分の人生を生きてみたいですか．
・もし同じ人生ならば，何か変えたいですか．それとも変えないですか．
・あなたの人生についての感情や考えを話し合いましょう．今までの人生で満足したことを教えてください．
・だれでも失望したことはあります．人生のなかでも最も失望したことは何でしたか．
・人生のなかで直面した最大の困難は何でしたか．
・人生のなかで最も幸福だったことは何でしたか．なぜ幸せでしたか．なぜ今はそうではないのでしょう．
・人生のなかで最も不幸だったことは何ですか．なぜ今のほうが幸福なのでしょうか．
・人生のなかで誇り高いことは何でしたか．
・今現在の自分自身について少しお話ください．今現在の自分自身で最も良いことは何ですか．
・今現在の自分自身で最も悪いことは何ですか．
・年をとるにつれて，（何が起こってほしいと思いますか．何が起こることが不安ですか．）
・ライフ・レヴューに参加して楽しかったですか．

出典）Burnside & Haight, 1994, pp.55-61 から一部抜粋して作成．

表10-3　ライフ・レヴューのための聞き手のポイント

1．予備的インタビュー（信頼関係の形成のために）
・プライバシーが守られ，干渉されない静かな場所を選ぶ．
・見当識についての質問をすることにより，クライエントの精神状態をアセスメントする．
・6回の面接をすることを伝える（週1回，全部で6回）．
・クライエントの守秘を保証する．
・守秘を前提として，ライフ・レヴューを録音し逐語録することを承諾してもらう．
・録音することを拒否されるようであれば，それを尊重する．
・6回のライフ・レヴュー面接の前後に抑うつや人生満足度のアセスメントを行う．
・ライフ・レヴュー・経験フォームをクライエントと共有する（クライエントからの質問に備えて）．
・クライエントに快適かどうか，また視覚や聴覚を確認する（場合によっては眼鏡や補聴器について調整しておく）．

2．その1週間後に再訪問し，ライフレビューを開始する
・ライフ・レヴュー・経験フォームのなかで，2週間にわたり聴く項目は，「青年期」と「家族と家庭」のテーマである．
・セッションは詰問ではなく，傾聴のプロセスであること．そして，質問項目は単なるガイドにすぎないことを忘れてはならない．
・穏やかな質問の投げかけにより，対象者が自分の人生の評価を促すように援助する．
　例）それについてどのように感じましたか？　同じことを再びするでしょうか．
・このプロセスには心理療法的なスキルが含まれているが，ケアに携わる非専門家であっても効果的な聞き手となれる．
・最初の2週間は，ライフ・レヴューを導入するための質問のガイドが書かれている．しかし，クライエントが別の内容を語りはじめたら，満足が尽きるまで，クライエントの話についていくことが大切である．

出典）Burnside & Haight, 1994, pp.55-61 から一部抜粋して作成．

第3節　回想法による教育プログラムの実践例

　日本では一般的回想法の実践が多く，その効果は先述したとおりである．ただし，そこへの参加者の多くは施設入所者であり，認知症など障害をもつ高齢者も多い．一方，地域で暮らす自立した生活を送る高齢者への回想法の効果については，まだ十分な報告がない．そこで筆者の行った事例[19]を紹介する．

　この研究の対象者は，長寿社会文化協会（WAC）関東ネットワーク浦和支部の有志37名（男性14名，女性23名）であった．回想プログラムにおいては，図10-1のように回想法の心理的プロセス・モデルの妥当性を統計学的に検討したあとで，プログラムのポイントを各プロセスごとに構築した．回想法には，想起→評価→表出→精神的健康の流れがあるが，それぞれのプロセスを効果的に行うことが必要である．そのため，各回のセッション内容には，実際に

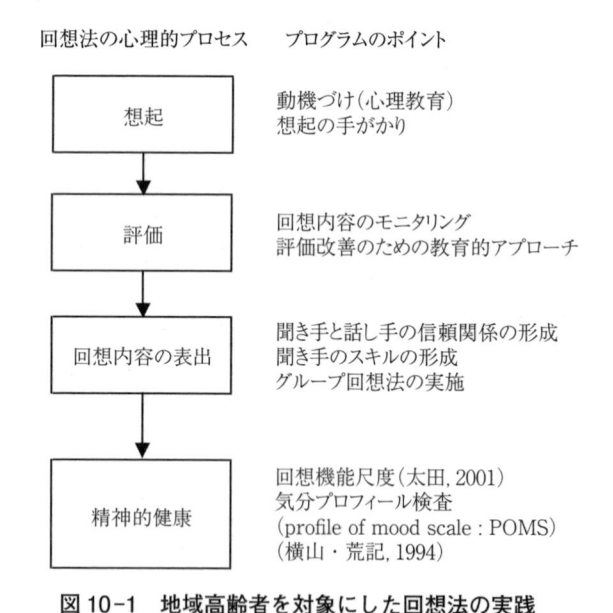

回想法の心理的プロセス	プログラムのポイント
想起	動機づけ（心理教育） 想起の手がかり
評価	回想内容のモニタリング 評価改善のための教育的アプローチ
回想内容の表出	聞き手と話し手の信頼関係の形成 聞き手のスキルの形成 グループ回想法の実施
精神的健康	回想機能尺度（太田, 2001） 気分プロフィール検査 （profile of mood scale : POMS） （横山・荒記, 1994）

図10-1　地域高齢者を対象にした回想法の実践
出典）太田（2001）（未公刊）を一部変更して作成．

表10-4　回想プログラムの手続き

セッション	内容	ホームワーク
1	**導入とプログラム概要の説明**	自己紹介カード 個人史記録表
2	**グループ回想法の説明と実践1** 　治療的意義 　リーダーのスキルや役割 　テーマや材料 　グループ回想法の実践（テーマ：幼年期）	記録表
3	**グループ回想法の説明と実践2** 　実施のさいの留意点 　スキルと役割の確認 　過去の未解決な問題への対処 　グループ回想法の実践（テーマ：青年期）	記録表
4	**ライフ・レヴューの説明と実践3** 　ライフ・レヴューと回想法のちがい 　回想法の方法と効果 　グループ回想法の実践（テーマ：壮年期）	記録表
5	**ライフ・レヴューの説明と実践4** 　自叙伝の発表と意見の交換 　グループ回想法の実践（テーマ：人生全体をふり返って）	記録表
6	**ライフ・レヴューの説明と実践5** 　ライフ・レヴューの特徴 　リーダーの役割の確認 　セッションのふり返り	記録表

グループ回想法を行うことのほかに，回想の意味を説明する心理教育や，想起の手がかりとなる個人史記録表の作成を入れた．また評価を促すために，ホームワークとして記録表をつけ，そこに毎回自分の回想内容を記述し，内省する手続きを組み込んだ．表10-4がこのプログラムの内容である．

プログラム導入における留意点は，① 参加者の自主性を大切にしながら，プログラムのエッセンスを盛り込むこと，② 同じ世代のグループで構成すること，③ ワーカーが安易な回答を与えるのではなく，高齢者自らに自身の過去のふり返りを自分で評価してもらうように促すこと，④ 語りたくない内容は話さなくてもよいというルールをつくること，⑤ 高齢者のなかには「回想法は過去の古き良き時代を思い出すだけ」という誤解をもつ人がいるので，回想法は，「過去を『いま』どのようにとらえるか」という現在のアプローチであることを強調することなどである．

回想プログラムは，公共の会議室（50名ていどが入れる広さ）で実施された．プログラムは閉鎖集団で行われ，2週間に1回，毎回2時間半で合計6回のセッションが行われた．実施前にくらべ，実施後では「否定的回想」（たとえば，回想することによってつらい思い出が再び思い出される）が低減していた．また，気分プロフィール検査（Profile of Mood= POMS）[20]では，「抑うつ－落ち込み」が減少しており，臨床的にも有意な変化を示していた．「活気」についても低減がみられたが，臨床的には有意な変化とはいえなかった．また，参加者の感想から回想法は，① 現在や未来への資源につなげていること，② 他者からの良い影響や人間関係が形成できたこと，③ 感情への良性の影響があることが示唆された．ここでは，回想法プログラムに参加した高齢者1人ひとりが，自分が援助者の立場としてどのように展開できるかを考えながら参加していた．これにより，地域在住の健康な高齢者にとって回想法が，援助者としての自己の動機づけの高まりと参加者のQOL（Quality of Life）向上のための重要な支援となりうることが示唆された．

第4節　日本での高齢者の回想法の場の広がりと教育老年学

　回想法の実践は，もともと欧米で展開されてきた方法を日本に導入したものであったが，今日では，実践領域と実践形態の広がりがうかがわれるようになってきている．また，実践を担う職種も多岐にわたるようになり，専門職のみではなく，シニア・ボランティアや学生，地域のさまざまな層が実践を担うようになってきた．以下，回想法の場の広がりと教育老年学領域での展開の可能性を述べる．

1．イギリスでの実践の動向

　世界の回想法の先駆けとしてイギリスのエイジ・エクスチェンジ・回想センター（Age Exchange Reminiscence Center：以下回想センターと略す）[21]は，

1987年に設立され，これまでに主要な地域での世代間交流の展開に関する多くの研修や研究の場を設けてきた．イギリスでは，世代間交流は，小学校の必修カリキュラムであることが多く，そこで回想を用いた多くの創造的な活動が行われている．たとえば，小学生と高齢者が昔語りにもとづいて回想劇を共同で上演する活動や，回想内容を絵画にする活動などがある．地域では，第二次世界大戦の戦争体験を傾聴し，記録していく大規模なプロジェクトなども行われた．また，地域の専門職と回想センターの回想ワーカーとの共同作業も積極的に行われている．

さらにイギリスには多くの博物館があるが，博物館ではアウトリーチ活動（外に出て情報提供をする）が多く行われている．たとえば，エディンバラにある「ピープルズ・ストーリー」や「子ども史博物館」は著名な博物館であるが，そこでは博物館の品をボックスに入れて貸し出しをする「レミニッセンス・ボックス」がある．これはテーマ別になっており，子どものころの遊びの箱には，ろう石やビー玉などの遊び道具が入っている[22]．イギリスでの回想の実践や活動は，日本の医療や福祉の実践に広く影響をあたえてきている[23]．

2. 医療・福祉から教育への広がり

日本での回想法の実践は，医療や福祉の分野で発展してきたが，その多くは，老人福祉施設や病院などでのグループ回想法の実践活動であった．もともと高齢者自身の精神機能の改善をめざして実施されてきた回想法ではあるが，近年では，高齢者への尊厳を増すという意味で，聞き手への効果も注目されている．

回想法のエッセンスは，中学校教育の分野にも広まっている．教育委員会による試みでは，中学校などでの高齢者との世代間交流が実践されている．たとえば長野県の教育改革のなかでは，「お年よりといつでもふれあえる学校づくり事業」と題して，県の支援金により高齢者に講師として来校してもらい，高齢者の特技や知恵を生かした教育を実践している[24]．たとえば上諏訪中学校では，「上中支援隊」の名称（お年寄りという表現は高齢者自身に好まれない

ため)で,高齢者に教師になってもらい伝統的な知恵などを伝授してもらう教育を実践している.学校の一角には,「ふれあいルーム」が設定され,畳や座卓とともに,生徒との交流を行う場となっている.この実践は,現在「回想法」という名称にもとづいて行われているわけではないが,活動をしながら高齢者の語りを通じて交流するという世代間交流は,広い意味での回想活動でありその成果が期待される.

また,野村豊子らは,思い出パートナーとして大学生が聞き手となる,地域在住高齢者と大学生の世代間交流を意図したプログラムを展開している.それは,岩手県水沢市に江戸時代から続く武家屋敷で行われたユニークな活動である.高齢者が若い世代に伝えたい,役に立ちたいという思いを深め,それを実践することにつながっている[25].世代間交流における回想では,高齢者が若い世代に伝えたい内容がしぜんに吐露され,一方で,若い世代の側は,高齢者への尊敬の念をしぜんに抱くようになる.

3. 実施形態の多様性

日本で先駆け的に博物館から高齢者支援へのさまざまな実践を行っているのが,北名古屋市(旧師勝町)歴史民俗博物館である.ここは,「昭和日常博物館」という別名でも呼ばれ,親しまれている.市橋芳則を中心に昭和時代の生活記録の展示に力が入れられ,昔の農家の土間や,駄菓子屋,理髪店などが展示されている[26].博物館が制作し,総合福祉センターが貸し出しを行っている回想法キット(中には,回想法のビデオ,そろばんや教科書などの基本的な道具や解説書が入っている)が開発されている.

また北名古屋市では,回想法センターもあり,地域での回想法スクールなども開いている.ここでは,国立長寿医療センターの包括診療部長である遠藤英俊がキー・パーソンとしてかかわっている[27].この福祉行政と教育行政の一体化したコラボレーションへは,各地からの視察も多い.

そのほか,メディアによる回想の促進なども開発されている.作業療法士の

来島修志を中心に「テレビ回想法」が実践され[28]，シルバー・チャンネルという番組などでの放映で回想法を取り上げている．懐かしい映像のメディア[29]や記録写真家／童画家・熊谷元一の写真や童画と音楽療法士によって作曲されたリラクゼーション音楽を用いた回想法用DVD[30]なども開発されている．

また，近年では，高齢者の視点と地域性を重視した回想を促す生活写真の開発[31]や，個人のライフ・レヴューをていねいに傾聴したビジュアル冊子として，くりかえし回想に用いることができるようなライフ・レヴュー・ブック[32]などの，回想法で用いる道具も開発されてきている．これらは，専門職としてではなく，生活者としての高齢者との関係づくりを支援できるよう，簡易なマニュアルとして構成されている．

堀薫夫は，過去の記憶を喚起し，自己の人生の連続性を再認識させてくれるモノとのイベントは，高齢者教育の豊かな資源であると考察している[33]．実践形態の多様性が，回想法を援助の専門職のみの実践活動とせずに，回想法の方法論を従来の実践の場をこえて広く開き，わかりやすい啓蒙活動によって多くの職種がコラボレーションすることで芽生えてきている．したがって，教育老年学における回想法の実践が展開されるためには，教育という場での回想法の普及活動とそれを担う職種との連携が必要となろう．

4. 職業的な関係性から生活者としての関係性へ

医療や福祉現場での回想法は，「援助者が高齢者を支援する」視点，すなわち「高齢者は支援されるべきもの」という一方向的な視点から行われていることが多く，そのため援助者の視点からの援助方法の開発が多かった．そのため，高齢者から回想法への意見をもらうことや，回想法によって高齢者から多くの資質が提供されるという，「高齢者からの視点」は，これまでの伝統的な医療や福祉支援ではあまり注目されてこなかった．しかし，回想法の枠組みの変容（たとえば，回想の聞き手が専門職から非専門職に広まりがみられることなど）は，実践から生じてきたものではあるにせよ，社会的なニーズや高齢者の声を拾い

ながら進められるべきものであろう．シニア・ボランティアの育成のなかに回想法を取り上げ，高齢者の力を地域で生かす実践も展開されてきている[34]．非専門家への広まりがみられるにつれ，高齢者に内在する力を認めてそれを生かす試みも増えてきているといえる．

　援助者と被援助者の関係のあり方を再考するうえでは，ナラティヴ・セラピーのなかで取り上げられている「無知の知」のアプローチが参考になろう．そこではセラピストは，職業的優位性を保つ心理学や精神医学の専門家ではなくなると同時に，技術的専門家の立場からも離れて，セラピーという会話の場に立ち会う参加者となり，優位を保つ上下関係から協力関係へと移行するのである[35]．

　筆者は，高齢者の援助にかかわる実践者のひとりであるが，援助者という立場やその職業的な関係は，ときには地域の高齢者との関係を複雑にすると感じてきた．明らかに自尊心を傷つけることばが存在していなくても，極端に表現内容を補足し，高齢者の語りを妨げるような「極端な聞き手」は，しぜんと高齢者に語りたくないと感じさせることもある．はたして高齢者は被援助者になりたいと思っているのだろうか．だれにも迷惑をかけないでいたいと願うことの多い高齢者にとって，依存心を芽生えさせるような援助者－非援助者としての関係構築よりも，生活共同体として高齢者と普通の関係を形成することのほうが大切なのではなかろうか．そこには，聞き手への専門的な教育が，高齢者の回想を支配してしまうというジレンマが生じてしまう可能性もある．

　ところが，やはり世間話として昔話を聴くことや日常の回想と，（セラピーで行う）回想法とは質を異にするものがある．すなわち自発的にしぜんに回想する場合には，肯定的な側面と否定的な側面の混在がみられるのである．否定的な回想が語られたとき，聞き手には，脅かされたり拒否してしまったりと，さまざまな相互作用が生じてしまうことがある．したがって，聞き手への専門的な教育は必要なのであるが，一方で，生活者としての関係も重要である．このジレンマのなかで，教育老年学の領域での関係構築として実践教育方法を工

夫することが課題のひとつとなろう．

注）
1) Butler, R. N. The Life Review : An Interpretation of Reminiscence in the Aged, *Psychiatry, 26*, 1963, 65-76.
2) エリク・エリクソン『ライフサイクル：その完結』（村瀬孝雄・近藤邦夫訳）みすず書房，1989.
3) Romaniuk, M. & Romaniuk, J. G. Looking Back : An Analysis of Reminiscence Functions and Triggers, *Experimental Aging Research, 7*, 1981, 477-489.
4) この尺度は，以下の2つの文献によって開発され，信頼性と妥当性が検討されている．Webster, J. D. Construction and Validation of the Reminiscence Functions Scale. *Journal of Gerontology, 48*, 1993, 256-262. Webster, J. D. The Reminiscence Functions Scale : A Replication, *International Journal of Aging and Human Development, 44*, 1997, 137-148.
5) Merriam, S. B. The Structure of Simple Reminiscence, *The Gerontologist, 29*(6), 1989, 761-767.
6) Wong, P. T. P. & Watt, L. M. What Types of Reminiscence Are Associated with Successful Aging? *Psychology and Aging, 6*, 1991, 272-279.
7) Sherman, E. Reminiscence Groups for Community Elderly, *The Gerontologist, 27*, 1991, 569-572.
8) Haight, B. K. The Therapeutic Role of a Structured Life Review Process in Homebound Elderly Subjects. *Journal of Gerontology, 43*, 1988, 40-44.
9) Goldwasser, A. N., Auerbach, S. M.& Harkins, S. W. Cognitive, Affective and Behavioral Effect of Reminiscence Group Therapy on Demented Elderly, *International Journal of Aging and Human Development, 25*, 1987, 209-222. 田高悦子・金川克子・立浦紀代子「在宅痴呆性高齢者に対する回想法を取り入れたグループケアプログラムの効果」『老年看護学』*5*(1)，2000, 96-106.
10) 黒川由紀子「痴呆老人に対する心理的アプローチ」『心理臨床学研究』第13巻，1995, 69-179.
11) McGowan, T. Mentoring Reminiscence : A Conceptual and Empirical Analysis. *International Journal of Aging and Human Development, 39*(4), 1994, 321-336.
12) Head, D., Portny, S. & Woods, R. T. The Impact of Reminiscence Groups in Two Different Settings. *International Journal of Geriatric Psychiatry, 5*, 1990, 295-302.
13) Porter, E. Gathering Our Stories : Claiming Our Lives : Seniors' Life Story Books Facilitate Life Review, Integration and Celebration, *Journal on Developmental Disabilities, 6*(1), 1998, 44-59.

14) Puentes,W. Using Social Reminiscence to Teach Therapeutic Communication Skills, *Geriatric Nursing, 21*(6), 2000, 315-318.
15) Haight, B. K., Burnside,I. Reminiscence and Life Review: Explaining the Differences, *Archives of Psychiatric Nursing, 7*, 1993, 91-97.
16) 一般的回想法の手続きについては，野村豊子監修『ビデオ回想法：思い出を今と未来に』中央法規出版，1997 参照．
17) Haight, B. K., Coleman, P. & Lord, K. The Linchipins of a Successful Life Review : Structure, Evaluation, and Individuality, in Haight, B. K. & Webster, J. D. (eds.) *The Art and Science of Reminiscing*. Taylor & Francis, 1995, pp.179-192.
18) 表 10-2，表 10-3 は，次の論文から抜粋して作成した．Burnside, I. & Haight, B. Reminiscence and Life Review : Therapeutic Interventions for Older People, *Nurse Practioner*, 1994, April, 55-61.
19) 太田ゆず『高齢者に対する回想法の研究』（早稲田大学人間科学研究科博士課程学位論文：未公刊），2001．
20) 過去1週間の気分状態を測定する質問紙．横山和仁・荒記俊一『日本版 POMS 手引き』金子書房，1994．
21) 回想センターのホームページ・アドレス：http://www.age-exchange.org.uk/．
22) シルバーチャンネル『海外の事例から学ぶシリーズ イギリス：高齢者の歩んできた人生をケアに活かす試み② エジンバラ博物館』2003．
23) イギリスの回想法の活動を紹介した書物としては，矢部久美子『回想法』河出書房新社，1998，フェイス・ギブソン『コミュニケーション・ケアの方法：「思い出語り」の活動』筒井書房，2001 がある．
24) 長野県庁公式ホームページ『信州長野県の教育改革の成果』http://www.pref.nagano.jp/kyouiku/kyousoumu/kaikaku/seika.htm 長野県教育振興チーム．
25) 野村豊子「時・人・地域を結ぶつなぎ手の役割：思い出パートナー」上里一郎監修・野村豊子編『高齢者の「生きる」場を求めて：福祉，心理，介護の現場から』ゆまに書房，2006．
26) 詳細は，市橋芳則『昭和裏路地大博覧会』河出書房新社，2001 参照．
27) 北名古屋市（旧師勝町）の回想法の実践については，遠藤英俊『高齢者介護予防プログラム いつでもどこでも「回想法」』ごま書房，2005 参照．
28) シルバーチャンネル制作『テレビ回想法 懐かしい話』2002．
29) 永田久美子監修『懐かしの玉手箱』（DVD）シルバーチャンネル．
30) 志村ゆず監修『ふるさと阿智村物語』長野県阿智村，2006．
31) 志村ゆず・鈴木正典編『写真でみせる回想法』弘文堂，2004．
32) 志村ゆず編『ライフレビューブック』弘文堂，2005．
33) 堀薫夫『教育老年学の構想』学文社，1999，p.90．
34) 伊波和恵『教育場面におけるロールプレイ：シニア・ピア・カウンセラー養成講

座の例』志村ゆず・鈴木正典編,前掲書所収.
35) 野村直樹「無知のアプローチとは何か:拝啓セラピスト様」小森康永・野口裕二・野村直樹『ナラティブ・セラピーの世界』日本評論社, 1999, pp.171-172.

※謝辞:事例を実施するにあたり,当時,長寿社会文化協会(旧)関東ネットワークの小西伸彦氏,浅田東和氏,宮本忠昭氏,酒井喜照氏,須斎美智子氏ほか関係者の方々に心より御礼申し上げます.

第11章　高齢者の福祉と教育の関連

　彼はいま86歳.
　今日の目覚めもいつもと少し異なるぞ．ちょっと体を起こそうとすると腰のあたりに違和感が……そうだ，数日前から介護用のベッドに寝るようになったのだ．散歩の途中に転んで大腿骨の一部を骨折してしまった．おい，かあさん，起こしてくれ．トイレだ．
　彼女はいま82歳.
　夫は，転んだのが原因で寝たきりになってしまいました．入院後しばらくして自宅へ帰ってきました．トイレへは自分で行けなくなっているし，あれだけ好きだった風呂に入るのもむずかしくなってしまいました．自分でも体調がすぐれないのに，夫の面倒をみるのははっきりいって大変です．
　彼はいま58歳.
　もうすぐ私も退職．次の仕事のことを考えるだけで精一杯．介護は妻に任せてある．
　彼女はいま55歳.
　嫁として私はけっしてお義父さんの面倒をみないと言ってるわけではないのです．ずっと威張って生きてきたお義父さんだけれど，今のお義父さんを見ると可哀想でどうにか面倒をみてあげたいとは思っているのです．しかし，お義父さんだけでなくお義母さんの世話もするのは少しばかり勘弁してよ，との気持ちにもなります．

　ここで高齢者福祉の対象となるのは，86歳の彼だけではないだろう．82歳

の彼女も福祉の対象となる可能性がある．さらに広い意味でとらえると，58歳の彼も55歳の彼女も高齢者福祉の関係者である．それでは，彼らを，高齢者福祉の領域で行われる教育の視点でみるとどうだろうか．高齢期の彼と彼女，中高年期の彼と彼女も，教育活動の対象者となる可能性が大きいと考えられる．

　本章では，まず基礎的知識として高齢者福祉の広汎性について述べ，その後高齢者福祉の直接の対象者だけでなく，間接的な対象者までも念頭において高齢者福祉の立場からの教育について考察をくわえていく．とくに，高齢者福祉の領域で大きなウェイトを占めている介護について考えよう．介護は，介護者を中心として集う者たちの人間関係だけでなく，介護する者を中心とした人間関係のなかに生まれる葛藤や愛憎を巻き込んだ複雑な相互作用である．したがって，本章では高齢者福祉のなかでも介護の問題に焦点を当て，教育との関連性をさぐっていく．また，要介護高齢者の約半数を占めるという認知症に関連する教育について，特別に第3節において検討をくわえていこう．

第1節　高齢者福祉の領域と複合性

1．社会福祉の二分法

　社会福祉とは，仲村優一によれば，「個々の人間の社会生活を営むうえでの福祉をもたらすことをめざす，またとくに，何らかの理由で福祉が阻害され，人間性を回復するために他からの援助を必要とする人に対し，対人関係を媒介として，有形無形のサービスを提供することをその内容とする，社会的・組織的な営利を目的としない活動の体系」[1]であり，わが国では児童福祉・高齢者福祉・障害者福祉・地域福祉などの分野で行われている対人福祉サービスの総体ととらえることができる[2]．しかし社会福祉の対象が特定の貧困な階層や社会集団から，ニーズをかかえる人びとであればだれにでも広く援助を提供するという，選別主義から普遍主義へと転換しつつあることが指摘され，社会福祉

の範囲をめぐる議論が引き起こされている[3]．そこで，社会福祉をとらえる場合の視点として，対人福祉サービスを狭義の社会福祉ととらえ，広義の社会福祉を別に設定するという二分法を使用することで，問題を解決しようとする傾向がみられる．

社会福祉を広義に理解する場合，より具体的にはイギリスやアメリカ合衆国でいう「社会サービス」(social services)とほぼ同義語となり，教育，所得保障，保健医療，住宅，雇用・訓練に対人社会サービスを加えた6つのサービス分野から構成されるととらえるように，全国民を対象として生活の全側面でのwell-being(福祉)をめざす施策・施設・サービスなどを総称することばなのである[4]．

2. 高齢者福祉の領域

一般的には社会福祉の一領域であるとみなされる高齢者福祉においても，わが国の老人福祉法関連事業(施設福祉・在宅福祉・老人保健医療・生きがい対策の4領域)に限定する狭義のとらえ方と，高齢者のwell-beingを向上するためのあらゆる高齢者対策をも含める広義のとらえ方とがある．

わが国では，1960年代から徐々に高齢者福祉の理念が形成されはじめ，老人福祉法の制定やノーマライゼーションの考え方の導入などによって，その理念が高齢者施策に影響をあたえてきた．仲村優一が指摘するように，理念の第一とは，憲法の生存権や個人の幸福追求権を根底にすえたうえで，「高齢者とは人生の最終段階における保護の対象ではなく，過去の蓄積を生かしつつ未来に向かってなお発展しつづける可能性をもった存在だ」と把握することである．また第二には，高齢者を社会における正当で不可欠の一成員として位置づけ，たとえ要援護高齢者であっても，一般社会から隔離されることなしに，すべての高齢者を交えた人びとの社会生活という常態をとれるようにする．そして高齢者の生活と高齢者以外の人びととの生活を統合するということであった[5]．この理念を老人福祉法でみると，その第2条・第3条において，高齢者を正当

な社会の一員として積極的な意味づけをもたされた存在としてとらえようとする姿勢がうかがえるのである[6]．

3. 高齢者福祉対象の複合的重層構造

　高齢者福祉を教育や住宅，雇用までも含む社会サービスという意味で広義にとらえてみると，その社会サービスの対象は，何らかのニーズをかかえるあらゆる高齢者ではあるが，便宜上，高齢者全体をひとまとめではなくいくつかの集団に分ける手法が使われる．たとえば，貧困な高齢者とそうではない高齢者，健康な高齢者と病的な高齢者，自立可能な高齢者と要援護・要介護高齢者という分類法などである．このような二分法は，アメリカ合衆国では高齢者法（Older Americans Act：1965 年）制定以前からみられる．そしてたとえばソーシャル・ワークの領域でも，まだ健康でいる高齢者には活動を継続するための機会を提供する手法を探求し，病的でもはや社会貢献がむずかしい高齢者に対しては，「社会的リハビリテーション」の手法を強化するという2種類のアプローチの必要性が論じられていた[7]．

　わが国でも，高齢者福祉の対象は，健康あるいはADL（Activities of Daily Living：日常生活動作）の状況によって分類することができる．たとえば，わが国の高齢者福祉の理念である「発展可能性のある高齢者観」を具現しようとした生きがいづくりや社会参加の対象と考えられるのは，心身がまだ健康に保たれている高齢者，自立状態の高齢者である．家族，地域社会，企業などで，スポーツ活動や趣味・娯楽・教養活動，ボランティア活動などを行い，高齢者が生きがいをもって明るく暮らせるための施策は，まさしくこの健康な高齢者が視野に入っているといってもよいであろう．反対に，主に施設福祉や在宅福祉対策の対象となるのが，日常生活をいとなむうえで支障がある高齢者であり，要介護状態とは認められないが社会的支援を要する状態にある要支援高齢者や，何らかの介護なしには生活を維持できない要介護高齢者といわれる高齢者であった．2006 年4月から介護予防事業が導入され，健康高齢者のうち「介

護予防」を行うことで介護の必要な状態に陥ることを免れる高齢者や，適切なサービス利用により状態の維持・改善が可能な高齢者という集団区分が現れ，これまで介護の必要な者とみなされていた要支援者・軽度要介護者が，この区分へと取り込まれることとなった．すなわち，健康な高齢者と介護の必要な高齢者との中間的存在としての介護予防対象高齢者という括り方が出現し，高齢者集団のとらえ方が，2区分から3区分システムへと変化したのである．よって，冒頭の87歳の彼は介護の必要な高齢者，82歳の彼女はまだ健康を維持している高齢者あるいは要介護状態を予防すべき高齢者に区分されることとなる．

　さらに，高齢者福祉のサービス対象のなかで重要な位置を占めているのが，冒頭の58歳の彼や55歳の彼女のように，現に介護を行っている，あるいは介護を行う可能性のある家族であることを見逃すわけにはいかない．たとえば，在宅福祉事業における主要なサービスであるホームヘルプ（訪問介護）事業にせよ，ショートステイ（短期入所）やデイサービス（通所介護）事業にせよ，その恩恵を受けると考えられるのは，高齢者だけではなく介護を担当している家族などである．とくにショートステイ事業は，寝たきり等の要援護高齢者を介護している者が，疾病・出産・事故や介護疲れ・旅行などの理由により在宅介護が困難となった場合に，一時的に特別養護老人ホームなどで介護サービスを提供する事業であり，その主目的は高齢者の自立を促したりノーマライゼーションをめざすといったものではなく，家族などの介護負担の軽減を図ることなのである．

　ここに，高齢者福祉の特殊性がある．すなわち高齢者福祉においては，一方にサービスの提供者・援助者があり，他方にサービスの受け手・被援助者があるという単純な二重構造の図式があるのではなく，サービス提供者と受け手である高齢者との間に，援助者（介護者）でもあり被援助者（サービスの受け手）でもある家族という要素が入り込み，さらに老老介護のように高齢者自身が援助の与え手かつ受け手でもある場合など，複合的な構造を成している．そこには高齢者福祉の対象者についての複合的重層構造がみえるのである．

第2節　高齢者福祉領域での教育

　前節では高齢者福祉の対象となるのが，高齢者自身だけでなく介護者も含まれること，さらに高齢者を健康な高齢者，介護予防対象の高齢者，要介護高齢者と3区分する見方があることに言及したが，さらに高齢者福祉の対象者・関係者には，高齢者，家族を含む介護者だけでなく，近隣・地域住民や専門職の者などがいる．以下，高齢者福祉の視点から高齢者自身や介護者に対する教育とともに，高齢者福祉の実践にかかわる専門職の教育，および高齢者が生活する地域の住民たちへの教育をくわえて考えていく．

1. 健康な高齢者のための教育および介護予防対象の高齢者教育

　1980年代初頭のアメリカ合衆国で，「高齢期の問題解決」「自己充足（self-sufficiency）」をめざす教育目的論が出現したことがある．とくに，自己充足論は自立のための教育論であり，政府その他の機関に依存しない自助（self-help）を目標とし，さらに他者への援助を促進することで，教育が高齢者に社会的役割への参加を促し，社会的・経済的な効果をねらうという教育論であった[8]．教育内容として，経済的自立のための生存教育，実用的生活技能のための対処教育，コミュニティ貢献のための参画教育，より充実した人間となるための成長教育の4領域が示されており，その対象は，主に健康な高齢者および自立可能な高齢者であった．わが国では，高齢者福祉の領域で行われている「生きがい」「社会活動促進」「社会参加」のための数々のプログラムが，高齢者が健康で社会活動を行うことを目標に上げつつ，健康な高齢者向けの教育活動を行っているために，「生きがい対策」が健康な高齢者の教育とつよい関連性をもつといえるのである．

　しかしながら，2006年の介護保険改正における介護予防重視システムの導入にさいしては，この健康な高齢者向けの教育が高齢者の活動自体の有意性を認めるというよりは，むしろ地域介護や介護予防の観点が以前より強調される

ようになっている．たとえば老人クラブ事業や生きがい・健康づくり推進事業は，在宅の高齢者が要介護状態にならないようにするとともに，自立した生活を送るための「介護予防・地域支え合い事業」に含まれることになり，高齢者自身の地域貢献や生きがいの探求よりも，要介護状態にならないようにするという介護予防の視点から行われる事業となった．したがって，高齢者福祉の領域での健康な高齢者のための教育というのは，衰えることをも肯定するような包括的成長を指向する教育ではなく，衰えることをマイナスとみなして維持・改善を指向する予防教育だと考えられるのである．

2. 要介護高齢者への教育

　要介護高齢者（病弱・虚弱な高齢者や認知症の高齢者）に対する教育は，教育活動として正式に認められるほどの形態を示していない．高齢者施設に居住している高齢者，在宅であっても寝たきり高齢者・虚弱な高齢者などに対する狭義の各種福祉サービスは実施されていても，彼らが生きがい促進活動（社会参加活動）の対象として考慮されているとはいえない．すなわち，社会参加活動や一般の高齢者教育は，その対象を健康な高齢者としてみなしているので，要介護者に対する教育は，ノンフォーマルあるいはインフォーマルな形式で，地域福祉や施設福祉との関連で行われることが多い．たとえば，特別養護老人ホームなどの高齢者施設の居住者には，生活自立を目標とした処遇（対人援助）がなされるが，ADLへの援助が第一処遇として重要視され，レクリエーションやクラブ活動，各種の作業活動，趣味活動，地域との交流などは，教育・学習活動という積極的な意味づけでとらえることのできる活動というよりも，第二義的処遇とみなされることが多い．

3. 専門職教育

　高齢者福祉分野での専門職に対する教育は，高齢者福祉を所得保障や住宅，雇用，教育を含めた広義のとらえ方をするか，それとも対人福祉サービスのみ

の狭義のとらえ方をするかで，対象者・内容にちがいが出る．まず教育の対象者は，広義の高齢者福祉では現職者が主となり，継続教育の形態をとることが多くなるであろう．狭義の高齢者福祉ではこれから福祉職に就こうとする者の割合が高くなり，現職者への教育も含め養成教育と継続教育両者の形態をとるであろう．内容としては，広義の高齢者福祉関連職では，固有な分野での専門知識と高齢期やエイジングに関する知識を相互関連させたかたちで学ぶことになる．たとえば，アメリカで実施された高齢者にかかわる広範囲な人材への調査では，以下の知識が日常で必要とされており，そのほとんどが継続教育で学ぶべき内容であると考えられていた[9]．

① エイジング関連の施策や法律，行政規則・法規．
② 地域の健康・経済・ソーシャル・サービス供給のシステムとそのアクセスの手段．
③ 利用可能な地域資源と助成資源．
④ 高齢者の健康，精神衛生，経済および社会的ニーズに応えるための選択肢．
⑤ 疾病，家族の健康状態，精神衛生，経済および社会サービスの影響．
⑥ エイジング関連の出版物やデータに関する情報とその入手法．
⑦ 担当地域のサービスに影響する社会的および政治的動向．
⑧ ノーマル・エイジング，変化をもたらす疾病，適切な介入法．
⑨ エイジングにともなう変化と家族との相互作用．

一方，狭義の高齢者福祉教育では，高齢者を相手に働こうとする，あるいは実際に働いている介護やソーシャル・ワーク関係者が対象となるため，前述のような多様な知識を得るほかに，より高度な介護技術や援助技術の習得に力が注がれる．たとえばソーシャル・ワークの分野では，高齢者のおかれている現状を把握し QOL を高める援助を行うために，健康や経済・雇用，住宅，家族，教育といった広範な知識をもつことは必須だが，在宅・施設という環境差に合ったソーシャル・ワーク，ケア・マネジメント，各種療法などの技術を高め

るためにも教育活動が行われる．

　次に，高齢者福祉の専門職教育を担う教育機関においてどのような教育形態があるのかを，学習者の視点から検討してみよう．

① 社会福祉教育における1領域としてエイジングの問題を学ぶ場合．たとえば，社会福祉系などの学部・学科の1講座または1科目として老年学・エイジング論があり，その講座の履修者が高齢期やエイジングに関する知識を獲得し，卒業後の進路に役立てる場合[10]．

② エイジング問題に関する教育における1領域として社会福祉を学ぶ場合．たとえば，エイジングに関する学問（老年学）のもとに，下位学問分野を総合させた学際的な老年学部や学科があり，その1専攻に社会福祉，ソーシャル・ワークなどがあったり，必修科目に社会福祉の学習があったりする場合．あるいは，コースの修了者が社会福祉分野での高齢者関連職に就く場合．

③ すでに高齢者関連職に就いているなかで，さらなる知識や経験の獲得をめざす場合．大学拡張講座や継続教育，正規の学部・大学院教育などがある．

④ 他業種者，あるいは福祉系でも他領域の者が職業的訓練としてエイジングに関する知識の獲得をめざす場合．大学拡張講座や正規の学部・専門学校などの役割が大きくなる．

4. 介護者教育

　高齢者の介護を担っている家族に対する教育の一例として，市町村を実施主体とする家族介護支援事業に含まれる各種の講座がある．たとえば家族介護教室は，介護方法や介護予防，介護者の健康づくりについての知識や技術の習得をめざして開催される講座である．市町村直轄の講座や社会福祉協議会・在宅介護支援センター・医師会などに委託した講座があり，シリーズとして開催される講座からスポット講座まである．具体的講座名としては，「認知症高齢者

の理解」「高齢者の排泄の特徴と排泄介護の実際」「高齢者の食事と調理」「福祉用具の知識」などがある．また，家族介護者ヘルパー受講支援事業は，家族介護の経験を生かして訪問介護員（ホームヘルパー）として社会で活躍することを支援するため，受講料の一部を助成する事業であり，介護者の知識・技術の習得が家族間の介護に向けられるのではなく，社会資源として活用されることを目的とする講座である．

　また，地域包括支援センターの総合相談業務として，初期段階の相談対応と継続的・専門的な相談支援が行われる．具体的には制度・サービスに対する説明や情報提供，ときには介護方法の指導などがあるが，これらは，介護者の学習を援助する一種の教育活動であると考えられる．そのほか，任意の各種団体の行う介護教室でも，介護技術や高齢者の心理的特性，日常生活用具や日常動作訓練，住宅などのついての知識・情報が提供されている．

　さらに介護者教育で特筆されるのは，介護者間でのインフォーマルな情報交換による学習であろう．実際に介護を担った（担っている）家族が別の家族に高齢者福祉サービスについて知らせたり，互いに情報を交換したり，さらには介護についてのより良い方法を教え学ぶことが日々行われている．それらの情報交換をより有効にするために，家族の会や介護者の会が組織されることもある．そのような家族の会・介護者の会が結成されることで，無意図的な学習だけでなく意図的な学習にも取り組みが始まり，「社団法人 認知症の人と家族の会」のように組織的な教育活動が展開される例もある．なお，行政も介護者相互の交流を図るために家族介護者交流事業を主催・委託してはいるが，これらは開催の頻度が少なく，知識の習得のためというよりはリフレッシュ事業の側面がつよい．

5. 地域福祉教育

　厚生労働省老健局長の私的研究会である「高齢者介護研究会」が2003年に出した「2015年の高齢者介護」において，高齢者が尊厳を保ったまま可能な

かぎり在宅で暮らすことの重要性が強調されている．たとえ介護が必要な状態になってとしても，いままでの自宅に住み，家族や親しい人とともに不安のない生活を送ること，すなわち自由な自己決定・自主選択を積み重ね生活の継続性を保つことが「尊厳ある生活」の基本であるならば，要介護者が在宅生活を維持するために，医療－福祉サービス・NPO法人・民生委員・ボランティアなどの地域資源を活用する必要がある．そのためには，それらの地域資源となる各種サービスの提供者，行政，住民などがネットワークをつくり，フォーマル／インフォーマルにかかわらず協働して，高齢者に個別・統合的な援助を行っていくことが重要となる．また特別な知識をもたない住民が，高齢期やエイジングについての知識を獲得して高齢者福祉をバックアップして，積極的な地域資源となっていったり，さらには専門職と上手に連携をとれるようになったりするための教育がクローズアップされる．

　社会福祉協議会では，ポスター，ビデオ，図書発行などを通し啓発活動を行っているが，新聞社，テレビ・ラジオ，民間企業にも厚生文化事業部門があり，そこでも福祉教育が行われている．また，地域のコミュニティ・センターや自治会，民生委員などが講演会や施設見学などに取り組んでいる例もある．

6. 学校での福祉教育

　福祉専門職の養成のためではなく，学校教育機関で福祉の心を深めるための教育が学校における福祉教育であると考えられる．その範疇には，高齢者や高齢者福祉についての理解を深める教育も含まれる．

　小・中学校では2002年度より，高等学校では2003年度より「総合的な学習の時間」が本格的に導入され，高齢者福祉がテーマとして取り上げられることも多くなった．基礎知識として高齢者についての理解を深めたうえで，地域内のデイサービス・センターや特別養護老人ホームへと出かけてのふれあい交流活動や，特技をもった地域の高齢者を学校に招いての学習といった活動が実施されている．また，高齢者施設での単なるふれあいだけでなく，総合体験学習

として数日間のボランティア活動を行う学校もある．さらに，膝・肘サポーターや足首・手首おもり，耳栓，白濁眼鏡，手袋などを装着しての高齢者疑似体験を行い，高齢者や介助する人の立場を経験し，高齢者に対する理解と思いやりの心を育もうとするプログラムも実践されている．

第3節　認知症と教育

彼女はいま84歳．

私はこれからどうしたらいいの？　私はこれからどこへ行くの？　外はどんよりしているけれども今は夕方なの？　あなたは知っている人だけれどだれなの？　頭がトンチンカンになってしまってどうなるの？　ときどき，胸が締めつけられる……．

彼女は57歳．

秋ごろから義母は同じことを何回も言うようになってしまって……それでもいままでは炊事をやってくれていたのだけれど，最近は私に任せるとのことで，台所に立たなくなってしまった．そういえば2，3日前は財布がなくなったと騒いでいた．私がどこかに隠したのだろうとつまらないことを言っていたので，私がどうにか財布を見つけて，ほらっ，ここにお義母さんがしまい忘れているでしょ，と声を荒立ててしまった．ほんと，頭にきちゃう，変なことで疑ってほしくない．

彼は60歳．

女房は最近少しお袋の悪口を言い過ぎる．「訳のわからないことをよく言って困る．どうにかしてよ」などと私に訴えかけてくるが，いまは忙しい．それどころではない．

彼女は64歳．

私は娘なので母のところにはあまり行けないけれど，母と一緒に住んでいる弟のお嫁さんはちょっとひどいのじゃないかしら．母が最近トン

チンカンだとか，毎日のように弟に訴えて．私が行ったときは少しも変じゃないわ．以前の母と変わりないわよ．あの嫁さん，母を虐めているのかもしれない……．

　彼は65歳．

　私は民生委員なのですが，近所の方から相談がありました．その方のお隣のおばあさんのことですが，嫁がお金を盗んで困ると日に何回も訪れてきてはこぼすらしいのです．

　嫁さんは怒鳴っているし，もう勘弁してくださいと言われてしまいました．

　認知症高齢者は環境の変化に適応することがむずかしいために，住み慣れた地域でなじみの人間関係を維持しつつ生活を継続することが好ましいと考えられる．しかしながら，認知症高齢者が地域の一員として在宅で生活を維持するためには，多くの困難がある．本人にとって記憶障害が進行していくなかで，自身の喪失感と周囲の反応への苛立ちが多くなり，人としての自尊心を保つことへの困難．家族との関係を維持することの困難．介護者にとって介護負担が増大するという困難．地域の人びとの認知症への理解が十分ではないなかで，本人・家族ともが生活を維持していく困難．しかしそこには，84歳の認知症高齢者が尊厳を保持しながら住み慣れた地域で生きていくために，本人，57歳の主介護者，60歳と64歳の家族，65歳の民生委員にとって，さまざまなかたちでの学びがあるともいえる．

1．認知症の理解

　認知症とは，いったん発達した知能がさまざまな原因で持続的に低下した状態のことであり，通常は慢性あるいは進行性の脳の疾患によって生じ，記憶，思考，見当識，概念，理解，計算，学習，言語，判断など，多数の高次脳機能の障害から成る症候群である．

アルツハイマー型認知症，脳血管性認知症，レビー小体型認知症など多くの種類があり，その多くで，記憶，見当識，判断力，言語機能の障害などの基本的（中核）症状がともなうが，不穏，興奮，幻覚・妄想，意欲低下，徘徊などの症状（周辺症状）は，必ずしも出現するわけではない．一部を除いて認知症の進行を完全に止めることはできないが，症状を緩和し，進行を遅らせたり，または周辺症状が現れないようにするためには，ケアを含めた環境的要因が大きく影響すると考えられている．

2. 認知症高齢者への教育

療法が教育と同義語かとの指摘はさておき，認知症高齢者への教育は療法として発展してきた．たとえば，療法には見当識障害の改善のためのRO（リアリティ・オリエンテーション）法，心の安定を図るための回想法，情緒の安定などを求めてQOLの向上を図る音楽療法や園芸療法・動物療法，認知機能の改善を図るためのモンテッソーリ・メソッド，前頭前野機能改善のための学習療法などがある．たとえばRO法では，集団あるいは個人的にゲームなどを行いながら日時，場所，人名などを強調し，賞賛と指摘を有効活用しながら衰えた見当識の回復を図る．また，学習療法では，音読と計算を中心とする教材を用いた学習を，学習者と指導者がコミュニケーションを取りながら行う．脳の前頭前野機能の潜在的能力を回復させることにより，学習者の認知能力やコミュニケーション能力，身辺自立能力などが維持できるか，あるいは高まるとされている．これらの療法の多くは，認知症の状態になることで失われた機能の回復を前提とした技法であり，記憶力や判断力の向上，見当識障害の改善，穏やかな心の状態への復帰など，低下した知能を，以前のレベルまでとはいかなくともどうにか向上させること，あるいは低下のスピードを抑えることを目的としている．

3. 認知症の理解のための教育

　認知症の発見のむずかしさとして,一緒に生活している家族でさえも認知症の発症にしばらく気づかないことがある.認知症についての理解が不十分であることにくわえて,何となくおかしいと感じても,家族の感情が入るがために認めたくないと目をそむけてしまったり,あるいは放置してしまいがちになる.また,認知症と認められたあとの問題として,認知症高齢者を介護する家族の精神的負担が大きいことがある.とくに,認知症の進行において初期から中期にかけては,最も身近で実際の介護を行っている者と時々立ち寄る者とでは認知症の症状に対する見方が異なる.というのは,認知症の高齢者の多くが,最も身近な者に対してほんとうの障害を見せ,時々訪れる者あるいは初めての訪問者に対しては取り繕おうとするという特性があるため,本節の冒頭に記したような主介護者とその他の者との間に認識のギャップが生まれ,理解者のいない主介護者の精神的ストレスが高まる可能性が大きくなる.さらにこのギャップは,本人,家族と周囲の人びととの間にも横たわっている.「2015年の高齢者介護」では,認知症高齢者を取り巻く状況のひとつとして,専門職を含めた地域の人びとの認知症に対する認識が十分に浸透していないことを指摘している.

　認知症高齢者が尊厳を保持したまま生きていけるような環境をつくるには,まず実際に介護を担う身近な家族に対する「認知症の理解とケア」の教育と,その他の家族,地域住民,専門職を含めた周囲の者たちへの「認知症の理解」のための教育が必要であろう.

　家族に対する教育は,組織的な形態をとって行われるのではなく,地域包括支援センターや認知症専門施設,医療施設,任意団体で行われる介護相談業務のなかで行われることが多い.また,地域での認知症の理解のための教育は,講師を呼んでの講演のかたちをとることが多いが,ボランティアによる劇などの形態もある[11].

　専門職に対する認知症の教育については,全国3ヵ所にある認知症介護研究・

研修センターが認知症介護指導者の養成を行っているが，養成コースへの参加者の選定はオープンにされていない．また日本認知症ケア学会では，認定する認知症ケア専門士に対して生涯学習研修として単位認定制による講演・研修を実施している．

4. 認知症と教育の課題

　認知症を改善しようとする療法の根底にあるのは，認知症にならない状態が正常であるとの認識である．ひるがえっていえば，認知症の状態にあることは異常であり，その状態は改善すべきものであるとの認識である．もちろん認知症が脳の疾患が原因で起きており，脳細胞の再生や完全なる機能回復は不可能であるため，何らかの働きかけによって元の状態へと療法のベクトルが向くのはしごくしぜんであろう．さらには，記憶障害や見当識障害，認知障害だけでなく興奮や暴言，不穏，異食などの問題行動が出現している場合には，とくに問題行動を抑えるための意図的働きかけが必要であることは否めない．

　しかしながら，こうも考えられる．認知症の状態には救いがないのだろうか．認知症高齢者には新たな人生への可能性がないのだろうか．たとえ認知症になったとしても，認知症の状態のまま自己自身を高めるための方策がないのだろうか？　一方で認知症の療法が回復をめざすものだとしたら，他方では，認知症を認め，認知症の状態のまま人として生きるための援助を提供するのが認知症の者への教育であると考えられる[12]．とするならば，認知症の者への教育はまだ緒についている段階ではなく，これから開発・発展されるべき段階であるといえよう．

注)
1) 仲村優一『社会福祉概論 改訂版』誠信書房，1991，p.1．
2) 狭義の社会福祉の定義からは対人福祉サービスのみが社会福祉の範囲に入るが，歴史的に社会事業から分脈した公的扶助も，相互関連のある制度・事業として社会福祉の体系にくわえる見方がつよい．

3) 古川孝順・庄司洋子・定藤丈弘『社会福祉論』有斐閣, 1993, pp.5-6.
4) Kahn, A. J. & Kamerman, S. B. *Social Services in International Perspective: The Emergence of the Six System*. New Brunswick : Transaction Books, 1980, p.1 や仲村優一, 前掲書, p.6 を参照.
5) 仲村優一, 前掲書, pp.99-101.
6) 老人福祉法の理念については, 本書の第7章の注3) を参照.
7) Kaplan, J. Helping the Older Adults to Keep Related to Mainstream of Community Life, *National Conference on Social Work*, 1952, pp.18-19.
8) Timmermann, S. Lifelong Learning for Sellf-Sufficiency : A Theme and Strategy for 1980's, *Convergence, Vol.18*, 1985, p.29.
9) Peterson, D. A., Wendt, P. F. & Douglass, E. B. *Determining the Impact of Gerontology Preparation on Personnel in the Aging Network : A National Survey*. Association for Gerontology in Higher Education, 1991, p.28.
10) ここでいう「老年学の講座」は, 老人福祉論とは若干の重複もあるが, より広範囲の学問領域を取り扱うため別講座とみなされる.
11) たとえば,「認知症の人と家族の会」山梨支部で結成された「あした葉劇団」は, 20年近くの活動歴をもち, 100回以上の公演を行っている.
12) 大井玄『痴呆の哲学』弘文堂, 2004 は, 認知症に対し積極的意味づけを行っている. また, 認知症高齢者に対する回想法は, 療法的側面だけでなく, 個人の人生の統合をめざす側面をももっている.

おわりに

　『教育老年学の展開』を編みながら，ほんとうにこの学問は「展開」しているのかと何度か自問した．「構想」を描くことは，極端な場合，自分ひとりでもできる．しかし，「展開」となると，社会や実践の動向のなかで描かれねばならない．たしかに高齢化をめぐる議論は，ここ10年の間に喧しくなった．エイジングや生涯学習という用語も徐々に市民権を得つつある．しかし，エイジングと生涯学習を繋ぐ「教育老年学」が普及してきたかとなると疑念は禁じえない．その理由の一端は，ひょっとすると「教育老年学」のわかりにくさに帰因するのかもしれない．

　わかりにくさとは，第一に「学校教育―青少年教育」とは異なる教育の論理が求められているという点と関連する．第二に，福祉や医療・保健などの領域に絡みとられない独自のダイナミズムはあるのかという点と関連する．本書では，これらの隘路を突っ切る方向として「エイジングのポジティヴな側面への信頼」という方向を示した．しかし本書がこの方向目標に対して十分に応えきれたかとなると，残念ながら現時点でもまだそうだとはいいきれない．ただ次の点だけは述べておきたい．この細々とした道をたどることが，人間としての「重要な何か」にふれる可能性を秘めているだろうということを．

　団塊の世代をねらった大手の旅行会社が組んだツアーで最も人気があったのが「学習」を組み込んだツアーだったと聞く．「学習」というジャンルが組み込まれたビデオゲームが中高年層で人気だという．放送大学や大学開放の事業に多くの中高年層の人たちが参加してきている．人生前半部では，学習や教育は苦痛を連想させたものであったかもしれないが，人生後半部では，人びとを前向きにさせてくれるものなのかもしれない．というか，学習や教育の本源的なはたらきは，できないことができるようになり，わからないことがわかるようになるいとなみなのではなかったであろうか．選別や詰め込みなどから解放

された学習や教育は，ほんらい，人の内面世界を豊かにする作用なのだ．

　こうした方向の企図がどれほど成功したかははなはだ心許ないが，少なくともこうした方向だけはどこかにもちつつ，本書を編んでいった．本書作成にさいしてご協力いただいた執筆者の方がたには改めて謝意を表したい．また大阪教育大学生涯教育計画論研究室のスタッフの方がた，および学文社の田中千津子社長をはじめとする学文社の方がたにも一方ならぬお世話になった．記して感謝の意を表したい．

2006 年 9 月

堀　薫夫

参考文献

第1章

橘覚勝『老年学』誠信書房，1971．
シモーヌ・ド・ボーヴォワール『老い（上）』（朝吹三吉訳）人文書院，1972．
社会教育基礎理論研究会編『成人性の発達』（叢書生涯学習Ⅶ）雄松堂，1989．
ジョルジュ・ミノワ『老いの歴史：古代からルネサンスまで』（大野朗子・菅原恵美子訳）筑摩書房，1996．
堀薫夫『教育老年学の構想』学文社，1999．
Birren, J. E. A Brief History of the Psychology of Aging : Part Ⅰ, *The Gerontologist,* 1(2), 1961, 69-77.
Birren, J. E. A Brief History of the Psychology of Aging : Part Ⅱ, *The Gerontologist,* 1(3), 1961, 127-134.
Binstock, R. H. & George, L. K. (eds.) *Handbook of Aging and the Social Sciences* (6th ed.). Academic Press, 2006.
Birren, J. E. & Schaie, K. W. (eds.) *Handbook of the Psychology of Aging* (6th ed.). Academic Press, 2006.

第2章

天田城介「〈老衰〉の社会学：『再帰的エイジング』を超えて」『年報社会学論集』第12号，1999，1-13．
天田城介『〈老い衰えゆくこと〉の社会学』多賀出版，2003．
天田城介『老い衰えゆく自己の／と自由：高齢者ケアの社会学的実践論・当事者論』ハーベスト社，2004．
天田城介「抗うことはいかにして可能か？ 構築主義の困難の只中で」『社会学評論』第55巻第3号，2004，223-243．
Blaikie, A. *Ageing and Popular Culture.* Cambridge University Press, 1999.
Bookstein, F. L. & Achenbaum, W. A. Aging as Explanation : How Scientific Measurement Can Advance Critical Gerontology, in Cole, T. R., Achenbaum, W. A., Jacobi, P.L. & Kastenbaum, R. (eds.) *Voices and Visions of Aging.* Springer, 1993, pp.29-39.
Estes, C. L., Binney, E. A. & Culbertson, R. A. The Gerontological Imagination : Social Influence on the Development of Gerontology, 1945-Present, *International Journal of Aging and Human Development.* 35(1), 1991, 49-67.

第3章

E. エリクソン・J. エリクソン・H. キヴニック『老年期:生き生きしたかかわりあい』(長朝正徳・長朝梨枝子訳) みすず書房, 1990.

濱口晴彦『生きがいさがし:大衆長寿時代のジレンマ』ミネルヴァ書房, 1994.

小倉康嗣「大衆長寿化社会における人間形成へのアプローチ」関東社会学会編『年報社会学論集』第11号, 1998, 59-70.

荒井浩道「心理社会的エイジングの視角」早稲田大学人間総合研究センター編『ヒューマン サイエンス』13(2), 2001, 81-94.

荒井浩道「エイジ・フリーのポリティクスとその困難」シニア社会学会編『エイジレス フォーラム』創刊号, 2003, 31-42.

Ferraro, K. F. The Gerontological Imagination, in Ferraro, K. F. (ed.) *Gerontology*. Springer, 1990, pp.3-18.

Hooyman, N. R. & Kiyak, H. A. *Social Gerontology: A Multidisciplinary Perspective* (4th ed.). Allyn & Bacon, 1992.

Kenyon, G., Clark, P.& de Vries, B. (eds.) *Narrative Gerontology : Theory, Research, and Practice*. Springer, 2001.

第4章

小田利勝『サクセスフル・エイジングの研究』学文社, 2004.

アーヴィング・ロソー『高齢者の社会学』(嵯峨座晴夫監訳) 早稲田大学出版部, 1983.

シャロン・カウフマン『エイジレス・セルフ』(幾島幸子訳) 筑摩書房, 1988.

ベティ・フリーダン『老いの泉(上)(下)』(山本博子・寺澤恵美子訳) 西村書店, 1995.

ケン・ディヒトバルト『エイジ・ウェーブ』(田名部昭・田辺ナナ子訳) 創知社, 1992.

Sadler, W. A. *The Third Age: 6 Principles for Growth and Renewal after Forty*. Perseus Publishing, 2000.

ポール・バルテス「生涯発達心理学を構成する理論的諸観点」(鈴木忠訳) 東洋・柏木惠子・高橋惠子編『生涯発達の心理学1 認知・知能・知恵』新曜社, 1993.

Lindauer, M. S. *Aging, Creativity, and Art: A Positive Perspectives on Late-Life Development*. Kluwer Academic/Plenum Pub., 2003.

第5章

堀薫夫「高齢者の死への意識と死への準備教育の可能性に関する調査研究」『日本社会教育学会紀要』No. 32, 1996, 86-94.

ロバート・フルトン編『デス・エデュケーション』(斎藤武・若林一美訳) 現代出版, 1984.

樋口和彦・平山正実編『生と死の教育』創元社，1995.
岡田渥美編『老いと死』玉川大学出版部，1994.
アルフォンス・デーケン『死とどう向き合うか』日本放送出版協会，1996.
柏木哲夫『死を学ぶ』有斐閣，1995.
Wass, H. & Neimeyer, R. A. (eds.) *Dying: Facing the Facts* (3rd ed.). Taylor & Francis, 1995.

第6章

堀薫夫「高齢者の生涯学習をめぐる課題と展望」『老年社会科学』第22巻第1号，2000，7-11.
藤原瑞穂・堀薫夫「障害をもつ高齢者の学習ニーズと活動制限の関連」『老年社会科学』第24巻第1号，2002，51-60.
大阪教育大学生涯教育計画論研究室編『老人大学修了者の老人大学への評価に関する調査研究：大阪府老人大学を事例として』2006.
Londoner, C. A. Survival Needs of the Aged : Implications for Program Planning, *International Journal of Aging and Human Development, 2*, 1971, 113-117.
Lumsden, D. B. (ed.) *The Older Adult as Learner*. Hemisphere, 1985.
Sherron, R. H. & Lumsden, D. B. (eds.) *Introduction to Educational Gerontology* (3rd ed.). Hemisphere, 1990.

第7章

小林文成『老人は変わる』国土社，1974.
室俊司・大橋謙策編『高齢化社会と教育』(高齢化社会シリーズ7) 中央法規出版，1985.
福智盛『いなみ野学園』ミネルヴァ書房，1990.
三浦文夫編『老いて学ぶ 老いて拓く』ミネルヴァ書房，1996.
久保田治助「高齢者教育と高齢者福祉に関する議論について」大槻宏樹研究室編『社会教育の杜』成文堂，2003.
久保田治助「小林文成の『生きた教養』概念に関する考察」『関東教育学会紀要』第31号，2004，41-51.

第8章

生津知子「イギリスＵ３Ａ (The University of the Third Age) の理念と実態に関する一考察」『京都大学生涯教育学・図書館情報学研究』第4号，2005.
Midwinter, E. (ed.) *Mutual Aid Universities*. Croom Helm, 1984.
Sheffield, M. *Third Age-Second Youth, The University of the Third Age*. BBC Open University Production Centre, 1984.

Laslett, P. *A Fresh Map of Life: The Emergence of the Third Age* (Updated). Harvard University Press, 1991.
Swindell, R. & Thompson, J. International Perspective on the U3A, *Educational Gerontology, 21*, 1995, 429-447.
Cloet, A. (ed.) *University of the Third Age(U3A)*. The Third Age Trust, 1992.
Midwinter, E. *Thriving People*. The Third Age Trust, 1996.

第9章

塚本哲人編『高齢者教育の構想と展開』全日本社会教育連合会, 1990.
大社充「国際的に広がる高齢者の学習機会：エルダーホステルの試み」文部省大臣官房調査統計企画課編『教育と情報』No. 384, 1990, 14-19.
ユージン・S・ミルズ『エルダーホステル物語』（豊後レイコ・柏岡富英・薮野祐三訳）エトレ出版, 1995.
豊後レイコ『日本にエルダーホステルを広めた元図書館司書』（ビデオ）ヒューマガジン, 1998.

第10章

矢部久美子『回想法』河出書房新社, 1988.
野村豊子『回想法とライフ・レヴュー』中央法規出版, 1998.
回想法・ライフレビュー研究会編『回想法ハンドブック』中央法規出版, 2001.
志村ゆず・鈴木正典編『写真でみせる回想法』弘文堂, 2004.
志村ゆず編『ライフレビューブック』弘文堂, 2005.
黒川由紀子『回想法』誠信書房, 2005.
Butler, R. N. The Life Review : An Interpretation of Reminiscence in the Aged, *Psychiatry, 26*, 1963, 65-76.
Haight, B. K. & Burnside, I. Reminiscence and Life Review : Explaining the Differences, *Archives of Psychiatric Nursing, 7*, 1993, 91-97.

第11章

仲村優一『社会福祉概論 改訂版』誠信書房, 1991.
新井茂光「高齢者の福祉と教育」日本社会教育学会編『高齢社会における社会教育の課題』東洋館出版, 1999.
大井玄『痴呆の哲学』弘文堂, 2004.
木下康仁『ケアと老いの祝福』勁草書房, 1997.
高木敏江編『ゆっくり　のんびり　たのしく』下野新聞社, 2004.
ベンクト・ニィリエ『ノーマライゼーションの原理』（河東田博・橋本由起子他訳）現代書館, 1998.

執筆者紹介

堀　薫夫（ほり　しげお）・編著（はじめに，第1章，第4章，第5章，第6章，おわりに）
1955年　京都市生まれ
1978年　大阪大学人間科学部卒業
1983年　大阪大学大学院人間科学研究科修了　博士（人間科学）
福井県立短期大学講師，助教授を経て，
現在　大阪教育大学教育学部教授（生涯教育計画論研究室）
専門領域　教育老年学，生涯学習論
主要著作　『教育老年学の構想』学文社，1999年．
『生涯学習と自己実現（改訂版）』放送大学教育振興会，2006年（共著）．
『新しい時代の生涯学習』有斐閣，2002年（共著）．
『生涯発達と生涯学習』放送大学教育振興会，1997年（共著）．
『質的調査法入門』（シャラン・メリアム原著）ミネルヴァ書房，2004年（共訳）．
『成人教育の現代的実践』（マルカム・ノールズ原著）鳳書房，2002年（監修訳）．
『成人教育の意味』（エデュアード・リンデマン原著）学文社，1999年（翻訳）．
Third Age Education in Canada and Japan, *Educational Gerontology*, 32(6), 2006 (with Cusack, S. A.).

天田城介（あまだ　じょうすけ）（第2章）
1995年　立教大学社会学部卒業
2000年　立教大学大学院社会学研究科博士課程修了　博士（社会学）
熊本学園大学社会福祉学部講師，助教授を経て
現在　立命館大学大学院先端科学研究科大学院ＧＰ論文指導スタッフ
専門領域　社会学
主要著作　『〈老い衰えゆくこと〉の社会学』多賀出版，2003年（単著）．
『老い衰えゆく自己の／と自由』ハーベスト社，2004年（単著）．
「小澤勲の生きてきた時代の社会学的診断：ラディカルかつプラグマティックに思考するための強度」
小澤勲編『ケアってなんだろう』医学書院，2006年．

荒井浩道（あらい　ひろみち）（第3章）
1996年　早稲田大学人間科学部卒業
2002年　早稲田大学大学院人間科学研究科博士課程修了　博士（人間科学）
現在　駒澤大学文学部社会学科専任講師
専門領域　社会老年学・社会福祉学
主要著作　「エイジフリーのポリティクスとその困難」『エイジレスフォーラム』*1*，2001年．
「エイジング研究における方法論的視角の再検討：『二人称の老い』試論」『ヒューマン サイエンス』15(1)，2003年．
「痴呆介護における家族支援」濱口晴彦監修・海野和之編『社会学が拓く人間科学の地平：人間を考える学問のかたち』五絃舎，2005年．

久保田治助（くぼた　はるすけ）（第7章）
1999年　早稲田大学教育学部卒業
2006年　早稲田大学大学院教育学研究科博士課程修了
現在　名古屋大学大学院教育発達科学研究科在学中
専門領域　社会教育学

主要著作　「高齢者教育萌芽期における穂積陳重の高齢者論：『優老』と『老人権』に着目して」早稲田大学教育総合研究所編『教育評論』第 20 巻，2006 年．
「小林文成の『生きた教養』概念に関する考察：その思考過程と現代的意義」『関東教育学会紀要』第 31 号，2004 年．

生津知子（なまづ　ともこ）（第 8 章）

2001 年　京都大学教育学部卒業
現在　京都大学大学院教育学研究科生涯教育学講座博士課程在学中
専門領域　生涯教育学
主要著作　「イギリス U3A（The University of the Third Age）の理念と実態に関する一考察」『京都大学生涯教育学・図書館情報学研究』第 4 号，2005 年．
「講座提供型学習機会における受講生の学びに関する一考察」『京都大学生涯教育学・図書館情報学研究』第 5 号，2006 年．

福嶋　順（ふくしま　じゅん）（第 9 章）

1999 年　大阪大学人間科学部卒業
2004 年　大阪大学大学院人間科学研究科博士課程修了　博士（人間科学）
現在　大阪大学大学院人間科学研究科教育環境学講座助手
専門領域　社会教育論
主要著作　「子どもを対象とした公的社会教育施設の NPO による運営に関する一考察」日本社会教育学会編『子ども・若者と社会教育』東洋館出版，2002 年．
「社会教育施設運営の NPO への委託をめぐる現状と課題」『日本社会教育学会紀要』No.39，2003 年．
「NPO による生涯学習施設運営」赤尾勝己編『生涯学習社会の諸相』（『現代のエスプリ No.466』）至文堂，2006 年．

志村ゆず（しむら　ゆず）（第 10 章）

1995 年　早稲田大学人間科学部卒業
2001 年　早稲田大学大学院人間科学研究科博士課程修了　博士（人間科学）
現在　名城大学人間学部専任講師（臨床心理士）
専門領域　老年心理学（臨床心理学）
主要著作　『ライフレビューブック』多賀出版，2003 年（編著書）．
『写真で見せる回想法』ハーベスト社，2004 年（共編著）．

新井茂光（あらい　しげみつ）（第 11 章）

1977 年　上智大学文学部卒業
1996 年　上智大学大学院文学研究科教育学専攻博士前期課程修了
2000 年　東洋大学大学院社会学研究科修士課程修了
現在　デイセンターさくら　統括責任者
専門領域　生涯教育論・社会福祉論
主要著作　「福祉・介護の学習」香川正弘・三浦嘉久編『生涯学習の展開』ミネルヴァ書房，2002 年．
「教育老年学成立過程に関する一考察」『日本社会教育学会紀要』No.31，1995 年．
「高齢者の福祉と教育」日本社会教育学会編『高齢社会における社会教育の課題』東洋館出版，1999 年．

教育老年学の展開

2006年9月30日　第一版第一刷発行

編著者　堀　　薫　夫
発行者　田中千津子
発行所　株式会社　学文社

〒153-0064　東京都目黒区下目黒3-6-1
電話（03）3715-1501（代表）　振替　00130-9-98842
http://www.gakubunsha.com

乱丁・落丁は，本社にてお取替え致します．
定価は，カバー，売上カードに表示してあります．

印刷所　新灯印刷
〈検印省略〉

ISBN4-7620-1591-1